U0033797

吳墉祥在台日記

（1961）

The Diaries of Wu Yung-hsiang at Taiwan, 1961

民國日記 │ 總序

呂芳上

民國歷史文化學社社長

....

　　人是歷史的主體，人性是歷史的內涵。「人事
有代謝，往來成古今」（孟浩然），瞭解活生生的
「人」，才較能掌握歷史的真相；愈是貼近「人性」
的思考，才愈能體會歷史的本質。近代歷史的特色之
一是資料閎富而駁雜，由當事人主導、製作而形成的
資料，以自傳、回憶錄、口述訪問、函札及日記最為
重要，其中日記的完成最即時，描述較能顯現內在的
幽微，最受史家重視。

　　日記本是個人記述每天所見聞、所感思、所作為
有選擇的紀錄，雖不必能反映史事整體或各個部分的
所有細節，但可以掌握史實發展的一定脈絡。尤其個
人日記一方面透露個人單獨親歷之事，補足歷史原貌
的闕漏；一方面個人隨時勢變化呈現出不同的心路歷
程，對同一史事發為不同的看法和感受，往往會豐富
了歷史內容。

　　中國從宋代以後，開始有更多的讀書人有寫日記
的習慣，到近代更是蔚然成風，於是利用日記史料作歷

史研究成了近代史學的一大特色。本來不同的史料，各
有不同的性質，日記記述形式不一，有的像流水帳，有
的生動引人。日記的共同主要特質是自我（self）與私
密（privacy），史家是史事的「局外人」，不只注意史
實的追尋，更有興趣瞭解歷史如何被體驗和講述，這時
對「局內人」所思、所行的掌握和體會，日記便成了十
分關鍵的材料。傾聽歷史的聲音，重要的是能聽到「原
音」，而非「變音」，日記應屬原音，故價值高。1970
年代，在後現代理論影響下，檢驗史料的潛在偏見，成
為時尚。論者以為即使親筆日記、函札，亦不必全屬真
實。實者，日記記錄可能有偏差，一來自時代政治與社
會的制約和氛圍，有清一代文網太密，使讀書人有口難
言，或心中自我約束太過。顏李學派李塨死前日記每月
後書寫「小心翼翼，俱以終始」八字，心所謂為危，這
樣的日記記錄，難暢所欲言，可以想見。二來自人性的
弱點，除了「記主」可能自我「美化拔高」之外，主
觀、偏私、急功好利、現實等，有意無心的記述或失
實、或迴避，例如「胡適日記」於關鍵時刻，不無避實
就虛，語焉不詳之處；「閻錫山日記」滿口禮義道德，
使用價值略幾近於零，難免令人失望。三來自旁人過度
用心的整理、剪裁、甚至「消音」，如「陳誠日記」、
「胡宗南日記」，均不免有斧鑿痕跡，不論立意多麼良
善，都會是史學研究上難以彌補的損失。史料之於歷史
研究，一如「盡信書不如無書」的話語，對證、勘比是
個基本功。或謂使用材料多方查證，有如老吏斷獄、
法官斷案，取證求其多，追根究柢求其細，庶幾還原

案貌,以證據下法理註腳,盡力讓歷史真相水落可石出。是故不同史料對同一史事,記述會有異同,同者互證,異者互勘,於是能逼近史實。而勘比、互證之中,以日記比證日記,或以他人日記,證人物所思所行,亦不失為一良法。

從日記的內容、特質看,研究日記的學者鄒振環,曾將日記概分為記事備忘、工作、學術考據、宗教人生、游歷探險、使行、志感抒情、文藝、戰難、科學、家庭婦女、學生、囚亡、外人在華日記等十四種。事實上,多半的日記是複合型的,柳貽徵說:「國史有日歷,私家有日記,一也。日歷詳一國之事,舉其大而略其細;日記則洪纖必包,無定格,而一身、一家、一地、一國之真史具焉,讀之視日歷有味,且有補於史學。」近代人物如胡適、吳宓、顧頡剛的大部頭日記,大約可被歸為「學人日記」,余英時翻讀《顧頡剛日記》後說,藉日記以窺測顧的內心世界,發現其事業心竟在求知慾上,1930 年代後,顧更接近的是流轉於學、政、商三界的「社會活動家」,在謹厚恂恂君子後邊,還擁有激盪以至浪漫的情感世界。於是活生生多面向的人,因此呈現出來,日記的作用可見。

晚清民國,相對於昔時,是日記留存、出版較多的時期,這可能與識字率提升、媒體、出版事業發達相關。過去日記的面世,撰著人多半是時代舞台上的要角,他們的言行、舉動,動見觀瞻,當然不容小覷。但,相對的芸芸眾生,識字或不識字的「小人物」們,在正史中往往是無名英雄,甚至於是「失蹤者」,他們

　　如何參與近代國家的構建，如何共同締造新社會，不應該被埋沒、被忽略。近代中國中西交會、內外戰事頻仍，傳統走向現代，社會矛盾叢生，如何豐富歷史內涵，需要傾聽社會各階層的「原聲」來補足，更寬闊的歷史視野，需要眾人的紀錄來拓展。開放檔案，公布公家、私人資料，這是近代史學界的迫切期待，也是「民國歷史文化學社」大力倡議出版日記叢書的緣由。

導言

侯嘉星

國立中興大學歷史學系助理教授

　　《吳墉祥在台日記》的傳主吳墉祥（1909-2000），
字茂如，山東棲霞縣人。幼年時在棲霞就讀私塾、新式
小學，後負笈煙台，畢業於煙台模範高等小學、私立
先志中學。中學期間受中學校長、教師影響，於 1924
年加入中國國民黨；1927 年 5 月中央黨務學校在南京
創設時報考錄取，翌年奉派於山東省黨部服務。1929
年黨務學校改為中央政治學設大學部，故 1930 年申請
返校就讀，進入財政系就讀，1933 年以第一名成績畢
業。自政校畢業後留校擔任助教 3 年，1936 年由財政
系及黨部推薦前往安徽地方銀行服務，陸續擔任安慶分
行副理、經理，總行稽核、副總經理，時值抗戰軍興，
隨同皖省政府輾轉於山區維持經濟、調劑金融。1945
年因抗戰勝利在望，山東省主席何思源遊說之下回到故
鄉任職，協助重建山東省銀行。

　　1945 年底山東省銀行正式開業後，傳主擔任總經
理主持行務；1947 年又受國民黨中央黨部委派擔任黨
營事業齊魯公司常務董事，可說深深參與戰後經濟接收
與重建工作。這段期間傳主也通過高考會計師合格，
並當選棲霞區國民大會代表。直到 1949 年 7 月因戰局
逆轉，傳主隨政府遷台，定居於台北。1945 至 1950 這

6 年間的日記深具歷史意義，詳細記載這一段經歷戰時
淪陷區生活、戰後華北接收的諸般細節，乃至於國共內
戰急轉直下的糾結與倉皇，可說是瞭解戰後初期復員工
作、經濟活動以及政黨活動的極佳史料，已正式出版為
《吳墉祥戰後日記》，為戰後經濟史研究一大福音。

　　1949 年來台後，除了初期短暫清算齊魯公司業務
外，傳主以會計師執照維生。當時美援已進入台灣，
1956 年起受聘為美國國際合作總署駐華安全分署之高
級稽核，主要任務是負責美援項目的帳務查核，足跡
遍及全台各地。1960 年代台灣經濟好轉，美援項目逐
漸減少，至 1965 年美援結束，傳主改任職於中美合營
之台達化學工業公司，擔任會計主任、財務長，直到
1976 年退休；國大代表的職務則保留至 1991 年退職。
傳主長期服務於金融界，對銀行、會計及財務工作歷練
豐富，這一點在《吳墉祥戰後日記》的價值中已充分顯
露無遺。來台以後的《吳墉祥在台日記》，更是傳主親
歷中華民國從美援中站穩腳步、再到出口擴張達成經濟
奇蹟的各個階段，尤其遺留之詳實精采的日記，成為回
顧戰台灣後經濟社會發展的寶貴文獻，其價值與意義，
以下分別闡述之。

　　　　　　　　　一

　　史料是瞭解歷史、探討過去的依據，故云「史料為
史之組織細胞，史料不具或不確，則無復史之可言」
（梁啟超，《中國歷史研究法》）。在晚近不斷推陳出
新的史料類型中，日記無疑是備受歷史學家乃至社會各

界重視的材料。相較於政府機關、公司團體所留下之日常文件檔案，日記恰好為個人在私領域中，日常生活留下的紀錄。固然有些日記內容側重公事、有些則抒發情懷，但就材料本身而言，仍然是一種私人立場的記述，不可貿然將之視為客觀史實。受到後現代主義的影響，日記成為研究者與傳主之間的鬥智遊戲。傳主寫下對事件的那一刻，必然帶有個人的想法立場，也帶有某些特別的目的，研究者必須能分辨這些立場與目的，從而探索傳主內心想法。也因此，日記史料之使用有良窳之別，需細細辯證。

那麼進一步說，該如何用使日記這類文獻呢？大致來說，良好的日記需要有三個條件，以發揮內在考證的作用：（1）日記之傳主應該有一定的社會代表性，且包含生平經歷，乃至行止足跡等應具體可供複驗。（2）日記須具備相當之時間跨度，足以呈現長時段的時空變化，且年月日之間的紀錄不宜經常跳躍脫漏。（3）日記本身的文字自然越詳細充實越理想，如此可以提供豐富素材，供來者進一步考辨比對。從上述三個條件來看，《吳墉祥在台日記》無疑是一部上佳的日記史料。

就代表社會性而言，傳主曾擔任省級銀行副總經理、總經理，又當選為國大代表；來台後先為執業會計師，復受聘在美援重要機構中服務，接著擔任大型企業財務長，無論學經歷、專業素養都具有相當代表性。藉由這部日記，我們可以在過去國家宏觀政策之外，以社會中層技術人員的視角，看到中美合作具體的執行情況，也能體會到這段時期的政治、經濟和社會變遷。

　　而在時間跨度方面，傳主自 1927 年投考中央黨務學校起，即有固定寫作日記的習慣，但因抗戰的緣故，早年日記已亡佚，現存日記自 1945 年起，迄於 2000年，時間跨度長達 55 年，僅 1954 年因蟲蛀損毀，其餘均無日間斷，其難能可貴不言可喻。即便 1945 年至1976 年供職期間的日記，也長達 32 年，借助長時段的分析比對，我們可以對傳主的思想、心境、性格，乃至習慣等有所掌握，進而對日記中所紀錄的內容有更深層的掌握。

　　最重要的，是傳主每日的日記寫作極有條理，每則均加上「職務」、「師友」、「體質」「娛樂」、「家事」、「交際」、「游覽」等標題，每天日記或兩則或三則不等，顯示紀錄內容的多元。這些內容所反映的，不僅是公務上的專業會計師，更是時代變遷中的黨員、父親、國民。因此從日記的史料價值來看，《吳墉祥在台日記》能帶領我們，用豐富的角度重新體驗一遍戰後台灣的發展之路，也提供專業財經專家觀點以及可靠的事件觀察記錄，讓歷史研究者能細細品味 1951 年至1976 年這 26 年間，種種宏觀與微觀的時代變遷。

二

　　戰後中華民國的各項成就中，最被世界所關注的，首推是 1980 年代前後台灣經濟奇蹟（Taiwan Economic Miracle）了。台灣經濟奇蹟的出現，有其政策與產業的背景，1950 年開始在美援協助下政府進行基礎建設

與教育投資，配合進口替代政策發展國內產業。接著在
1960 年代起，推動投資獎勵與出口擴張、設立加工出
口區，開啟經濟起飛的年代。由於經濟好轉，1963 年
起台灣已經累積出口外匯，開始逐步償還美援，在國際
間被視為美援國家中的模範生，為少數能快速恢復經濟
自主的案例。在這樣的時代背景中，美援與產業經營，
成為分析台灣經濟奇蹟的關鍵。

　　《吳墉祥在台日記》中，傳主除了來台初期還擔任
齊魯公司常務董事，負責清算業務外，直到 1956 年底
多憑會計師執照維持生計，但業務並不多收入有限，反
映此時台灣經濟仍未步上軌道，也顯示遷台初期社會物
質匱乏的處境。1956 年下半，負責監督美援計畫執行
的駐華安全分署招聘稽核人員，傳主獲得錄用，成為美
方在台雇用的職員。從日記中可以看到，美援與中美合
作並非圓滑順暢，1956 年 11 月 6 日有「中午王慕堂兄
來訪，謂已聞悉安全分署對余之任用業已確定，以前在
該署工作之中國人往往有不歡而散者，故須有最大之忍
耐以與洋員相處云」，透露著該工作也不輕鬆，中美合
作之間更有許多幽微之處值得再思考。

　　戰後初期美援在台灣的重大建設頗多，傳主任職期
間往往要遠赴各地查帳，日記中記錄公務中所見美援支
出項目的種種細節，這是過去探討此一課題時很少提到
的。例如 1958 年 4 月前往中橫公路工程處查帳，30 日
的日記中發現「出於意外者則另有輔導會轉來三萬餘元
之新開支，係輔導會組織一農業資源複勘團，在撥款時
以單據抵現由公路局列帳者，可謂驢頭不對馬嘴矣。除

已經設法查詢此事有無公事之根據外，當先將其單據內容加以審核，發現內容凌亂，次序亦多顛倒，費時良久，始獲悉單據缺少一萬餘元，當交會計人員與該會再行核對」。中橫公路的經費由美援會提供公路局執行，並受美方監督。傅主任職的安全分署即為監督機構，從這次的查帳可以發現，對於執行單位來說，往往有經費互相挪用的便宜行事，甚至單據不清等問題，傅主查帳時一一指出這些問題乃為職責所在，亦能看到其一絲不苟的態度。1962 年 6 月 14 日傅主前往中華開發公司查帳時也注意到：「中華開發信託公司為一極特殊之構成，只有放款，並無存款，業務實為銀行，而又無銀行之名，以余見此情形，甚懷疑何以不能即由 AID（國際開發總署）及美援會等機構委託各銀行辦理，豈不省費省時？現開發公司待遇奇高，為全省之冠，開支浩大，何以必設此機構辦理放款，實難捉摸云」，顯然他也看到許多不合理之處，這些紀錄可提供未來探討美援運用、中美合作關係的更深一層面思考。

事實上，最值得討論的部分，是傅主在執行這些任務所表現出來的操守與堅持，以及這種道德精神。瞿宛文在《台灣戰後經濟發展的源起：後進發展的為何與如何》一書中強調，台灣經濟發展除了經濟層面的因素外，不能忽略經濟官僚的道德力量，特別是這些人經歷過大陸地區的失敗，故存在著迫切的內在動力，希望努力建設台灣以洗刷失敗的恥辱。這種精神不僅在高層官僚中存在，以傅主為代表的中層知識分子與專業人員，同樣存在著愛國思想、建設熱忱。這種愛國情懷不能單

純以黨國視之，而是做為知識分子對近代以來國家認同
發自內心的追求，這一點從日記中的許多事件細節的描
述可以觀察到。

三

　　1951 年至 1965 年間，除了是台灣經濟由百廢待興
轉向起飛的階段，也是政治社會上的重大轉折年代。政
治上儘管處於戒嚴與動員戡亂時期，並未有太多自由，
但許多知識分子仍然有自己的立場批評時政，特別是屬
於私領域的日記，更是觀察這種態度的極佳媒介，從以
下兩個小故事可以略窺一二。

　　1960 年頭一等的政治大事，是討論總統蔣中正是
否能續任，還是應該交棒給時任副總統的陳誠？依照憲
法規定，總統連選得連任一次，在蔣已於 1954 年連任
一次的情況下，不少社會領袖呼籲應該放棄再度連任以
建立憲政典範。然而國民大會先於 3 月 11 日通過臨時
條款，無視憲法條文規定，同意在特殊情況下蔣得以第
二度連任。因此到了 3 月 21 日正式投票當天，傳主在
日記中寫下：

　　上午，到中山堂參加國民大會第三次會議第一次選
　　舉大會，本日議程為選舉總統……蓋只圈選蔣總統
　　一人，並無競選乃至陪選者，亦徒具純粹之形式而
　　已。又昨晚接黨團幹事會通知，囑一致投票支持，
　　此亦為不可思議之事……開出圈選蔣總統者 1481
　　票，另 28 票未圈，等於空白票，此皆為預料中之

> 結果，於是街頭鞭炮齊鳴，學生遊行於途，電台廣
> 播特別節目，一切皆為預定之安排，雖甚隆重，而
> 實則平淡也。

這段記述以當事人身分，重現了三連任的爭議。對於選
舉總統一事也表現出許多知識分子的批評，認為徒具形
式，特別是「雖甚隆重，而實則平淡也」可以品味出當
時滑稽、無奈的複雜心情。

　　1959 年 8 月初，因颱風過境造成中南部豪雨成
災，為二十世紀台灣最大規模的天災之一，日記中對此
提到：「本月七日台中台南一帶暴雨成災，政府及人民
已展開救災運動，因災情慘重，財產損失逾十億，死傷
在二十五萬人左右（連殃及數在內），政府正做長期計
畫，今日起禁屠八天，分署會計處同人發起募捐賑災，
余照最高數捐二百元」。時隔一週後，傳主長女即將赴
美國留學，需要繳交的保證金為 300 元，由此可知八七
水災中認捐數額絕非小數。

　　日記的特點在於，多數時候它是傳主個人抒發內心
情緒的平台，並非提供他人瀏覽的公開版，因此在日記
中往往能寫下當事人心中真正想法。上述兩個小例子，
顯示在政治上傳主充滿愛國情操，樂於發揮人溺己溺
的精神援助他人；但他也對徒具形式的政治大戲興趣缺
缺，甚至個人紀錄字裡行間均頗具批判意識。基於這樣
的理解，我們對於《吳墉祥在台日記》，可以進行更豐
富細緻的考察，一方面同情與理解傳主的心情；另方面
在藉由他的眼光，觀察過去所發生的大小事件。

四

　　然而必須承認的是，願意與傳主鬥智鬥力，投入時間心力的歷史研究者，並非日記最大的讀者群體。對日記感興趣者，更多是作家、編劇、文人乃至一般社會大眾，透過日記的閱讀，體驗另一個人的生命經歷，不僅開拓視野，也豐富我們的情感。確實，《吳墉祥在台日記》不單單是一位會計師、財金專家的工作紀錄簿而已，更是一位丈夫、六名子女的父親、奉公守法的好公民，以及一個「且認他鄉作故鄉」（陳寅恪詩〈憶故居〉）的旅人。藉由閱讀這份日記，令人感受到的是內斂情感、自我紀律，以及愛國熱情，這是屬於那個時代的回憶。

　　歷史的意義在於，唯有藉由認識過去，我們才得以了解現在；了解現在，才能預測未來。在諸多認識過去的方法中，能承載傳主一生精神、豐富閱歷與跌宕人生旅程的日記，是進入門檻較低而閱讀趣味極高的絕佳媒介。《吳墉祥在台日記》可以是歷史學者重新思考戰後台灣經濟發展、政治社會變遷不同面向的史料，也是能啟發小說家、劇作家們編寫創作的素材。總而言之，對閱讀歷史的熱情，並不局限於象牙塔、更非專屬於少數人，近年來大量出版的各類日記，只要願意嘗試接觸，它們將提供讀者無數關於過去的細節與經驗，足供做為將我們推向未來的原動力。

編輯凡例

一、 吳墉祥日記現存自 1945 年至 2000 年，本次出版
　　為 1951 年以後。

二、 古字、罕用字、簡字、通同字，在不影響文意
　　下，改以現行字標示。

三、 難以辨識字體或遭蟲註，以■表示。

四、 部分內容涉及家屬隱私，略予刪節，恕不一一
　　標注。

日記照片選錄

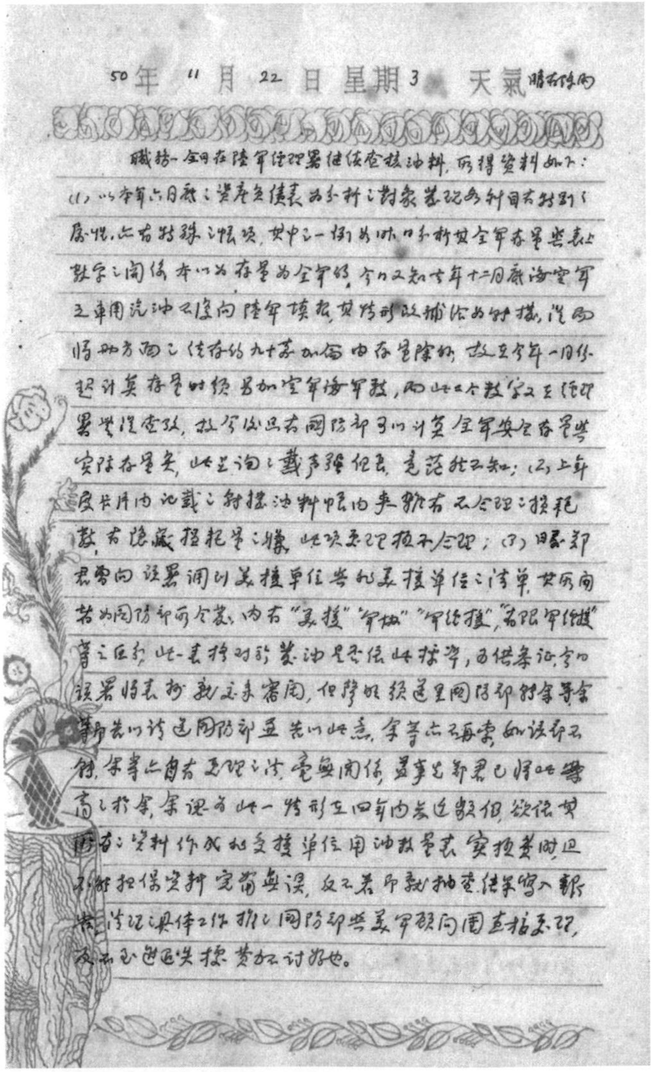
50年 11月 22日 星期3 天氣

50年 11 月 23 日 星期４ 天氣 晴

　　寫作－上學期日愛容師兄先生論為對竹中插醫院等擬全計劃座已於今已完成，計分會計報告會計科目會計傳票會計程序及附則等五章，多拿古十條左右，但求切古格式，則以尚所限，只好待該院實行的再隨時設計耳。

　　附交－下午，約友直接行訪辰報恩兄，又古蕶雲宇徑兄遠故殺青音宣，辰見不主，政訪王慕東兄，論世代轉，益無閒談王兄最尝讀及該行設計書具為古一缺，極望余於秦如，試一節余以又行提及，己之謀於必妨向內息山，余意比之故，謀將直接向內遂隨金經伯叩提由可。

　　参観－十年到展史十物館参観第三屆十八書展山海九七十餘件，地遇友又屋金的習参観，論五所見指草粘古海但引人注意讀点不多，苹甚大抵為：（1）寓紀杰作品凡小氣類書尝楷書三神，最貼如何为小氣，右飲或徴鈔（2），楷書，古新作，乃肥黃山谷伯豈特将碑，束鄉右鄉，遒勁不足，以丁後尤作漢熟，詫弓俗仿得佛铎，扡徐星尫自心侭风古现好，而無新意，（3）張健延老哈黃山谷得古版仍隸書別具一格，出於漢碑而由殺伙枝涧，與丁宪完全间，贴黃山谷的筆力粗叼，觗山豆而言實為古之學之人，依稅昌朽標楷，且名鄉粗身，向以沣筆枋古好思趣也；（4）依郞夫臂窦临張鸿奇心尘，极枝神，残仔華嘉古信；（5）丁黃山氣碑神，而潭偉品經謀碑肢設浪，咪叶曲名古抬，以山豎丁，心自造也（6）張子如朱延我朱雲三此名豎新意，（7）陳空山風漾堂，無病五心，

50年 12月 20 日 星期3 · 天氣 晴

集會－上午，到中山堂出席者聞國大代表等寫之幾個會議的報到手續，其一為國民大會代表年會，其二為憲政研討委員會全體會議，其三為先後大陸設計研究委員會全體會議。其中為國民大會代表黨部黨員大會，已掛號填單，領款，抽籤票等約一小時辦竣。及舉行國大代表黨部黨員大會，首先以幾乎二小時之時間為冗長之報告占去，及開始討論，宗旨報告，為以提案要議案有如何實徹中央之決策對於創制複決兩種行使辦法等案採以創制原則複決原則之限，而另一方為制定規定任何定期之會議，此二案同時舉行以時大會，此項席別乃立此項而授引使行使之開放而使會發急於空虛造令議，故若干人士迴為此項辦法乃主張本年將設計二種行使辦法交付討論於年終之後一筆勾消，頃以一則見及之記。

即友－上午到主計處出席吳某先生時面，吳以因時以之電話聞余令紅紐瑞華君代表竹中之醫院會計主任退為替他遞選，故次宣對於以以張慕煌君所排分配二人選才以為諾，且於以復程君又所把化以頗余另他人，將來時當以會計顧問，甚實地接等吳之作，於望次宣筹辦再另程君詞向去某之古史化之作，下面同寫以引黃倩，但及主中山堂遇楊某之文伯榮，知此無二行，甚幸烽和又所令以心之表而並視為，甚珍世對達此際余寫而談去。

50年 12月 21 日 星期 4 天氣 晴

　　黨務－今日為國大代表全國聯誼會五十年度年會之期，於
舉行儀式及報告會，下午舉行分組會，討論若干興革性之議案及
有關通過，送政府採擇或參效。

　　師友－一晚，在宴會上遇張老安師母，詢中祖醫院全部人
選事，余告以今晨赴診華君今晨已返南，尤所桂於作成，但巳招
究此先生，隨即決定通知即來，於此臥甚，登記委於病臥，
到新竹工作，但隨即於晚向三位思加關系結合。

　　交際－一晚，全体山東國大代表在中實桑聚聚歡迎餐聚
之所作隆重係分別安排係政協新主任局處之，慶祝委员統
主席上九大廳，又歡至二席共举士，但三人之周變對的訓練
而不衰來，席間對委诶诶右校刻之教詞，作風極得体。

50年 12月 22日 星期五 晴

　　黨務－今日為光復大陸設計研究委員會第八次大會之
第一天，上午舉行開幕式，因主委陳诚氏病倪，由告假一三為主委
蒙资勤相付主席，係倪此未参加致儀式甚簡，上午祖開大
會，内為主委報告之作，下午起由陳建中祕告開始至討論若
干綜修政策問題，尚告未出席。

　　進修－English Center之英文課程因教師 Mrs. Hart 未
到，改放電影30分鐘，片名 Growth of Language，甚富教育說
明語言之演變與蛻化之歷程，極有興趣。

　　交際－向街鄰謝婆漢君操女於美同人 Stewart，送玩具
儀式甚简，此完为宴除汁，酒会由自，时间不長，以找欓来此可。

50年 12月 22-23日 星期6 天氣 晴

集會－今日為光復大陸設計研究委員會全體會議第二天，上午為各組分組或分組聯席，下午為綜合檢討並起草建議報告，余擔任繕校及審閱各組所送資料提出一小冊印單，下擔任檢討及閉幕儀式。晚飯又在圓山由中央黨部招待，全體及各同黨同志代表聚餐，討論如何使修憲能達到預期目標。緣此次會議對於目前未修改憲法之失措，多數主張，每一年或三年舉行會議一次，自行立案。任余則主張修憲以便召集臨時會議，故與代表諸君此為中央黨會之決策，今日晚間由國大代表黨部書記長滕傑出席，聲明此為總統之修憲意旨，希望全體代表予以支持，今日討論各提案綱要中除二、三民及漁民二項等。

50年 12月 23日 星期日 晴

集會－上午，到中山堂出席國民大會憲政研討委員會，大會第六次談話會，由祕書長谷正綱及主席李宗黃報告等，即開始由國民及各具發言，其時據報告已有四十餘人登記發言依序，余至時過一二人之發言次序尚遙遠，下午亦未再往。據接料今日發言仍頗多爭氣，但最後仍將照中央黨部之意旨決此案討論之主題則制設研究各依序以至序原則等，而各界各此二提出與對議，各會已依憲法得之規定招集臨時會而已。

師友－晚，至林修巽都民夫婦來訪，據云本定儀因之如中代為已依息，化各款洵台意而未來。

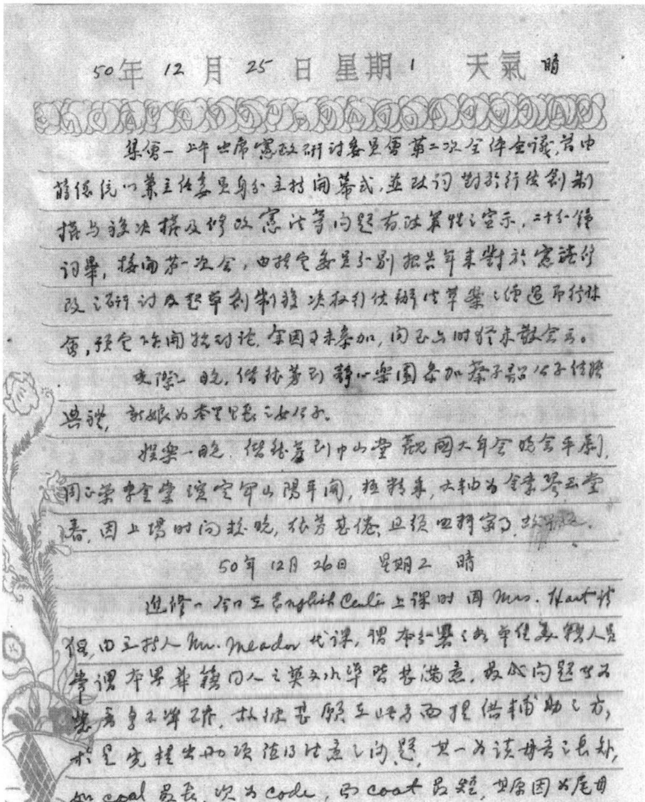

50年 12月 25日 星期1　天氣 晴

集會一　上午出席憲政研討委員會第二次全體會議，首中
蔣總統以業主任委員身分主持開幕式，並致詞勉勵執行設計制
度與議決提及修改憲法等問題有所昭示。二十餘位特
訂委員，接開第一次會，由秘書長分別報告年來對於憲法各
段之研討及起草制憲決議和引伸解釋草案，以便逐年付諸實
會，預定於用效討論，惟因日末參加，因而事時仍未散會云。

交際一　晚，偕秀芳到靜心堂參加蔡君祝賀喜事結婚
典禮，新娘為李君長沙仕女。

娛樂一　晚，偕秀芳到中山堂觀國大年會晚會平劇，
同心觀者全堂滿室如山陽平劇，根對棒，大軸為全案琴玉堂
春，因上場時間較晚，於芳年倦，乃提回新寓，故也。

50年 12月 26日　星期2　晴

進修一　今日上 English Class 上課時因 Mrs. Hart 抱
恙由另一教人 Mrs. Meador 代課，渠本紀察之教學很為�人員
贊謂本早華籍同人之英文水準習甚滿意，故以問題甚多
發問於之講解，故彼甚願盡此方面提供輔助之方，
於是提出所疑難於此重心問題，其一為讀母音之長短，
如 coal 最長，次為 code，而 coat 最短，�...
之為聲母或氣母，其二為混尾加 s 時之念法 s 或念成
z，則視其字尾為聲母或氣母而異，加 al 時上述...
adulant 之念用 z，而 z 之 d, t 之念... 上述全用
...此項 rule 以實例探討，皆不詳也。

目　錄

1961 年（53 歲）

1月1日　星期日　晴
瑣記

　　今日為民國五十年元旦，事先曾接總統府通知定今日在中山堂團拜，余因事未往。趙榮瑞君來訪，持贈一瑞士藥廠之月份牌一份，極其精美。本年所接之日曆與月份牌計如下列：（1）在辦公室內由其他同仁向廠商索來，經抽籤抽得者有林商號合板懸掛月曆一份；（2）有存款關係之台北區合會儲蓄公司贈送畫片每三月一張之月份牌一份；（3）隋玠夫兄持贈台灣省合作金庫每三月一張之月份牌一份；（4）所定台灣新生報送來美女長式月曆一份。余每年年頭年尾須有兩事必辦，一為印賀年片，二為買日記本，此次檢查過去數年所存餘之賀年片尚有數十張，不使長此閒置，故取出再用，居然足用，日記本則多年前用之自由日記已久不能購到，數年來皆用本地印製之劣低者，前見紹南赴美前曾有未用之空白本，共有二本，去年用過一本，今年尚有一本可用云。

1月2日　星期一
娛樂

　　今日為年假之第二天，僅以讀書看報並剪存十二月份之報紙以自遣，下午率紹中、紹寧、紹因赴左近之國都戲院看電影，影片為電懋出品五彩片「蘭閨風雲」，演員有王元龍（其拍攝時未故）、穆虹、葉楓、蘇鳳、林翠，寫四個姊妹之家庭瑣事，雖主題模糊，而演技、佩樂、彩色均尚不惡，尤其林翠之面部表情，已非一般本國演員所能比擬，惜其所角色為一外向性之女性，有時在動作上形容個性，未免失之誇張耳，本片唯一缺點為對話不清楚，大費猜測，今日因值新年，雖五、六家戲院同時上映，仍然人山人海，國產如此賣座者殊不多見也。

1月3日　星期二　晴
閱讀

報章短文，一般皆無所取，然有時亦有力作，如中央日報副刊之言曦所作即是一例，今日刊載一篇新春隨筆，題曰「思想與國運」，先由美國哲斐孫說起，認為美國立國以至今日之精神皆由一種偉大思想之影響，此即獨立宣言是，以後名總統威爾遜之十四點、林肯之蓋茨堡宣言、羅斯福之數種自由論，皆哲斐孫思想之翻版，而兩次大戰與韓戰皆美國子弟為他國之獨立自由而戰，皆思想之產物也，次言中國過去凡儒術占支配力之朝代，皆太平盛世，而吏治特擅之時代，反為亂而不能反治之衰世，清之中興乃孔孟思想為之，然曇花一現，直至今日仍有以事務勝者鄙學者為書生，此其所以有精神上之衰微與荒涼也。

1月4日　星期三　雨
職務

今日從事臨時工作，即為僑務委員會致美援會之函

件，本為大意之英譯，緣該會所經管之僑生往來旅費與
生活津貼，常有因僑生回原居地不能復來而有退款情
事，此等退款在生活津貼係由收容學校為之，旅費則由
旅行社為之，均退之於僑務委員會解美援會特別帳戶，
最近靳君查帳報告一件，提出旅行社退款經僑委會轉
手，竟有遲至年餘始行轉解之情事，顯有挪用之弊，僑
委會對此一查帳報告之執行情形有所說明，副本送至本
分署，本署副會計長 A. W. Tunnell 不明內容，又未見
美援會用英文將該件轉來，於是乃交出囑作大意之翻
譯，余於今日即從事於此，其中用字多有難以決定之
處，經再三斟酌，始行交卷。

師友

　　中午，宋志先周叔明夫婦來訪，緣以前德芳託宋兄
在其房後所購地 140 坪，係本來林水柳所管，其中有四
分之一為公有，亦即宋兄房屋之基地，現在縣府方面允
予以分割，使公地部分可以過戶由宋兄承租，故須使用
所有權狀，向縣府辦理手續，日前曾著林水柳子來索，
德芳云必須面交志先兄，彼乃於今日來取，並對德芳出
具收據，以備查考。

家事

　　數年來與德芳財產不分，在拮据時曾用去黃金二十
餘兩，今日談起，乃以市價折還，並約定今後各將名下
財產作大體上之劃分。

1月5日　星期四

職務

　　本月分配工作，余上旬為 ICA Employees Club 之查帳，中下旬為 Review and Comment，實際今日已經開始照料此等雜事，余今日審核 Application 一件，尚未完成；日前所翻譯之僑務委員會致美援會函聲述對於本署 A-1609 號查帳報告之執行情形者，今日經劉允中主任加以改動後，並囑將所附之表亦加以補譯，此表共列九人，皆為因處理僑生學旅費帳目不當受記過或申誡處分者，於是即照補譯，其中有若干行政用語並不諳識，賴輾轉查詢始知，又見劉允中主任改動余之原稿時有用 meted out 一字，向所不識，查字典上 met 一字只有作為 meet 過去式與過去分詞之一個解釋，於是疑此字有誤，及問劉氏始知字之原形為 mete，余只想到其加 ed，而未想到其為加 d，深感頭腦之不夠靈敏也。

師友

　　郭福培兄數日前來請柬，約於今日在和平東路校友會吃飯，事先有隋玠夫兄來電話代為轉約，余詢其何以約宴，據云不日將首途赴剛果大使館任職，特宴請此間友人答謝其回國時各方之款待云。及時往，則見共有三席，多為政校同學，政校同學久已一盤散沙，能一人而與如許之多人過從如此之密者，於郭兄外殊不數數覯也。郭兄之長次二女刻均在美，一服務為護士，一在大學習化學，郭兄云極希望與紹南通信，但二人不諳國文，須用英文較妥云。

1月6日　星期五　陰雨

職務

　　審核 Budget/Application 一件，係交通部民用航空站之逐年繼續計劃，名為 Taipei Airport Rehabilitation，現在方始申請 1961 年度用款，在年底以前係用1960 年度用款，其 deadline 為去年底，故遲遲不開始新年度，查現在有效之 E-1，本年度該計劃用款為四百七十萬元，現在其所 apply 者亦為同數，然其中又說明有 350 萬元為由上年度移來重新 program 者，由此余乃發生疑問，即既係由上年度移來 350 萬元，則本年之總預算數必另加此數始可表現實際需要，今如申請者為同數，亦未說明預算有無變更，究竟計劃如何處理，無法由此文件中得知，又在新預算內列有 50 萬元之設計費，亦為 E-1 所無，而原定之工程費不容於此 350 萬內繼夾，故究係如何情形，頗費忖度，又有預算修理費二十五萬元，亦為固有預算所無，此種變更之 Clarification 與 Explanation 須加以提供始可也。余在寫此一 Router 時當將此情敘明，並就其前後所送之預算與 E-1 加以比較，顯示總數雖未改大改小，而內容完全異趣，於是列成一小型對照表，囑其對於此等不易了解之情形加以說明云。余本月份之工作本為撰寫本署 Club 查帳報告及 Review and Comment，今日因原派定作 CUSA Audit Practice 之李慶塏君認為原報告乃彼所寫，最好能有人為之做 Follow-up Audit，余見此事亦只有此一法，當決定中下二旬由余任此。

1月7日　星期六

交際

下午，到極樂殯儀館弔涂方輝會計師之封翁涂邦貴會計師之喪，因追思禮拜費時甚長，故未及參加，僅參加公會之公祭即行退出。

師友

下午，到空軍總醫院看趙葆全兄之病，係腎結石，開刀已半月，現在已漸漸恢復。

參觀

到博物館參觀美援會所舉行之加速經濟發展展覽會，此種展覽會尚係初次，雖內容未必十分精湛，然無中生有，排列整齊不紊，殊為不易也，展出以圖表為多，如此張掛供眾覽，乃不能免於枯燥無味，余對於中國石油公司以實物表示各種化學品之內幕一項展覽，最感興趣，惜於各種化學名詞素所不習，深感自然科學知識之不足也。

1月8日　星期日　晴

師友

上午，到泰順街探視楊綿仲氏之病，上週聞楊氏入住台灣療養院割治眼疾，但昨、今兩日即可出院回寓，余昨日原擬到院探望，又恐錯過，故於今日前往，楊氏兩目尚不能張，所割為白內障，見瓶裝有玉蜀黍大，非所經見，楊氏因臥床關係，室內極其凌亂，回憶二十年前楊氏在皖主持財政時期，精神充沛，座客常滿，杯中不空，真恍如一夢，可見健康於人生之重要為不可以數計也。

閱讀

讀十月份 *Foreign Affairs*，首篇為 G. F. Hudson 作 Russia and China: The Dilemmas of Power，分析兩國對外方針之不同，認為不可貿然假定其全是或全非主從關係，極為深刻。

1月9日　星期一　晴

交際

晚在和平東路政大同學會參加公宴郭福培同學首途剛果，今日主人方面多為上週郭兄所請之客人，但只有■■■■，同席者全皆為政大一期之同學，有肖龍者有肖雞者，幾占其大半，亦有肖猴者，但最大者肖龍，其中之一為韓華斑兄，華斑兄在余記憶之中似不善於飲酒，但今日表現其量甚宏，渠數年來念佛甚勤，但仍葷腥不忌，在上魚之時，同座有云為鯽魚者，韓兄立言其非，謂此為鯉魚，鯽魚之頭不如此大也，可見其於殺生似乎無動於衷，彼言其精神生活為專心於佛法與天文，以明人生之無常與人類之渺小，此蓋別有懷抱，與一心崇佛者有別也。九時散，郭兄定後日首途赴剛果，眷屬後行云。

瑣記

今日有一極細小而有趣之事，記之以明生活情況之一般。緣下午甚暖，所著冬服太燠熱，乃換秋季西裝，此套衣服褲之腰圍稍緊，於是最上之扣加扣後，即如已束腰帶，到辦公室後良久始發覺腰無皮帶，甚為尷尬，

乃思有代用之物，初見所用皮包上有皮帶二根，取下量
之，比腰圍短半尺，又試用二根相連，則又過長，不能
以鐵圈扣入皮帶之孔中，廢然而棄之，余平時為出門方
便，本有舊布一方在左口袋內，至此乃取出撕下二條相
連，穿入褲腰之管中，甫比腰圍長半寸，認為極其適
合，乃以之代用，幸賴外衣內有薄毛衣挽入加著，始不
致露出馬腳，然已甚感狼狽矣。

1月10日　星期二

職務

　　開始撰擬 ICA China Mission Employees Club 之 1960
年度查帳報告，已成其半，今日所作均■■■，（1）
首先說明此 Club 前曾託由本會計處查帳一次■■■，
組織與營運方面在前次查帳報告內已有敘述，此次查帳
報告限於本年度之財務與會計方面，其他不復贅述，
（2）次寫年度之 Financial Status，將資產負債表之重
要項目加以綜合列舉，進而說明其重要內容，主要者為
兩項，一為自 1960 年七月起 Snack Bar 之經營轉歸本
署總務處，帳內所列為一往來科目，曾由 Club 通知總
務處將其收支帳目開送，迄未照辦，現在決算已過，照
實際情形而論，應由現在帳目的加以沖轉，二為所有發
出之 Coupons 已在本年度內將收回者焚毀，計共二次，
焚毀之數再加收回註銷附於傳票後之數，恰等於帳內所
列收回之數，足證 Coupon 之處理甚有條理，此與上次
查帳所報告之 Coupon 不可究詰之數目情形，殊不可同
日而語也。本分署總務處人事部分印出表格，調查華

籍人員在外兼職情形，余照一般填一 None 字，蓋其所調查者似限於費時賺錢之職務，如國大代表之屬不在內也，至於會計師業務近年已經等於停做，故不列入矣云。

師友

晚由李耀西兄借車同隋玠夫兄到新北投民族街外交部宿舍訪郭福培兄，郭兄明日首途赴剛果，余告以本擬至機場送行，因不便請假作罷云。

1 月 11 日　星期三　陰

職務

繼續寫作 ICA China Mission Employees Club 1960 年度查帳報告，今日所寫為 Findings 之末段，為對 ■■■■內容之分析，首先用通常格式將其大數損益加以列舉，然後提出下列各重要事項予以說明：（1）各項 Snack Bar Sales 及 Cost of Sales，其中有憑 Coupon 售出者，有憑現金售出者，亦有只為一種手續收入，並非物品售價者，其中有部分物品損毀作為費用，係屬非常情形，經予特別指出；（2）各項經營費用，實即 Manager、Accountant 與 Cashier 之薪津；（3）特別損失，一為捐助 ICA 圖書館之書籍，二為去年招商承辦 Snack Bar 時已經籌備又經毀約由本署總務組自辦賠償商人七千三百元了案，以上各點指出後，即寫 Recommendations，係由 Findings 而來，凡四項：（1）會計制度方面現制甚為完備，應繼續採用，並考慮過去繁重之 Columnar Journal 是否可以改變；（2）預撥本

署總務組接辦之 Snack Bar 存貨與現金，在決算表上仍
為預付款，該決算既已核定公佈，應儘速在現年度內轉
記正帳；（3）配售社員之物品，如供配售期間，配售
數量與配購人數有所稽考，應保有足資參看之紀錄，不
可如過去之只每月報告買賣存三數即為已足（當時配售
只在社員卡上記一日期，並未留有紀錄，甚有流弊發生
之可能）；（4）董事會應防免發生意外之損失，如本
次查帳報告所發現之賠償包商七千餘元等。

1月12日　星期四

職務

今日對所作 ICA/MSM Employees Club 之查帳報告
作最後之校閱，雖在昨日定稿已認為妥善，然再經審閱
後認為有可以更加求精之處，可見作文之不嚴而回復
■■■■加以改善之處舉例如下：（1）該報告第一段
為會計制度之敘述與批評，此為兩年前黃君所作報告內
認為亟待建立者，此制度之建立者為本稽核組之徐松年
君，徐君之特點為精細，殺雞不惜用牛刀，故余對於
其所行之制度認為自然的 adequate for control，但此制
度內之Columnar Journal 在傳票後記入，其每月筆數亦
不夠多，實為重複之工作，余最初用 duplicate work 字
樣，後覺不妥，經一再修飾，改為比較婉轉之筆法，曰
The Columnar Journal is too comprehensive and even
burdensome for accountants less acquainted with accounting
techniques to handle，如此庶不致使徐君誤會埋沒其功績；
（2）在 Recommendation 內對於會計制度主張實行此項已

經建立之制度於不墮，但不是無條件的，其一為請 Club
之理事會 consider the adaptability of the Columnar Journal，其
後又思應指出其長處必須保持者，乃就其最為優長的控
制存貨的 perpetual inventory method 加以指明，庶乎長短
並舉，以期有公允之觀感 ；（3）此報告用 memorandum
式，初寫 through Treasurer Cha to Chairman Albert Fraleigh，
此為前度黃君之成例，繼思黃君時之 Treasurer 為本稽
核組人，不妨如此，現在情形不同，余乃改為 through
Deputy Controller，致二人云。

1 月 13 日　星期五　陰雨
職務

本月中旬與下旬之工作依所定之 work schedule ■■
■ Review and Comments，但後因其中所派李慶塏君之
Follow-up on Review and Survey on CUSA Audit System/
Procedure 一工作之原查帳工作為李君本人，在近來工
作原則上及李君個人不願再往美援會重溫此一段不愉
快之工作，乃改為由余擔任，今日上午余將 ICA China
Mission Employees Club Account 之查帳報告交卷後，即
取出李君原作之報告及有關之 Working File 加以瀏覽，
尚未細加分析，只知其大概工作之輪廓而已。據李君
云，當時從事此一工作，有若干 Findings 實係 Branch
Chief A. W. Tunnell 所已經知曉，故不能隱而不彰，然
美援會對於其種種缺點之不獲被掩飾發生深切之不愉
快，殆亦無可如何者也。電力公司去年陪同余與靳綿曾
君查帳之孫斯眉君來訪，係就輸配電計劃之查帳報告

該公司之所採行動加以說明，並對於原報告內有關文字經彼譯成中文部分來詢已否得其真意，其中有若干Recommendations 已經照辦，亦有若干須詳密設計，非旦夕可成者，余告以此事自然愈快愈好，但如確有時間上不能求速者，亦不妨從長處理，此蓋因原報告發出不久，Follow-up Audit 並非旦夕間即可從事，只須在Follow-up 開始前能有所成就，即已可以應付矣，孫君在該公司為一股長，其上尚有課長、處長與總協理，但此事竟完全一人任之，亦不可解也。

1月14日　星期六　陰

師友

晚，陳長興兄來訪，係探詢最近安全分署之Screening Committee 發出表格，請會計師前往登記者，陳兄接到此表後，因自審英文不甚諳熟，不敢造次，乃謀之於余，余告以此間會計師能辦英文文件者不多，不必自餒，陳兄乃決定登記，其希望為在承辦此等案件時有當事人在新竹一帶者可以分辦云。

參觀

到歷史博物館參觀杭州與北平兩藝專之書畫展，展出作品雖多，但佳構無多，余以為值得注意者有溥心畬所畫之八幅，計山水、人物、花鳥皆有之，而每幅筆法皆不同，殊為佳作，又有吳詠香、陳雋甫合作之件，亦甚有氣魄，書法方面最為貧乏，僅卓君庸之章草尚可備一格云。

1月15日　星期日　陰
選舉

今日為全省各縣市改選議員之期，余所住之古亭區隸第二選舉區，事先有國大黨部小組長尹葆宇寄來之黨內候選人名單，余因其中魯籍者只有尹毅一人，雖不相識，然前日聽其在電台所發表之訪問談話，措詞得體，不問出於何人之手筆，能自知分寸如此，殊有足多，至於其他候選人余相識者有第七區黨部書記吳修漢，安徽人，余因對其過去情形甚為隔膜，故欲投又止云。

師友

晚，蘇景泉兄來訪，談此次市議員選舉之形形色色，及近來教育文化界瑣事。

1月16日　星期一　雨
職務

去年尾所作之糧食局查帳報告經 A. W. Tunnell 核改後，認為無何問題，但希望能有二項補充，其一為糧食局與美援會及與農復會間之關係的敘述，其二為說明鹽之購銷一節，未具體指出鹽之進價為若干，再則所記糧食局供給黃豆油，未指明是否包括軍用食油，此等問題在查帳之當時認為不必涉及或不必詳述，故未加深考，今既須補充，乃於上午到糧食局訪會計處楊樹木課長及陳股長加以查詢，獲得資料如下：（1）該局與美援會間之關係以受託加工或分配美援黃豆與小麥為主；（2）該局與農復會間之關係主要為受農復會補助透過該局並由該會配合出資所做之業務，主要為對農戶之水

泥曬場及堆肥舍，又農會之修理倉庫補助等，又有對於
油與餅向油廠收購價格與肥料換穀價格比例之核定等，
亦為農復會參加之事云；（3）鹽係向台灣製鹽總廠收
購，其價格視出產之場而異，計分六場四個價格，價格
與鹽稅均有不同，經詢其列帳平均數，得一概略；（4）
該局供給食油有軍油在內，但不透過物資局辦理，直接
與軍方洽辦云。以上資料取得後即於下午將原報告有關
事項另加補充，計關於美援會與農復會對該局之關係一
節，照上意在第一段尾段加入，關於油之是否包括軍方
數字，原已改為包括，此不過加以證實而已，關於鹽價
之平均成本數，則另列小表附於賣價之後云。

1月17日　星期二　晴

職務

　　本月下半月之 Assignment 本為 Review and Comment，
後經改為 Follow-up Audit on CUSA Audit System/Procedure，
今日看原報告文字，並參閱原報告由李慶塏君起草，後
經 A. W. Tunnell 核改之過程，以及原報告發出後本分
署與美援會之往來文件，得悉若干事實：（1）原報告
稿送美援會 For Clearance，該會送回，提出兩點修改意
見，皆為將原文改從緩和，且加以說明，謂如希望絕對
無可指摘，乃事實所難能，而分署方面亦所難免，又
李君原對於其 coverage 有批評，謂 considers fair, if not
inadequate，CUSA 認為極不客氣，凡此皆經 Tunnell 接
受予以刪改，又 CUSA 來信，謂便於觀摩，希望能由
彼方稽核來分署參加共同工作，此項意見固極冠冕堂

皇，而實含有諷刺調皮之意味，Tunnell 在答復之信內
說明此點，謂原則同意，但前年由分署移轉會方之稽核
十人本皆為極熟悉我方制度之人，如該會人員能向彼等
觀摩，亦將收同樣效力云，此答復亦可謂以子之矛攻子
之盾矣。電力公司孫斯眉君來查詢數字，當告以查詢
途徑，緣去年所查輸配電計劃報告曾有關於 Participants
之贈與該公司漏未記帳應加補正之建議，該公司在若干
計劃下皆有 Participants，自不能僅補輸配電一個計劃之
帳，但如此範圍擴大，查詢資料即感覺困難，尤其有
Fy1954 年及以前之用款，為時已久，在本分署及美援
會皆有難以查明之困難，則只好盡力為之耳。

1 月 18 日　星期三　晴
職務

　　繼續查核 CUSA Audit System/Procedure 報告■■卷，
因將來從事 Follow-up 之方便，開始繕寫 working paper，
其法以原報告之 Recommendations 為序，先寫摘要■
■，再寫美援會來信所表示之已否辦到情形，擇要寫
入，最後就此項狀態加以分析，將 Follow-up 所需要之
資料寫出，以備進行時之準據。今日因時間所限，同時
臨時有他事須做，故只作好第一條云。本分署之規定，
凡機密文件須負責不能任意棄置，或開啟有鎖之櫥柜，
本稽核組有此一柜，管理人請假，但李慶壋君知其開
法，黃鼎丞君因需要而託李君開啟，至午在脫節狀態下
未經上鎖，適打字小姐郭娟在旁，Marine Guard 來察
看時發覺此一柜櫥，乃認為係郭之 violation，郭小姐不

平而向李、黃及劉允中主任提出，於是研究責任，均不肯負，有謂應由劉君以主管身分負責者，莫衷一是，然此等事之發現，殊為不幸，據云凡有三次紀錄者即有去職之可能云。

師友

　　王慕堂兄晚間來訪，索去會計師名冊一本，並因交通銀行在所營承兌票據貼現業務中須要對於申請之店家的財務報告有會計師簽證，乃向余查詢此等會計師之信譽，現在會計師有二百人，其中余知者不足半數，故只能就已知者之情形略加說明，王兄將參考之以為審核放款之根據云。

1月19日　星期四　晴

職務

　　由於本年度請款限期較早，定為四月底，在四月底以後不再簽發新的 CEA，於是請款者逐漸擁擠，余之前半月工作本為對美援會 Audit Procedure 之 Follow-up，但因須參加對於來文之 Review and Comment，今日所核為 Fy1961 之 Handicraft Center 之請款件，因其變更 E-1 所列之預算，而總數不變，審核時大費周章，尤其所列之人事費係按十三個月計算，其薪級仿照美援會，美援會固為十三個月，此外無十三個月者，余為明瞭與其情形最為相似之生產力中心情形，乃查卷得知生產力中心所列之年終獎金係由自籌款開支，在援款內仍為十二個月，尤具有重要之參考作用，於是在寫具意見時主張改照十二個月列支，此外即不予挑剔矣；在審核之間，該中心總務組長黃崇恩曾數度電話催辦，謂該中心已幾乎一文不名，此等機構已扶植多年，而本身竟毫無基礎以致於此，可勝浩嘆，然在審核中亦有使人相形難以作評者，即中國人待遇四十餘人共年支一百五十萬元，而約聘一美國人須年支六十萬左右，前者且須減縮，後者由契約計算，不能少給，此等強烈之對照本不只此一處，即整個 ICA 亦復如此，然編在一個預算內者，以此次為最顯著也。

師友

午到台灣銀行訪邵光裕兄，因受周叔明女士之託探詢該行最近將舉行出納方面人員之晉級考試，周女士係臨時人員，有意與考，惟據邵君云尚不知此事，容探詢後再告云。

1 月 20 日　星期五　晴

職務

主要工作為 Review and Comment，今日所核為一■■■答復美援會有關民用航空局 Fy1961 之 PPA 的意見，■■■長信，余將其內容及該局所提 PPA 草案及原來之 E-1 內所定預算加以比較研究，乃證明該函為一十分完備之文件，乃寫一 Router 謂 The draft letter appears comprehensive，但經過劉允中主任之核閱，因此字少用，仍然改為一般語調，謂 The draft letter appears in order。繼續核閱 CUSA Audit/Procedure 之有關文件，並即作 working paper，在閱此一報告時發覺一文句甚為費解，詢原報告之李慶塏君，初亦不知，謂係Tunnell

所加入，後經詳加推敲，始知確為一極好之句子，簡鍊有力，茲記之於下：該報告此段在提出對於 follow-up 之 status，謂原報告之 rating 有一時期不問有無 Recommendation，凡不良者即加以 "unsatisfactory"，故有須 follow-up 者，亦有不需者，不易控制，其後則有新規定，凡非最後一報告，蓋不用此字樣，惟過去者仍須加以處理，其說明原文曰："Reference below to 'Unsatisfactory' reports which require follow-up relates to reports issued under a discontinued procedure." 但非對於上下文完全貫通，不能了解也。與李君談此項 CUSA report 之一般問題，余以為美援會職掌查帳，在體制上有問題，李君則認為查帳應以該會為中心，乃符合華盛頓總署之規定原則者，美援會本身有缺點，以致不能樹立堅強之立場，乃事實問題，不能完全歸咎制度云。

1月21日　星期六　晴

師友

訪吳崇泉兄閒談，並交去所墊之前合送涂方輝之奠儀份金。訪王慕堂兄，交去代為簡譯之 Dominick & Dominick ■ 年紀念刊要點，該刊提出九種成長迅速之工業，並供給一■■■■益與市價間之關係的算法，此九種工業為電力、電子、計算機器、化工與塑膠、藥品、金屬、建築、國防工業、育樂工業等，但未與王君相遇，留字交其伕役轉達。

參觀

到中山堂看滁州王王孫金石書畫展，金石部分為其

石印存稿，大器磅礡，畫只梅花一種，書則只鐘鼎一
種，間有秦權及八分數事，余則謂其八分尚較有意致。
體質

　　左眼下午忽奇癢，搓之復作，凡十餘次方歇。

1 月 22 日　星期日　晴
閱讀

　　讀 *World Politics* 本年七月號，共讀二篇，一為 H. C.
Hinton: Intra-party Politics and Economic Policy in Communist
China，二為 Soviet Foreign Aid as a Problem for U. S. Policy,
H. Heymann Jr. 作，前者在分析共匪劉少奇與周恩來兩
派之路線的差別，以及與蘇聯中間之微妙關係，頗為扼
要，後者則對蘇俄之援外就其特殊之點與美國者作要點
之比較，認為蘇俄之政策有其特異成功之因素，不可抹
煞，末述美國所應警惕改善之處，亦稱獨到。

娛樂

　　上午看小大鵬星期早會，由張富椿演鐵公雞，古愛
蓮演六月雪代法場，古演技益進，純程派，極為工穩。

1 月 23 日　星期一　晴
職務

　　下半月之工作為對於美援會 Audit System/Procedure
Follow-up Audit，但亦參加共同處理 Review and Comment，
上午開始寫報告之第五 Recommendation 的 working paper，
寫出此一 Recommendation 係主張美援會應將其有關之
各種統計報告之內容不妥處，加以改正，包括其所作統

計未將本分署所完成之工作與該會之工作加以劃分，以及內容之 scope 未能確切指明，以致難免誤解（如該會有一件 audit status 之報告，謂包括各種之 projects，但事實上有所限制，此即依照本分署與該會之諒解，有五種 projects 不歸該會審核，該會之統計即不包括之在內，而封面則未加寫明也，此五類 projects 並非少數，蓋其中所含者為 JCRR（農復會）、RETSER（榮民）、Taipower（台電），TA Service Contract（技術合作契約），及 DFS（軍事援助），皆有一甚大之數目也，至於其報告內所列之各項，事實上亦仍然包括本分署以前自辦、以後移歸該會之各種計劃，故其範圍實不全亦不偏，亦即既全而又偏也，其另一缺點即所計算之 Audit Coverage 有重複之處，蓋如某一 project 之第一查帳所列 value 為若干，迨第二次查帳或在 Follow-up 時，又將此 value 計算一次，自然有重複之虞，美援會對以上所舉缺點認為前者將美援會與安全分署勉強劃分十分困難，且不必要，表示不能照辦，本署復文亦不復提及，至於 value 之重複，該會來函表示將來儘量加以避免，而過去者即亦不了了之矣。

1月24日　星期二　晴後雨

職務

處理 Review and comment 一件，為去年度■■■之 Service Education Project 內 Part A 之餘款 carry-over ■ 1961 部分之 Application，此一 application 只有師範大學■■■理化實驗室建築費，因只此一家，故教育部所加附之

■ ■ application 亦為同數，經向 C&R 部分查閱舊卷，此項經費之原預算為何數字，以及截至十二月底止已實支若干，均不得要領，此蓋因卷宗集中保管，若干資料並無條理，檢查時常有一無所獲之慮也，無法可想，只好就事論事，在 Router 上寫明此一 carry-over 係據 P/LCM 部分核准者，將來勢必含入 E-1 之 revision 內，根據始為充分云。以前所寫之糧食局查帳報告，經 A. W. Tunnell 囑加補兩點後，余已將修正稿送出，今日劉允中主任加以核改後，打清轉送 A. W. Tunnell，其中所補之一點即為該局所辦含鹽之買價與賣價，該第一次稿內因買賣價至不齊一，故未加指出，Tunnell 認為須加補正，乃又加寫加權平均進價，Tunnell 見差價甚大，毛利極厚，又問其 transportation and selling expenses，余即告劉君此項頗易算，因該局之會計制度係將一切食品帳記入一個盈虧之內，無法知某一物品應負擔若干也。

師友

下午到台灣銀行訪邵光裕兄，探詢託查發行部分將考試正式雇員之真相，今日邵兄云，並無發行部單獨招考之事，如為招考，即將支配至任何部分，不限發行，至於發行部內部有無提升周文錦之事，已拜託發行部陳副理留心云。

1 月 25 日　星期三　陰

職務

美援會之 Audit System and Procedure 查帳報告之 Follow-up 所需進行各事已儘量由 working paper 加以摘

錄，■■■■今日為進一步核閱前李慶塏君在查帳時所集得之資料，尤其美援會所發出之各項查帳報告，李君云■■報告到達本分署時，本 Audit Branch Chief A. W. Tunnell 皆經詳細核閱，有疑問時輒加以批註，有時亦行文至有關方面，故於對此項文卷有加以注意之必要，但嚴格言之，此不直接關涉 Audit Report 之 Recommendations，惟在判斷上須加以參考耳。今日在一件有關教育之報告內發覺一件不甚為本分署增光之事，即教育部約本分署教育組職員二人演講支有鐘點費，經美援會查帳剔除，A. W. Tunnell 正式以副署長名義通知教育組應予繳還，教育組於答復此一文件，只對文內之其他各點指出其並未怠忽，而對於此點則一字未提，不知係如何繳還，惟全文辭氣大有護短之意味，此種官官相護之情形，中外初無二致也，由教育組之文內更提出一反攻之問題，謂在查帳之間應與該組有所連繫，以免脫節，而 Tunnell 則進一步反攻，認為美援會查帳報告無向本署主管組會稿之必要，可謂針鋒相對。

閱讀

本月二十日就任美國總統之甘迺迪曾在麻省發表演說，中央日報兩次介紹，其所指吾人應當所持作事標準有四：Courage（勇敢）、Judgment（判斷）、Integrity（正直）與 Dedication（獻身），確有極深刻之見解。

1月26日　星期四

職務

繼續核閱有關CUSA Audit/System & Procedures

Audit 之有關文卷，仍為看自前次報告發出以後所發報告■■■■形，直接對於原報告有關之建議事項之 Implementation ■■加以注意。今日對一件極有興味之事加以審核，緣原報告對於美援會以前所發之 207 號報告與 241 號報告之脫節情形曾有一 Recommendation，認 CUSA 須加改正，此報告二件為對於一個 project 所為，207 號查 58 計劃，241 號查 57 計劃，二者均為 incomplete，原報告作者李君認為應以 207A 報告 58 計劃，以 241 只報告 57 計劃，57 可以 close，應為 Satisfactory 之 rating，余今日查核兩件報告，發覺其 207 固在當時應為 incomplete，即 241 內之 57 計劃部分雖在結論內認為應予以 close，然在其 Recommendations 內仍有一項列入，本身含有矛盾之點，故李君所指實未加熟慮也，今日再核其在查帳以後所作之 207A，內容固無可指摘，然其中連 241 之一項有關 57 年之 Recommendation 亦一併容納於其中，而在報告之眉端則只加註一項 "Also follow-up on Report No. 241"，一若如此即可將兩項報告同時結案者，顯然在補苴漏洞之中又造成新的漏洞矣，此事就現狀論之，最宜以 207A 結 58 計劃，蓋 58 計劃在 241 內之 Recommendation 仍為 207 內之續也，同時應以 241A 結束 57 計劃，因 241 應以 57 計劃為主也，如謂二者不可分，如現在該會之所為，亦因在此一報告上冠以 207A 與 241A 兩個編號也。

1月27日　星期五　晴

職務

繼續從事 CUSA Audit System/Procedure 之 Follow-up Audit，前已將應需要之 information 內容依原報告之 implementation 的次序在 working papers 上註明，至■■■ 依照預知之需要獲取資料，首先為核閱本稽核組所藏之有關 CUSA 的文卷，今日已將 Recommendation A 內之事項核對清楚，所得資料如下：（1）原Recommendation 內有二項，一項為將美援會之 Audit Program（半年一次）與 Monthly working schedule 主張二者應加以溝通，每月之 schedule 與半年所定者應互相一致，但在本組已有之文卷內發覺只有每月之 schedule，而無每半年之 program，只能就一月之 schedule 加以審核，發覺本年一月份者為就十六人全部加以 full time 而估計者，至於與 program 則無由核對；（2）原 Recommendation 主張應隨時將實際工作與預定工作列表加以比較，則卷內無此資料可以稽考，可能根本未做亦未可知。在查核美援會所製表報之間，發覺原報告所指出之打字錯誤百出仍然毫無改善，且變本加厲，本年一月份表上所用之 Fy1961 字樣全打成 1960 年，據云此事無法改善，實因美援會打字人員全有奧援，任何人不能加以督責，甚且反有變本加厲之虞云，此亦極其特殊之現象也。今日總務處管卷人員來索去年十月所調文卷三宗，余手無存卷，認為早已送還，但辦事人堅謂未曾收到，亦怪事之一，現制調卷由彼自記，事後稽考不易，致有此失。

1 月 28 日　星期六
閱讀

　　讀 *World Politics* 本年七月號，在 Research Note 一欄刊載一文曰 "The Study of Contemporary Chinese Politics"，子題為 "Some Remarks on Retarded Development"，作者 Howard L. Boorman，在分析中國在本世紀接連建立中華民國及共產中國鐵幕在社會結構與政治型態上皆有劇變，而美國從事歷史問題之研究者仍故步自封，偏重於古時與文學美術等方面，亟應補偏救弊，開拓新的方向，並指出具體途徑，甚有意義，其中引述 H. G. Creel 句云："But we should never forget that in Chinese culture we are dealing with a living, not a dead civilization, and that the chief reason for studying its past is that we may better understand its future." 旨哉斯言。

1 月 29 日　星期日　晴
家事

　　新生報發起集體游覽獅頭山與新竹青草湖，余因前已去過，即主張德芳率子女前往，昨日先往定車位，今晨德芳與紹因、紹彭同往，紹因、紹彭共一座位，至晚八時始歸，據云曾由前山至後山水濂洞，路途甚遠，致費時較長云。德芳食椰子汁可以安神，本在武昌街可以買到，但數日又無，今日到延平北路詢悉圓環有之，乃往尋，果然，亟買得三隻而歸。表妹婿隋錦堂來訪，贈德芳其所服務之人造纖維公司新出品織錦緞一段。

娛樂

　　下午到紅樓劇場觀戲，徐蓮芝主演大英節烈，徐伶似工唱，故鐵弓緣及末折武生打武皆由他伶擔任。

1月30日　星期一　陰雨

職務

　　上午，Acting Controller A. W. Tunnell 約集本會計組稽核主管四人談話，交換對辦公時間之意見，緣署中美籍人員■■■■■陽明山居住，距離太遠，中午不能回居處用餐，下午五時半下班後亦須較長時間方能到達，乃主張縮短目前之中午休息時間，由九十分鐘而為四十五分，全體均在署用餐，計分二批，每批四十五分，故中午同時只有半數人員辦公，勢將仍為休息九十分，不過須不回家耳，此項提議據云勢在必行，但又徵求全體之意見，今日劉允中主任即寫一 memo 通知全體，就所列三點意見，任擇其一簽名，三點者，一為照擬議改為四十五分，二為維持現行固有辦法，三為照改四十五分但須補貼午餐用費，據云簽名結果，多數主張維持現狀，但不知能否對於當局發生影響力否耳。繼續查核 CUSA Audit Procedure/System Audit Report 之有關 Implementation Status 之資料，今日著重其若干種統計報告之內容改善問題，發覺其中部分報告確已採納原報告之 Recommendation 加以改進，如 Implementation Status Report 之大為改善，即是一項顯例，此報告之新格式特點如下：（1）內封面加 Contents 一頁，正文本為按 Audit 與 End-use 分為兩個部分，現在改為照 MSM/C 與

CUSA 分為二部分，另在每一部分內同時包括 Audit 與 End-use 之二方面，又原報告 Status 一欄為記載 Active 或 Closed 之用，間有記載錯誤者，今日將新出版者加以檢查，知此等錯誤已均照改正矣。

1 月 31 日　星期二

職務

自到安全分署以來所寫之 Audit Report，余均有自存之專卷，每份皆留一 copy，今日因看他卷，發覺 ■■■報告一件以為尚未印發者，其實已經發出，不知何以■■未將一份交余，除補來一份外，因而將所存報告全部加以排列，並整理查補，所辦事項如下：（1）原來裝訂係照收到先後次序，因號碼不相銜接，查閱時極感不便，乃將順序改照號碼先後為之，尤其 Follow-up Report，不問原來之報告為余所作，抑為他人所作，均將之放置一起，由此發覺若干所做之 Follow-up 原報告為他人所做者往往付之闕如，現在儘可能加以查補，使便於對照；（2）原報告有數件無 copy，其原因或為性質屬於 classified，不便自存，或因用 Airgram 格式，複印份數無多，現在則對於前者仍任其缺如，對於後者則以當時之打字機所打之稿本一份充之；（3）曾有一份報告在蒐集時已無餘存，余不得已亦以所打稿本充之，而附表多件則完全不附，今日查補其他報告時，忽在其他之卷夾內發覺有重打之複本二份，不知何時及因何而有此，乃亟取來一份，遂成完璧。繼續查核美援會 Audit Procedure/System 查帳報告

之 Recommendations 辦理情形，今日所查為最後一項，
即該會所做之 Status of US$ Refund Claims 與 Status of
NT$ Disallowances，見新表已送到去年底為止，然前者
之製造日期仍一年四季，未照華盛頓之需要每年三次，
後者則項目仍未擴充，且名稱之末亦未照加 and Refund
Claims 字樣，與其來信所述不相符焉。

2月1日　星期三　陰雨

職務

　　已經準備數日之 CUSA Audit Procedure／System 之 Follow-up Audit，今日開始到美援會索取在本分署卷 ■■■■ 之資料，計接洽者有第四處稽核組長趙既昌及稽核沐松濤君，所詢到之情形如下：（1）每半年之 Audit Program ■■ 查到，現悉係在劉明德君處，係作統計資料參考用，現在一至六月份者亦定好，經即取來一份；（2）原報告認為不足表示稽核全貌之 Audit Status of Local Currency Program Funds，自 1959 年起即不再作，因另有更概括之報告可以代替，此實為一重複工作也；（3）每年一次之 Audit Status Report，費時最久，其中錯誤本亦最多，原報告提議改用 IBM 之 Data Processing 作成，在雙方文件往還時尚未能決定何時採用，經詢悉去年六月底之一期即已改用此項方式，因係初次，故至九月間始完成，將來續作時其所需時間當可減少；（4）原報告因該會之 working file 有不全者，趙、沐二君謂已整理就緒，余為證明起見，將其中之一份抽查，但管卷者謂凡已結案之 working file 均送北投存儲，當請其前往調閱，謂後日可以調到；（5）Status of NT$ Disallowances 原建議將範圍放寬，改稱為 Status of NT$ Disallowances and Refund Claims，該會復函已照辦，但閱其十二月底送來之一份，仍用舊名，詢之沐松濤君，謂係打字時所誤，當即同回分署將卷內所存者加以改正，並云原報告建議將一千一百萬元之糧食局豆餅盈餘亦加入計算一節，亦經照辦，惟係當月加入因當月收訖，故餘額明細表內不復能表現云。繼續查核 CUSA Audit Procedure/System 之 Follow-up Audit 之資料，今日審核其依原報告建議改用 IBM Data Processing Machine 所作之 Audit Status Report，該報告由沐松濤君主辦，就去年六月三十日之情形根據前年■■行之一份加以增補而成，前年所發生之缺點，已大體上加以■■，但余在其前面之 Summary 上發生一新問題，即 Direct Military Force 一項數字，在此處包括 1955 至 1960 為五億元左右，另有一附表則為自 1956 至 1960 年數字為三十餘億元，前後矛盾，詢之會同製表之劉明德君，亦不能了解，遂詢問沐君，移時沐君來告，謂 Summary 之眉端雖為六年，但此項軍用數字只為 1955 年之一年，所以如此者，因此表正文所記之 Project 別數字，只有 1955 年之一年，該前後年度均付缺如也，然所記已經查過之數字，則又不以 1955 為限，而已查對於全數之百分比，因基礎不同，而有極不合理之表現，余對沐君表示，Summary 上仍應包括六年全部，而將 56-60 年之各年總數附記於正文 55 年 Projects 以後，庶乎前後可以對照，而不致引起誤解云，沐君亦以為然。

2月2日　星期四　陰雨
職務

電力公司孫斯眉君來訪，謂該公司輸配電工程處所採之定率分配間接費用法對於查帳之種種不便，經余之查帳報告指出，雖未 Recommend 如何改善，然該公司已準備加以改善，其方法為將定率分配法改為逐期按實

支分配，廢止定章，如此則每期內之間接費用均如數分
攤於各有關之 project，在查核時易於確定範圍云，詢
余是否同意，余面復以為可行。

2月3日　星期五　晴

職務

　　繼續蒐集 CUSA Audit Procedure/System 之資料，
今日到美援會核對下列二事：（1）原報告稱該會之
Working File ■■出 A-199 號 Working File 根本無之，不但
該會所規定之■■Handbook 未有附卷，即 Draft Report
與正式 Report 之copy 亦付缺如，實際有等於無，然總
算已經尋到，只好作為已經整理就緒，否則將永無結
案之日矣。（2）原報告建議事項有關於 Status of US$
Refund Claims 之季報告，應改為每年三次，該會復函
亦云照辦，但其所送之表則仍然為每季為之，往詢經
製此表之范某，謂不知有此查帳報告，亦不知有此復
文，彼只知照例辦理，不知其他，余謂現在已知，余
當在報告內寫出下次照辦，彼似有不服，因其先囑余
往詢其首腦趙既昌，余認為既有復文亦不知有他也，
此人賣相極壞，乃有名之陰陽怪氣人物，故不與多談
焉。歸後余對於此一表報之作用欲求了解，乃查有關
之 Manual Order 751.1，其中規定為每年度 9、2、6 三
個月報送，不限於 Refund Claim，包括一切之 Account
Receivable，但該會既未照辦，何以事實上亦未發生需
要，乃詢之徐松年君，據云正式之 Account Receivable
應先行填過 Bill，會計方面有紀錄始行構成，本分署雖

有 Claim 而未 Billing，故無列入此項 Receivable 之根據，該會四季之表只有在填報 798.1 之表報時始用之，該表半年一次，故毋寧其現制較切實際也，余聞此微妙情形後，始恍然大悟，決定聽其自然矣。

2月4日　星期六
瑣記

宋志先兄之襟兄柳鳳章夫婦上午來訪，係於安樂村彼與志先建屋之後面與左面地皮乃德芳所購，而志先所■■■。昨日志先兄曾因修路攤款問題，前來通知須負擔五百元，並指出柳君在其後方與左方皆占有余家之地，其左方者且■■■且始終未有何種表示，今日二人來云志先通知其代交此款，故來解釋占用經過，且認為修路攤款不公，不應每家負擔五百元，言下與志先兄間之口舌是非亦多涉及，談幾二小時，結論為其房後之地將來余若出售時，可考慮將彼所占用者由彼承購，但目前是租是買及面積若干，倉促不易斷言，乃決定請彼此次墊付修路五百元，將來由占地找算，至於左方突出於余家地巷路上者，決不作讓彼之餘地，必要時如須請其拆除，彼亦無異言云。

2月5日　星期日　晴
參觀

到歷史博物館參觀古今書法展覽，其中現代人作品多為前次十人書展內之作，但仍有足觀，如張隆延所臨陳摶「開張天岸馬，奇逸人中龍」，早曾見之，前次即不包括，今日置之古今書家之林並不失色也，另有彭醇士之八頁楊鑑泉壽言，用行書，亦甚宛轉蘊藉之妙，至於古人之書則尤多，余極為讚賞者有翁方綱長楷大聯、倪元璐行書、沈子培行書、王文治行書、錢梅溪臨史晨、王鐸行書、陳奕禧行書、錢坫篆書、鄭簠隸書、金冬心楷書、張瑞圖草書、董其昌行書、陸紹曾隸書、何子貞行書、吳昌碩小篆、羅振玉甲骨、董其昌臨米天馬賦卷、鄧完白四體千文卷、黃山谷贈李方叔馬券跋卷，又有明清名人書札冊頁等，可謂美不勝收，一書札論出處之間，謂難進易退，可見昔人風骨，自顧亦若是也。

2月6日　星期一　晴夜雨
職務

今日工作為 Review and Comment，計一件，為台灣電力公司蘇澳第二火力發電所 1961 年之 Application，此為第二次送件，第一次送來時，本會計處曾有二點意見，其一為凡管理費用性■■■均應由公司自行負責，此點只為原則，大體上已經做到，其二為其 General Expenses 內有 Construction loss 一項，曾因■■不明，囑其將 Breakdown 及 Justification 補送，此次所送之 Revised application 對此一字未提，於是在 Comment 內將此點提出，仍囑該公司補送云。久未能進行之美援會駐華盛頓 Chinese Technical Mission 查帳告之 Follow-up，因該會未能將資料補妥而停頓，曾函該會補具，該會何大忠君曾將復文稿擬就送來徵求意見，經余與劉允中主任商討結果，於下午往訪何兄，申明立場，計有如下各點：

（1）所剔除各項零星開支，多已另有單據，自可再度補送；（2）CTM 各年度結餘經費支用情形應屬於其本身者、准予補支者可有三千餘元外，尚有六千元左右係用於其他方面，如必欲以此等用途報銷，請決定項目，明白寫於復函內，以便轉請 A. W. Tunnell 考慮；（3）美援會未撥 CTM 之經費一萬元餘，據其函稿云係用於延請會計師來台所用，其時 ICA 雖已同意但未有補助，余謂如確能證明未有撥款，此項用款情形自可考慮，但亦請明白寫出，由洋人加以考慮，余將此等談話經過歸報劉允中主任，渠亦認為只好如此，總之此事恐須最後請 Tunnell 加以解決云。

2月7日　星期二

職務

開始撰寫 CUSA Audit Procedure/System 之 Follow-up Report，因注意事項前已大體收集齊全，故進行甚速，已完成其半，此一報告含有若干尚未做到之事項，然問題不多，故決定在此一報告內予以結案，誠因美援會與分署關係不同，長久拖延不決，無裨實際也。

參觀

利用中午休息時間到博物館，參觀中國藝術品赴美展覽之出國前預展，此一展覽共選名畫一百一十二件、法書十件、織繡四件、銅器五件、玉器十件、瓷器八十五件、琺瑯十一件、雕漆八件、雕刻八件，可謂美不勝收。由分量觀察，自以名畫為主，唐人者五件、五代者十件、宋人者五十餘件、元人者二十餘件、明人

十七件、清人五件，余最注意此十件法書，無一不令人
睇視不忍遽釋，此十件為唐玄宗鶺鴒頌卷、懷素自敘帖
卷、蘇軾赤壁賦卷、黃庭堅松風閣詩卷、米芾蜀素帖
卷、宋徽宗瘦金帖詩帖卷、宋高宗賜岳飛手敕卷、趙孟
頫前後赤壁賦冊頁、文徵明四體千字文、董其昌楷書周
子通書軸，其中最精者應為蘇赤壁賦，用楷書，結構謹
嚴，蘇書第一，趙書二賦亦精絕，末有鮮于樞跋，亦相
得而益彰，米芾蜀素帖為字最多，遒拔俊逸，兼而有
之，僅此十件已足令人流連竟日矣，此外精品則沈子蕃
緙絲花鳥圖山水圖、宋繡白鷹圖，則別成一格，而雕刻
部分則多為竹木素材，完全為作者之奇技，惜因在玻璃
柜內不能逼視，其妙處不能領略，今日共費時七十分，
猶走馬看花而已。

2月8日　星期三　雨
職務

　　繼續寫作 CUSA Audit Procedure/System 之 Follow-up
Audit Report，已全部寫完，此項 Follow-up 侷限於原報
告內所涉及之事項，為求簡捷，故絲毫不擴大範圍，
建議事項除該會之 A-241 報告已經結案，須請其補一
■■■ A 外，並無可以建議之事項，故只將此點寫入
Conclusion 內，不復有 recommendation 云。今日有一事
項雖與余無關，然在查帳報告上有極大之關係，即去年
曾應退除役官兵計劃主管人 Fraleigh 之請，本會計處派
靳君對於參加建築設計最多之建築師吳文熹作一 Special
Investigation，當時報告採機密方式，年餘以來亦未從事

Follow-up，今日靳君奉通知以模稜兩可之文字寫一結案之 Follow-up 報告，據云原報告之 recommendation 三項，包括該建築師缺點太多，以後應不准參加美援工程設計，以後工程設計應請正式建築師擔任，以及最好為平時先辦理建築師考核登記等項，無一照辦，原因為美援會根本不贊成此項辦法，至於所持理由為何，則又不肯示經手人以原來之來函，又不肯說明真正之理由，顯見其中有類似政治之壓力，果爾，則所謂查帳云云，豈非完全粉飾門面之舉乎！故聞訊以後皆認為此等情形實屬空前，且皆為氣短焉。去年所作有關退除役官兵輔導會之 Follow-up Audit Report 共六件，直至今日始經劉允中主任核過二件，即交打字小姐打 second draft。

2月9日　星期四
瑣記

所作 Follow-up Audit Report 已告一段落，今日整理 working papers 及有關文卷，適余之座次旁新增一書架，乃利用此機會將應用物品加以整理，並將已失時效之備份資料予以毀棄。今日有二事充分證明記憶力衰退極為可觀，其一為前日與美援會之何大忠君討論該會 China Technical Mission 之 Follow-up Report 問題，所據者為余所起稿之致該會函一件，在起草此信時，本係為一查帳報告，故有 working papers 自行保存，當時欲取出參閱，遍尋不著，亦即廢然而罷，今日無意中在常用之中屜內發現，當時原為便於檢索始放置手邊者；其二為今午將抽屜鎖好下班時，突然發現一部分尚在案頭，為免於再

開，即開啟李君之無鎖抽屜暫存，當時且向李君戲謂稍
縱即行忘懷，下午當遍尋不著矣。迨下午為其中一文件
而遍索不得，歷數小時之久始猛憶在李君處尚有二卷
夾，不禁啞然失笑，上午之戲言果不幸而中矣。

師友

接馬兆奎、虞克裕二同學信，謂汪茂慶同學臥病醫
院甚久，發起春節有所資助，余細加考慮，不能相信汪
兄竟如此貧窮，果然貧窮亦非三五人之力所能濟事，如
有必要，應由全體同學共同相助，因即函復主張舉行同
期同學聚餐，當場徵求參加，數年來與汪兄甚少過從，
其為況如何，不能得知，即馬、虞諸兄亦少接觸，虞君
對余有所求助時亦等閒置之，接信頗出意外也。

2 月 10 日　星期五

職務

今日對所寫 CUSA Audit Procedure/System 草稿再
加從詳校訂，並對文字加以飾潤，即作為定稿，下週當
可交卷。劉允中主任將余上月所作之 ICA China Mission
Employees Club 之 1960 查帳報告加以核改，內容無何
出入，只略修改贅冗之敘述文字而已，余再看一遍後，
即交打字人員。此一報告不編入本稽核組編號，其
Heading 亦照 A. W. Tunnell 之建議，採余用私人名義致
該俱樂部主席富來利，以示並非本會計處之官方文件，
但報告內文字則將此項報告係受託由會計處辦理一節敘
明，獨不加改動，亦可謂掩耳盜鈴矣。余本週之工作已
經完成，下兩旬之工作將為彰化一個水利會之 Financial

Review，依照洋人之意見，下星期一即須開始，但因舊
曆年底不便工作，且下星期三、四有二天假期，當不適
合於此時前往，乃商定改為二十日開始云。劉允中主任
核改余所作之退除役官兵計劃內之 Industrial Center 報
告之 Follow-up，余在報告內寫明只有一件尚未完成，
此即兩個工廠與前建設廳營建處之建築費結帳問題，兩
月前即已開會議決營建處應於接到此項會議記錄後一週
內提出結帳資料，迄今已有兩月，度已結算，為使報告
內有具體之結果，乃用電話探詢退除役輔導會，不料竟
謂至今尚未提出，此等情形證明 Follow-up 之難作矣。

瑣記

本會計處同人二十餘人須換新五元鈔票過年，余
下午持赴台灣銀行託邵光裕兄辦理，計共二萬一千五
百元。

2月11日　星期六　陰

家事

羅斯福路寓所之門窗共有用紙糊者十二扇，歷年均
自行糊補，今日以全日時間由德芳率諸子女用水泡刷，
然後由余糊貼，計用去全日之光陰始行竣事。

師友

晚，張中寧兄夫婦來訪，據云今日接到馬兆奎兄之
信，渠謂接余之信希望明日到醫院探視汪茂慶兄之病，
並共同捐助現金若干，張兄詢余準備贈送若干，余告以
此次原為接到馬兄與虞克裕兄二人聯名來信提議集款送
汪兄，但余考慮及此項問題時，希望能對於同時有病之

其他同學亦能顧到，且汪兄景況或尚不至困難至此，張
兄之意亦係如此，惟馬兄對余之從長計議一節，顯然並
未加以考慮，故余明日是否前往，將視彼等是否來此相
約再行決定云。

2 月 12 日　星期日　晴曇
師友

上午十一時，馬兆奎兄來約同到台大醫院探望汪茂
慶兄之病，馬兄並開有致送現金清單，計其本人五百
元、董成器兄五百元、虞克裕兄三百元，朱曾堂兄與高
應篤兄各二百元，余亦加入二百元，旋同行之張中寧兄
亦二百元，計同行前往者尚有高、朱、張三兄，至則見
汪兄輾轉床褥，痛苦不堪，而面色蒼白瘦削，其形容表
現癌病相當嚴重，聞醫師已不甚來診斷，或係公教病房
不加注意之故云。余昨日與張中寧兄談此事，曾對此間
同學間之隔膜，不無微詞，尤其於虞克裕兄此次聯名來
信發起所引起之反感，完全相告，今日細思，深悔涵養
功夫不夠，且若干年來未向友人有此等失言之處也。

2 月 13 日　星期一
家事

上午請假半天，率紹彭往取紹南由華盛頓寄來之包
裹，因以前紹南來信謂其同學莊君介紹另一在海關服務
之莊君可以在台北相託，故循址到青島西路 CAT 後面
之台北關訪莊君，據其他人員云，經常在飛機場服務，
余因為時促迫，不能再往，即逕到郵局洽取，至則見所

排隊伍甚長，預料不至此者，顯然錯誤，乃命紹彭在掛
號一行排隊，余則在申報一行內排隊，候二小時始行將
申請與掛號兩手續辦妥，據云報關須在下午，乃先退
出，其時有另一少年見余告紹彭下午再來之手續，亦參
加表示意見，據云價值若超過金二十五元時須退回原出
口地點，余因紹南所寄物品實質超出此數，雖申報為25
元，恐官員留難，乃到財政部訪馬兆奎兄，不遇，留字
請直接間接轉海關人員予以便利，但應完之稅則如數照
納，下午由德芳繼續往辦各手續，先到外貿會託趙榮瑞
君協助，聞趙君云不致有此等問題，故一逕往取，余下
午辦公回家時見已取到，德芳云未費如許唇舌，余見其
估價不高，認為尚稱合理云。瑤祥弟之戚託到 32 收支
組代領八成薪，因無圖章而未領到，下午函知一切。

2月14日　星期二　陰雨

職務

今日處理事務如下：（1）以前所寫 1459B Follow-up
Audit Report 已另加潤色，最後由 A. W. Tunnell 批交 cut
stencil；今日從事 Review and Comment 二件，一件為簽復
美援會信送 Kaohsiung 愛河疏浚計劃之 PPA，另一件對於
Industrial Planning and Coordination Group 所送之局部之
breakdown，■■■項目下十二小項目之一，零碎萬分，
簽註請其一次加送；上週所作 CUSA Audit Procedure/
System Follow-up Report 今日再加審閱後繳卷。上午同美
援會徐正渭君到農復會接洽該會申請本分署與美援會從
事彰化水利會申請貸款之 Section 517 review 一案，計

會見者有其會計長蔡西坤，及會計處蔡、馮與將一同前往之盧君，蔡西坤其人略有矜持，對於原定二十日出發又改為二十三日出發一節表示不滿，但與 Nolan 通電話後，仍為二十三日出發；余等於此案資料完全無有，經詢其水利組周君，始允三日後蒐集一部分交余等參考，又馮君已用電話通知水利會改期，並預定旅館，此行大約須二週之譜云。

師友

今日為舊曆除夕，昨日紹南寄來包裹有贈送友人者，除昨晚已由德芳將致送為紹寧補習英文之戴小姐毛衣一件外，今日余往訪原都民小姐送所買黑皮帶一條，又利用中午時間訪王慕堂兄送去領帶二條。昨託馬兆奎兄為接洽海關協助提取包裹事，因已經提妥，故上午以電話請中止進行，馬兄已交鈕鈐龢君代辦，當再轉告一切云。

2月15日　星期三

交際

今日為舊曆新年，未能免俗，上午八時出發拜年，計到各處為楊綿仲氏、黃德馨兄、廖國庥兄、邵光裕兄、張中寧兄、鄭旭東兄、吳先培兄、曹璞山兄、田子敏兄、王德垕君、任公放君、冷剛鋒氏、■■■■、趙榮瑞君、余井塘氏、楊紹億兄、逢化文兄、樓有鍾兄、周靖波兄、王一臨兄、汪焦桐兄等；下午同德芳外出拜年，所到為：王文甲兄、孫振河太太、丁暄曾君、李公藩兄等處。上午九時到會賓樓參加山東同鄉會團拜，演

說者有年長之秦紹文、裴鳴宇、史延程諸氏。今日來拜
年者有田子敏兄、吳先培兄、樓有鍾夫婦、于政長君、
曹璞山君、冷剛鋒氏、蘇景泉兄、汪焦桐夫婦、王德垩
君、邱洪廷君、周靖波君、徐嘉禾夫婦、李德修夫婦、
陳崇禮夫婦、童絓小姐、趙榮瑞君、張景文兄、丁暄曾
君、曾明耀君、張中寧兄、邵光裕夫婦、廖國麻兄等。
今日休假。

2月16日　星期四　陰
交際
　　上午同德芳到舒蘭街尹樹生兄家賀年，又到吉林路
張景文兄家拜年，再至雙城街李德修君家拜年，不遇。
下午余單獨到中和鄉佟志伸兄家拜年，又到廈門街曾明
耀君家與師大宿舍蘇景泉兄家答拜新年。今日來拜年者
有李公藩夫婦、李德民君、鈕鉸酥君、鄭旭東兄、王文
甲夫婦、吳治檢察官等。又昨日來拜年者尚有佟志伸與
楊紹億二兄。
家事
　　中午，到姑母家拜年，德芳同往，並留午飯，七弟
瑤祥今日由三重埔來拜年，余與德芳皆未相遇，但午飯
適皆到姑母家，七弟並帶來金門高粱酒二瓶，謂係七弟
襟兄鄭君由金門回台所贈云。

2月17日　星期五　陰雨
職務
　　春節假期後今日開始辦公，上午從事 Review and

comment，為一件 Project Proposal，計劃內容為請款辦理改善 National Income Statistic，由本 1961 年度起，三年完成，余核該計劃書，確費若干心血，非等閒請款文件可比，但 Financial ■ 內全部為台幣，而又列有打字機計算機與參考書等進口物資，依照去年下半年修正條文局部內容之 Standard Operating Procedure 所定，如用台幣買已進口之物品，不能每個 Items transaction 在美金千元等值外幣以上，則該項文件所列三年內達二十餘萬台幣之多者，顯應提起其注意，加以限制，下午即將此點列入 comment 內交卷焉。下午同美援會徐正渭君到農復會訪會計處盧君及水利組周君，取有關彰化農田水利會之資料，並約定下星期四動身，其所用之車票託盧君一併購取，歸後即將接洽經過與主管之 Nolan 洽談，當約定此項工作預定工作期間為自本月二十三日至下月十一日，計二週有半云。

交際

今日下午歸途經財政部，答拜鈕鉁龢君新年。前來拜年者有王景民君，楊秀卿、林美美兩小姐，又姑丈亦曾來訪問云。

瑣記

數年來習用英語，雖說話機會不多，仍然遲鈍，且聽覺亦不充分，但寫作能力大增，因之於看外文報紙時，多能注意其語法，如近日報端形容美國對外貿易困難，謂其將 Price goods out of the market，即為一極佳之習語，查字典始知。

2月18日　星期六
體質

舊曆新年飲食往往有過量之虞，余今年為顧慮胃之負擔過重，故儘量避免多食，尚收相當效果，然胃酸有時仍多，休息時尤其入睡時，略見發作，惟不甚耳。

交際

上午，到新店崔唯吾氏、叢芳山兄及孫典忱兄等家拜年，均未遇，過大坪林時本擬亦到劉振東氏家拜年，因其赴美未歸，故作罷焉。今日由德芳出發拜年處有中和鄉宋志先兄家，又答拜邵光裕夫人，答拜陳崇禮小姐等。據云在中和鄉時並見周叔明女士之二姐，彼之地皮與余等者接壤，以前侵占者尚少，現在竹籬伸出又多，據云其側面之李家亦以竹籬占用余之空地云。

2月19日　星期日　雨後晴
師友

回拜新年者有黃德馨兄，據云新年未出門。

參觀

到中央圖書館參觀漢碑拓片展覽，此為該館與丁念先氏合辦，前者為原片，後者為裱本及珂羅版本，其中第一珍品為蔡邕夏承碑，云為海內孤本，商務曾據以影印，此外則有孔廟碑宋拓三，史晨碑亦佳本，乙瑛亦數本，以外則有禮器、孔彪、蔡邕華山碑、麃孝禹碑、景君碑、封龍山頌、王發神讖、尹君闕大字、韓仁銘（似孔廟）、孔羨碑與黃初受禪碑，為魏碑，但均為隸，拓片整頁者有開通褒斜道石刻，奇逸之至。到藝術館參觀胡克敏水墨百花畫展，共百幅，筆意極佳，每幅且有八分書工整之說明，畫幅上並將花之名稱刻為閒章，局體雜陳，別饒情趣，雖似小數，亦藝壇盛事也。

2 月 20 日　星期一　晴陣雨

職務

今日工作為 Review and comment，計有致 ICA Washington 之 Airgram 二件，皆為 PL480 Title IV 下 Voluntary ■ 之 Relief Supplies 有關事項，一為報告調查工作進行之■■，一為天主教基督教所作之發放救濟品預算書，前者只須審核文字，後者則核算數字，因余對此等事項完全未曾核過，故為明瞭其內容即已費去甚多之時間云。因余本週即須出發，半月方歸，故劉允中主任趕將余上月所作六件 Follow-up Audit Report 取出核閱，除前已核過之件外，今日為第四件 satisfactory close 者，因此一報告目的在予以結案，故對若干 Recommendation 之 implementation status 皆有委曲求全不予深究之處，所採理由難免有牽強費解者，劉氏則另採其他理由，原則仍為求其結案，蓋長久拖延又不能責退除役官兵輔導會以必須執行之責任，只好自結束也。彰化農田水利會申貸地下水貸款一案，今日將本會計處 Nolan 所作之復農復會文查出，見其中係述派定徐正渭與余往查，並通知該會將所派人員亦來函相告，余因須看該會來文，曾向辦文之本會計處及收發文之 C&R 查核，始而不見有何來文，繼而在發文後附有該來文複印本，但該文之原本則不可復見，此等處裡公文之方式殊

令人有所不解，又農復會所派之盧君曾來電話催詢本分
署之復文，余於下午電告此文已復，且夕可以收見，彼
將據此以轉達彰化水利會云。

2月21日　星期二　陰

職務

今日本應對於 Changhua Irrigation Association 之
Section 517 Review 有關事項作充分準備，但因其他事務
蝟集，全日不得開交，故除與同往工作之徐正渭、盧友
方二君通電話二外，並寫一項 Field Trip Request 送主管
人 G. H. Nolan 核簽，其他完全未動。今日處理之零星事
項如下：（1）以前所寫六件 RETSER Report 之 Follow-
up Audit Report，劉允中氏趕第五、六件 draft 加以核
閱，因內容多極複雜，須向余一面查詢一面定稿，故全
部時間須會同工作，計至下午止，除六件中之二件已經
早已核定，一件與輔導會聯絡尚須等候資料外，其餘
三件均係於昨、今二天完成；（2）以前所作之 ICA/
MSM/C Employees Club 查帳報告今已打完，因所需分
數不多，故未用油印，余加以全部核閱，改正錯誤，然
後交劉允中主任分發；（3）前週所核之行政院主計處
改善國民所得統計一項 Project Proposal，余曾簽註應囑
請款人注意購買外貨不能在美金千元以上之規定，今日
主管組人員 Geoffrey 來詢內容，經將 SOP 查出予以詳
細解釋；（4）RETSER Follow-up 報告 Industrial Center
一報告，因須等候兩家榮民工廠之建築結帳情形列入報
告，遲遲不能定稿，今日與主管人梁元鑄通電話，始而

謂已將內容詳算,將有資料送來,再又謂已算好因核對差數三分,容對好即送來,至下午再問,則梁君已外出矣,此事只好交劉允中主任自己接辦矣。

2月22日 星期三 雨
交際
上午到極樂殯儀館弔祭蔡自聲夫人之喪,昨日並託韓華珽兄合送素幛。
家事
中午請姑丈姑母來寓便餐,因天氣不佳,只姑丈一人前來。在南京東路為德芳買椰子,係王姓果攤,據云長安西路口陳姓者亦有甚多,經到陳姓處亦購,前後共三個。
職務
前數日應閱之 Section 517 Review 應參考之文卷,因當時工作太多,遲遲未能參閱,今日乃加以補閱,並摘寫要點於 work paper 之內,此項資料全在徐正渭兄借余之卷內,且只閱其一,另一雖亦有甚多資料,但比較次要,只好帶至工作地點再行邊作邊閱矣。

2月23日 星期四 陰
旅行
上午九時由台北市乘坐臥兩用車南下,於下午十二時四十一分到達員林,住華都旅社,同行者美援會徐正渭君、農復會盧友方君、水利局任紹光君等。

職務

開始彰化農田水利會之 Section 517 Review，下午與徐、盧、任等君同到員林該會，首先為蒐集於本案有關之各種資料，主要對象為主計室，次為財務組，連帶的對於一般情形加以了解，會長林君因同時舉行該會之評議會，故只略加介紹，並未詳細說明，今日於談話過程中發現一項問題，即該會之固定資產不能完全表現於帳面。

娛樂

晚，看電影，范海茀林、施雲娜曼卡諾合演暴風雨（Tempest），尚佳。（Pushkin 原作。）

2月24日　星期五　陰

職務

全日在彰化農田水利會查帳，昨日所要各項資料已全部送來，至於囑其準備者，亦在積極辦理中，所以如此迅速者，諒係因事先通知甚早，業已有備之故，今日檢討之事務如下：（1）為了解其一般情況，該會已有一種組■■事之節略，當將其中有須詢問者加以詢問紀錄，據云該會之會計制度係用水利局所定者，經略加翻閱■■，有累計盈虧科目，下分「財產部分」與「收支部分」兩子目，說明甚為簡略，經詢問同時來員林之水利局主管水利會會計之任紹光君，彼所解釋不甚切題，如謂收支部分係全部分配，財產部分逐期滾算，實際非是，余再三推敲，初步了解為所謂財產部分實為用於固定資產之收支亦即資負兩項之差數，所謂收支部分則為

損益部分收支之差數，經會議核定分配後滾記次期之
數，所謂分配，包括公積性質之所謂「擴充設備準備」
等項，及此項滾結下期之「收支部分」，此一方式為本
會計之特性，表現此一會計制度之獨有的處理方法，而
任君不知，余又詢以設此項「收支部分」變成虧損如
何，亦即謂本期大虧，使過去者不能抵除如何，謂即列
於借方，又詢以此種情形下所表現之本期虧損如何，先
作反分配，謂必須先行彌補，當前尚無結虧之例，余對
此點尚在存疑焉。

娛樂

　　晚看電影日本片太平洋之嵐，譯名聯合艦隊，五彩
寬銀幕，拍製甚精，而主題模糊。

2 月 25 日　星期六　晴

職務

　　繼續查核彰化農田水利會帳務，今日重心為檢討其
收取會費之方式，所獲得要點如下：（1）會費收入為
各地水利會之主要財源，彰化水利會曾發生流弊，對財
務不無影響，故對於實際狀況不能不加以研討；（2）
收費辦法昔為採用■聯單，後根據省府規定改用四聯
單，但均係將收據聯事先裁下發交各會員，而收取時則
由工作站人員下鄉辦理，實收時在收據上加章，無如中
飽時有發生，乃時感困難，其中一度將其收據聯裁留，
備交款後再發，但會員感覺到工作站換領太煩，故只行
之一年，亦即兩期，即又恢復原狀；（3）目前防治流
弊方式為徵期屆滿時另郵送催告書一件，如有中飽，已

納會費之會員必提出異議，但此法對於舊欠不生效力，
因舊欠不再催告之故；（4）依省頒財務收支處理辦法，
原則上須會員向土地銀行或其委託之農會直接繳納，現
在採用此項方式者，在彰化水利會之四個區域內，只有
彰化與南投兩區之一部分，此兩區面積較小，故在全部
會費收入中所占之百分比甚為微細；（5）現行財務管
理中心自區管理處成立後，已移至區處，水利會不過作
總的轉帳手續而已，就收費而言，造冊製據皆為工作站
之事，徵期屆滿後則工作站製滯納冊送區管理處，此後
收到者則區處亦同時辦理銷號手續，以便控制，解款則
一面由工作站解入土地銀行，一面經由區處辦理轉帳手
續而達水利會。

2 月 26 日　星期日　晴
游覽

上午九時同徐正渭、盧友方、謝文察三君應約同赴
彰化與洪、江、林君會齊，轉赴鹿港游覽，所到為鹽
田、天后宮及龍山寺等處，宮寺並皆有雕刻精細之殿
堂，而天后宮香火鼎盛，所奉媽祖象為由莆田湄州移
來，尤為全台所無，宮內牆■■亦皆有法度，此地甚古
老而文風亦盛之故，市廛極好，所產海鮮如花跳魚、淡
水鰻、蝦丸、海蟳，亦皆無一不美，每逢週末特來食海
鮮者不乏其人云，下午一時回彰化，鹿港至彰化只十二
公里，全柏油路，洪君家和美，則在另路，距彰亦近，
在彰化並上八卦山看尚未完工之大佛象，高聳雲表，確
為奇觀。

娛樂

　　下午在彰化看電影，德國片「慕情」，莉泰羅維莉主演，剪接清楚，極富教育意義。

2 月 27 日　星期一　晴
職務

　　全日在彰化農田水利會查帳，繼續星期五對於累計盈絀一科目作進一步之了解，該會會計股陳股長同意余之見解，即累計餘絀一資產部分為固定資產總數減固定負債總數之結果，表示自力所營之工程，但現在帳面餘額則所示者大相逕庭，初步發現帳目記載有錯，待其調整改正後再作分析，又上項對照關係經與徐正渭君研討，認為應再加入所提之擴充設備等項數字，將累計餘絀一資產部分加以擴大，其數始能與所置工程相平衡，蓋因此項提出之數係由已增加之工程數轉計而來，乃已成之事實，其科目雖列入公積之下，而其性質則屬之正式之 proprietorship 也。

2 月 28 日　星期二　晴
職務

　　繼續到彰化農田水利會查帳，今日工作成果如下：
（1）研討數日之固定負債加累計餘絀應等於固定資產問題，已告一段落，緣此一水利會在改組前之舊會計制度分錄方式不■■，致會計人員發生錯覺，以為新會計制度下不再有上項對照關係，經依照新制度之分錄方式，在實質上與制度原有之方■■全無別加以證明，該

會會計人員始恍然大悟，對於數■■資產負債表上之固
定資產不等於固定負債加累計餘絀（財產部分）一節，
斷定為帳目處理有誤，正由改組起加以核對，以期找出
原因，據以調整；（2）該會之資產負債表係用兩年度
比較式，其收支計算表則最後列擴充資產數與償還固定
負債數，以及舉債數與固定資產變賣數，此等非收支項
目即為應與資產負債表相當項目發生對照關係者，其中
最重要者為固定資產年度內增加數應等於收支表上之擴
充固定資產數減去固定資產變賣數，但將49年度之決
算表加以核對，相差甚鉅，當係有隱於其他有關科目者
如未完工程之類，經囑會計人員亦加以查核，以期各會
計科目均能表現其正確之餘額；（3）開始為49年度報
表之全面審核，由於48年度歸盧君處理而50年度由徐
君處理，故詳略之間，頗難斟酌，財務分析應以資產負
債表為主，而最近者為50年度部分，將來撰寫報告亦
以50年度為主，以前年度只供參考而已，但正式決算
表則只至49年度為止，故數日來於其全貌作鳥瞰式之
分析也。

3月1日 星期三 晴

職務

繼續審核彰化農田水利會之資產負債表，余所核者為 1960 年度者，另徐正渭君核對近數月即去年底者，而農復會之盧君則核 Fy1959 年度者，目的在明瞭每一資產負債項目之內容，將三年之數以比較方式列入一 Consolidated Balance Sheet，而分析工作將只採用徐君之最近數字，但此項數字有由以前年度而來者，設有因性質不符而須加以調整時，亦須同樣將以前兩年度者加以 adjust，始可 ■■ 單純之比較關係。今日審核之重要科目為應收款項，此為該會最主要之流動資產，在去年六月底為五千餘萬元，但詳加分析，其中有三千餘萬元並非應收款項，其故如下：（1）八七水災後重建工程之款源有省府補助、土地銀行貸款、農復會貸款等，皆依特別規定另立帳簿記載，故在此帳內以類似內部往來之方式在應收款項內列出一筆，其實已用於工程，並非應收之數，如尚有現金未用，應併入現金帳內也；（2）該會因每年度有預算，在決算時往往為使其便於比較，將已經預算而尚未達到應收應付階段之項目亦加以分錄，作為應收應付，例如此年度內原欲以出售固定資產得價卅五萬元連同預估盈餘一百八十萬元，但至今亦未出售，而在去年六月底時即已先行列帳，在應收帳款內平添二百餘萬元，其中三十五萬元尚可以謂不過在固定與流動兩項資產內為錯誤之表現，其 180 萬則以未實現之盈餘列帳，殊屬背謬也。

3月2日　星期四　晴

職務

　　繼續審核彰化農田水利會之 Fy1960 資產負債表，發現若干極特殊之會計處理方法：（1）總分類帳之登記係逐日根據日計表為之，此日計表實為一種總傳票，只有各科目收付■■無餘額，有時每天不只一張，在核對總分類帳餘額■發現資產負債表之收支本期餘絀數在總分類帳上並■■■，而該科目兩方相平，查日計表與當日傳票始發覺一項■■，即當日之傳票雖將收支類科目用一張傳票轉入本期餘絀內，而其資產負債類科目之結轉亦另用一張傳票分錄之，且餘絀數自然相反，結果均計入日計表，登入總帳時兩方相平，大約至次期結轉新帳時始能在帳上表現此項前期之餘絀，所以致此，即因結帳處理與結轉處理完全混同之故。（2）該會八七水災重建工程係依規定另行立帳登記，俟結出最後數額，始行轉入正式帳內，故在正式帳內只有懸記科目，置於「應收帳款」內，決算時由於此項工程本列預算內，為表示比較關係，乃虛轉此項工程於「固定資產」之借方，而貸方則另用「應付款項」科目以懸記之，於是發生資產負債均虛列此數之一倍，而因科目名稱與實際有異，發生對實際情況之掩蓋作用，此一影響尚非甚大，另有涉及預提盈餘列帳如昨日所記者，則更誤解茲多矣。

娛樂

　　晚看法國片「花月斷腸時」（Christine），Romy Schneider 主演，情節、音樂、色彩、演技、並皆上乘。

3 月 3 日　星期五　晴

職務

　　Section 517 Review 之表現方式，為將過去三年及未來三年之實際及預測資產負債表與損益表各各合併於一總表，寫出百分比，並逐一加以分析，過去三年之分析工作，由余任 Fy1960，農復會盧君任 Fy1959，而徐正渭君任 Fy1961 上半年亦即■■十二月底止，實際上資產負債表項目自以去年底者為最重要，劃一編排與分析之綜合工作均由徐君任之，今日余與盧君分別就以前兩年度數字調整就緒，交徐君彙編，余所任部分其調整分錄較多，故製一六欄表，使徐君彙編時可知來龍去脈，以及三個年底調整基礎是否一致，此六欄表本甚簡單，但亦費去大半天時間，其原因為將就利用水利會用郵封紙印好之固定格式，必須用鉛筆複寫，燈光下不良於視，而計算時使用日式算盤，雖多優點，而終不習慣，幸而一加即平，未發生漏列錯列之事云。水利會奉令由會費收入內附帶徵收一種災害準備金，由水利協進會統籌支配，水利會科目一面用「會費收入」，一面用「災害準備金支出」，均在收支之中，不影響餘絀，依理此無異為一種代收款項，故科目應用資產負債類為宜，因而該會在應付款內列有此款，對方為現金，由於四個科目同被涉及，性質隨之混淆，徐君認為應將「災害準備金支出」一項剔列，於是本期餘絀增多，而全部科目不平，余認為此款既非水利會所得而用之，此正非剔列「災害準備金支出」之理由，與徐君所見相反，認為餘絀與應付款二者擇一而列，毋寧採後者為較有理由也。

3月4日　星期六　晴

職務

　　昨日與徐君研討之問題，今日渠告余謂經再三思索，認為仍不應在應付款項科目內，而應在餘絀內，但不能容於已有之■■，須另加一 Reserve for Sinking Fund，設此基金繳解而資產■■■入「基金」科目時，此 Fund Reserve 科目再轉入一般性之■■科目，余對此項處理，認為乃徐君採納應作應付帳■■質，而不肯採取其形式之獨出心裁之作法，乃一作■■問題，故只謂多一科目在報告上，又多一甚難片言釋明之項目，表示不加贊同，本質問題不復提及，蓋余始終認為此款尚未依法繳入「基金」（不問其所有將來歸之於己抑歸於省方），即尚未履行一項 obligation，非應付帳款而何，至於將來實際繳解時，再轉入此項 Reserve（現無此科目，故水利會稱歸入其他 Reserve），此點與徐君所見再度相反，未知孰是，誌此以待進一步之研討。今日工作為核對水利會之土地記載與所有權狀，經抽查權狀相符，但冊列該會所有之工地，僅有八堡區之部分列入帳內，經核對亦屬相符，其餘各區冊列部分則未經入帳，價值方面則全部於造冊時估價，超出帳面遠甚，至於此等土地之可以處分者則另有一項調查冊云。關於數日前所發生之水利會資產負債表上，固定資產兩年比較增加數不等於收支表上擴充資產增加數，以及固定資產總額不等於餘絀類表示此項餘額之科目數，今日已經陳股長查明，一部分為歷年在收支表上固定資產權責發生致未能在當年分錄，又有一部分餘絀科目所列張冠李戴，其說明尚合理。

游覽

　　下午由水利會永靖工作站同人引導參觀田尾鄉打簾村胡政量之改良種苗圃，占地五、六甲，苗種無數，經與徐君各買玫瑰等花甚多，余買七種，為赤鳳、紅世界圖、白世界圖、白玉鳳、金華山、金黃殿、黃金等，直寄台北。

3月5日　星期日

閱讀

　　讀 M. E. Murphy: *Selected Readings in Accounting and Auditing, Principles and Problems*，此書每篇皆經精選，今日因便於當前工作之參考，擇讀以下數篇：（1）R. ■■：Recent Changes in Corporate Annual Reports to Stockholders；（2）G. D. Bailey: The Increasing Significance of the ■ Statement；（3）W. T. Boxter: The Study of Balance ■；（4）另有一部分散篇為 Determination and Statement of ■，只看其總說明，涉及若干資產估價問題，為若干■最起爭論之問題，當於有時間時一一閱過。以上各篇所提之問題，雖為八九年前之作品，然在國內似尚未聞有十分之重要表現，則經濟商業情況不同之故也，例如在 Balance Sheet 方面，有趨於改用 Report Form 之勢，國內採用者似只有糧食局一家，該制度乃英國系統之會計師所設計者，又如 Income Statement 則又逐漸改用 Account Form 之趨勢，且盡量避免混入與本年營運無關之項目，而一般社會之重視此表則逐漸駕 Balance Sheet 而上之矣，又

兩表之名稱則逐漸採用 Statement of Financial Condition
與 Income Statement，而逐年比較式亦漸風行云。

3月6日　星期一　晴曇

職務

　　進一步審核彰化農田水利會之土地情形，該會所造
土地清冊，共列土地一千九百餘甲，其中一千八百餘甲
地原為■■■地，一百甲為其他地目，該冊分四個舊水
利委員會，合併而■■■，其中價值一項，全為估計，
但水以外地目者則採用最■■■地價評定表，至於帳內
所列土地則皆為此冊中之一■■帳內所列者為三種來源
之土地：（1）主要為合併後因工程需要陸續購入之地，
照購價計列；（2）一筆為原八堡水利委員會所移交，
計一千一百七十甲，內一千一百甲為水利用地，並不作
價，只七十甲其他地目者，大部分可以變價，列計估計
價格；（3）一筆為北斗移交之土地，列價四百萬，據
云為工程買入之水利用地，但是否不含其他用地，以及
面積地號及詳細地目為何，均無可稽考，查核其移交清
冊，均只有地積而無地價，故不易互相核對，但綜合言
之，仍可全視為水利用地，蓋如在得知有無變價之土地
在內，可以參考其所作之可出售土地統計表，該表之內
固已將屬於任何地目之可售土地加以核計，許多且為將
原有一地號加以分割始可得知者，故該項資料之可靠性
不致有何問題，因其產生之過程甚為審慎也。

娛樂

　　晚與徐、盧二君到新生戲院看電影，為滑稽片阿丁

擒兇記，余對此等片向無興趣，雖甚多廣告宣傳此類阿丁片，向未看過，今日見主角康丁法拉斯確有其特殊之演技，至於該片為法國抑西班牙產，尚存疑焉。

3月7日　星期二

職務

　　審核彰化農田水利會之 Fy1960 固定負債情形，在此年度內原有之固定負債減少二百萬餘，但短期借款則增加三百餘萬，其中半數用於償還固定負債，故在此期間償還負債之跡象殊不顯著，大致至 Fy1961 之上半年始有大筆償債，此為現任林生財會長到任後之最大貢獻之一也。在其固定負債中，頗注意其轉期之情形，大致無之，但有因八堡水利會財務狀況緊張延緩償還之例。彰化水利會會計股長陳俊元君對於該會會計制度之屬性加以檢討，因其介於收支會計與營業會計之間，兼具兩種性質，故對於應否提撥折舊發生疑問，主張提撥者為徐正渭君，而水利局所頒之會計制度亦有此科目，但該會並未照辦，余對陳君之見解考慮後，亦認為在兩可之間，蓋該會收支類科目內係以量出為入之原則編列預算，設加以此項費，即須另增收入，決算時即將在流動資產內暗含有備抵折舊之部分，此在會員負擔之所屬言之，固屬合理，但猶之官廳會計之假定亦辦折舊情形相同，毋寧視為一種提早加課之負擔，去取之間，煞費周章，如收支類不列，此數字將視全部收支決算有無盈餘而決定折舊之有無著落，則全看機會，設收支無餘，反將餘絀變成紅字矣，亦不合理，故折舊之應否提撥，未

可一語堅執，須詳加檢討，庶得結論，又徐君曾云只須
在準備方面表示一項數字以示有換新之來源即可，此亦
可由本期餘絀內轉提，然亦同樣視餘絀有無而異其機
會，蓋收支會計以示衡收支為其根本也。

3月8日　星期三　陰雨

職務

上午，同徐、盧二君由員林出發，到斗六南郊建設
廳地下水工程處洽詢有關彰化地下水有關資料，由該處
兼處長薛履坦■■並分送印刷品，該處成立以來已開成
雲林與嘉南之深井■■與 Fy1960 之 252 口，去年又成
立糧食局墊款之彰化五十口井，報告曾作極詳盡之查看
鑽探，對於水之存在毫■■■■此已做五十口，如余
等現在所作之調查使此 project ■■，即須將已用之款
撥還，但原計劃內有美金 30 萬元（■■總數，在 1961
用），係用於進口抽水機與馬達者，現在已安裝之機件
係先由其他來源借用，俟用政府外匯進口之新品到達，
即須換裝，此種新品雖中央信託局決標價已知，但有數
種規格，何井換用何機，又難預知，且進口關稅若干尚
不之知，故經再三詢問已用價款若干，如果 project 成
立，將來如何歸墊，均尚無腹稿，無已，只有囑其依照
目前已完成 50 口井之狀況可能換裝何機，美金價格若
干，一一分析綜合之，求出可能之 project cost，始允於
日內算出寄來，在該處工作至近晚，始大致完成，然尚
不夠細密也。

參觀

去程過員林南郊參觀第二十三號示範水井，此井與其他者不同，頗為壯觀，過溪州時參觀第三區管理處與莿仔埤圳灌溉輪流情形，及該區徵收會費統計，西南部三個站最差，又參觀前已完成之 24 號井，雲林斗六最近之井等，歸程經二水參觀第二區進水口，及林先生祠，據云為 250 年前發起水利工程之先知，佚名，而遺愛在百世，香祀不絕云。

3 月 9 日　星期四

職務

今日在水利會發覺一項對本次查帳有基本關涉之問題，緣日昨由地下水工程處取來之已完成深井五十口之用費資料，經余加以分析，對其中一項最大數目之支出所謂「工程支出」■■內容發生加以分析之必要，而缺乏進一步之資料，意者水利會工務人員站在業主之地位必知其詳，乃詢問工務組林君，■■非僅對此完全不知，即工程處對於全盤用費情形，■■諱莫如深，昨日如非余等到該處訪問，即此亦無■■■續云，此項地下水開發工程，據估計如不由該處承辦，■■省成本三成，但該處因設備關係為一無競爭之機構，無法比價，亦無法能指摘其高低，水利會對會員徵求意見只收到七十口井之同意書，其中且夾雜若干少數不蓋章之會員，除已做五十口外，如再做五十口，即有三十口須進一步糾合，會員對此之無興趣，可以概見，目前最急切者為省政府，次為林會長，因林會長受支持出任此職，有事

先之諾言也，再次則工程處，彼等為獨家壟斷，賴此牟
利，其利益若非過大，何至政府（美援）已負擔四成，
即此所餘之六成仍不若地方自籌小型淺井之有利乎？此
項意見據云水利會內部多同云。

參觀

　　下午由水利會謝主任、林組長陪同出發參觀該會較
大之工程，其一為北郊之員林大排水埔鹽埤制水閘重建
工程，此為一費去一千二百餘萬之工程，最大特點為水
位可以使閘門高低自動調整之設備，其二為大肚溪福馬
圳水路重建工程，及其上游束水之丁壩，看完後在彰化
八卦山休息後返員林。

3月10日　星期五　雨

職務

　　上午，繼續核閱彰化農田水利會送來之資料，係關
於固定資產之分析表，其中包括土地、房屋兩主要部
分，土地部分內為一部分列帳一部分未列帳，前者須由
原始憑證查出地■■後始知未列帳部分之地積，然後者
無價值可列，只好就■■比較矣，房屋亦然，但棟數易
知，故只須將已列帳之棟數查明，即將未列者列出，
帳面對後者雖無價格，該會以■■■式出之，尚屬近
似焉。

瑣記

　　徐正渭君謂報載濁水溪產石硯，且刻製甚精，詢水
利會人知在二水，下午由水利會林組長、陳股長二人陪
同余與徐君前往訪問，其地在二水迤北客運車站「過

圳」站附近一村落，董姓數家均刻製之，但甚尠現貨，只有一家有數石待運，徐君購其一，余欲購不帶複雜花紋之平式者，則尚未有刻成者，只好作罷，其有複雜花紋者多為各式之牛，隨石形而異其格式，雖頗有匠心，而未脫俗氣，縱石質不惡，仍嫌不夠精雅也。在員林半月，食則有新月、祝樂、中興等菜館，住則有華都旅社，不惟寫字休息均甚感順適，即早晨運動亦可將沙發對起為之，可謂出門最無困難之所在也。

娛樂

連日公餘看電影數次，最佳者首推 Gary Cooper 與 Laraine Day 合演之跨海平魔（The Story of Dr. Wassell），甚為感人，次之則有蓋世霸王（The Giant of Marathon），與霸王焚城錄（Carthage in Flames）等，則僅以場面炫人矣。

3 月 11 日　星期六　晴

職務

上午，到彰化農田水利會與林大振組長談地下水工程之所謂益本率，就其所列償債積金（Amortization Annuity）之性質加以分析，並就水利局所採之方式應否另加入一項換■或折舊年金加以檢討，惜乎匆忙中未獲結論耳。

旅行

上午到水利會與諸部分主管辭別，回至旅社結帳，於十二時乘水利會車上北上之坐臥兩用車回台北，十二時半開行，下午三時五十分到達。上午瀕行時，由水利會主計■■■謝文察及會計股長陳俊元二君送上火車，並承贈水果■■■，同行者為美援會徐正渭，到達時電話本分署 Motor Pool 派車接送回寓，尚稱順利。

3月12日　星期日　晴
師友

上午，訪龔英松君於公園路，緣余出差期間龔君夫婦曾來訪，與德芳談將籌設一家計程汽車公司，而安裝電話發生困難，知國大代表可以每三人申請一架，擬由余作為其三人中之一人，但德芳云余已為其他代表蓋過申請，未知可否退出，待余回台北時可以查詢，龔君因三人蓋章難以湊齊，亦可託已經允許之代表一人為之，但恐曠日持久，如能有相熟之人催辦更佳，余今日往訪，即準備照此後者之方向託友為之至電信局催辦，但龔君云現在進行之地址有二，如其中有電話之一處洽妥，即可連帶的解決電話問題，否則如必須租用無電話之另一處，則須再作計議，余表示無論採何方式，凡力所能及，莫不幫忙云。

3月13日　星期一　晴陣雨
職務

今日為出差後恢復辦公之第一日，零星事務甚多，經一一加以處理，摘記如下：（1）上月所寫之 ICA Employees Club Account 之查帳報告，本已打成，即待發出，今日見文字又有改動，其原因為非正式經代理會計長之 A. W. Tunnell 核閱後，又有新意，蓋該 Club 所作之

Balance Sheet，係■年之 Membership Dues 列於 Net Worth 之下，逐年■■，渠意此項收入既不於解散時發還，不應作為 Net Worth 之一項，只應作為收入之一項，列入損益表之下，此項見解極其正確，惜余於查帳時未能分析及此耳。（2）RETSER Industrial Center 查帳報告之 Follow-up Audit Report，原為其中尚有一項建築費結帳之 Recommendation 尚未做完，延不能發出，在余出發員林前，劉允中主任曾接續向前途洽詢此點，今日見報告已發出，此項結帳問題已有結果。（3）填報半月來之旅費，此次為余到分署以來最長一次之出差，應收回之旅費數極為可觀，實支只有其三分之一焉。（4）填報今年預定之 Annual Leave，余本只列 156 小時，但可以請假 160 小時，徐松年君又為余照加，改為 160 小時。（5）上星期應支領之待遇因出差未領，今日乘出納李關雄君赴美國大使館之便，一同前往領取。（6）將此次在彰化水利會之所得各項資料加以初步整理，草率者加以充實重寫 working paper。

3 月 14 日　星期二　晴
職務

上午到美援會訪徐正渭君，商洽此次所查彰化農田水利會之報告要旨，以便先將大概向主其事之 Gustav H. Nolan 說明，除事實之申述外，關於判斷方面決定如下：（1）該水利會之財務狀況雖不甚佳，然半年來努力催收會款與償還債務，表現俱有進步，如此次鑿井計劃在技術條件上無問題，則農民既有可靠增加收益之水源，當無有拒納會費之理；（2）現在深井已成者有五十口，尚有二十口■■農民出具之同意書，故Fy1961即現在之計劃鑿井一百口■■致已不至有何問題，但是否能夠續鑽其預定之另外二百口，因農民興趣尚無表示，須在此一百口打成後經過一年或二年之時間，始可獲知農民之反應，故目前之判斷只可以本年度之一百口為限云。下午與徐君訪 Nolan 談查帳之大略梗概，因徐君為 Team Leader，且最近年度部分之查帳係徐君所任，故全部之口頭報告皆由徐君任之，余只略作字句上之補充而已。目前本分署查帳工作常有二人以上共同工作之時，此種 Team 或均為本分署稽核人員，或配合美援會人員，有時有主從之別，有時則共同工作，無論採何方式，皆常常有不愉快情事發生，蓋各人學養不同，常有自以為是，不容虛心討論者，其中如徐君、葉君、李君、靳君等，相互間常有不能合作之情事發生，然余對此等人皆分別共同工作過，皆儘量容忍虛心，不露痕跡，結果皆能保持相安無事，蓋深知此等缺點乃國人通病，須力矯也。

3月15日　星期三　陰

職務

月初與徐正渭君所查彰化農田水利會正由徐君草擬報告之中，余因未從事最後年度之會計分析，故對此無能為力，至於特殊事項，亦因詳略難期劃一，感覺落墨不易，故一直未有動手，好在徐君有責無旁貸之作風，余亦只好處處藏拙矣，況其中有若干問題實不重要，而徐君則一貫性的認為極要，爭辯實屬無益，只好聽之，例如對於農田水利會土地外固定資產，彼主張應加以折舊，且在前次往查嘉南水利會時即此點大書特書，今遇見相類之問題，不但須前後一貫，且認為問題重大，不肯放過，其實誠如嘉南乃至彰化亦有人所主張者，水利會非為營利組織，支出賴會費挹注，重要費用即為對於水利工程之維護保養，如再提折舊，顯然畫蛇添足，徐君理論認為如不提折舊準備，勢將由會員將來換新資產時加重負擔，不知加重負擔於將來實毋庸以目前負擔加以替代，且折舊準備乃屬一種 Valuation account，不能認為一種準備也。由於上項工作集中於徐君一人，余之工作大為減輕，本月份之 working schedule 以余支配為撰寫上項報告，無其他工作，余之工作不多，於是又臨時支配為 review and comment，數件同時開始，今日已辦完一件，乃美援會投資小組所提出之一項名為Overseas Economic Promotion，所列到外國與外國人到中國訪問經費皆無 breakdown，係仿上年成例，於支用前向本分署業務主管部分請示動支，余對此點加以叮囑云。

3 月 16 日　星期四
職務

今日仍臨時幫忙從事 review and comment，所核者為：（1）農復會送來報表數件，請於今年度增加一個新的 project，名為 Typhoon Shirley Rehabilitation，凡四千萬元，此等 project 為分署署長依據總署之 Manual ■ ■ 可以授權之限度而先行決定者，余只為核算其數字，

■■■過 P/LCM，知有關之 E-1 尚在準備之中，故主張予以■■；（2）美國 Michigan State University 派教授五人來與台灣大學農學院及省立農學院合作改善農業■■，兩校送來 Fund Application，經再三審核，發覺須注意之點數項，一為其房租及設備等須補送 breakdown，二為其所定中國辦事人員依照安全分署之薪級編列，但每一 grade 不必全由 step one 開始，與分署之現制不符，應從第一 step 開始，三為該校預算之總數適為美金二萬七千元，按現價 40.03 之新台幣總數，此數乃合同內所定之台幣最高額，合同內並未說明此項二萬七千元為一年之數抑全期三年之數，如為三年之數，則每年為數太少，不夠事實上之需要，如為一年之數，合同內並未明言，且縱為一年，現在所編預算為九個月，亦不應支用一整年之經費，故建議教育組應對此一經費之應如何預算，重新加以檢討，究應包括如何期間，及合同如何解釋，此項合同文字甚多，但若干事項均極曖昧，且對於應付美金抑付台幣亦不加說明，極費猜測云。

3月17日　星期五　晴

職務

　　續辦 review and comment 兩件，其中一件較重要者為本分署之宿舍建築計劃，緣去年曾在陽明山建屋十棟，每棟幾耗資百萬，至去年底猶未結帳，而有結餘一百九十萬元移至今年度使用，但該年度於此 190 萬元以外，尚須■■一百三十萬，何以有此必要及內容如何不能由美援會■■之 application 內得悉，該 application 只

填一項總數，■1961 年度內申請 320 萬元以完成 1960
年度之建築計劃，余乃就此中要點向 P/LCM 之蘇君洽
詢，據云無誤，詢以今年增撥一百三十萬元，而 E-1 原
所未列，不致超出範圍否？以及有否修改 E-1 必要？蘇
君云今年度為增築十棟房屋共在 E-1 列七百七十餘萬
元，至今只用去二百萬元以購地基，諒不致完全用完，
則加入此 130 萬元諒屬無妨云，余為審慎起見，乃檢查
去年度文卷，發覺原預算七百萬元亦只有總數，但本分
署曾去函美援會，囑送經過 J. G. White 公司核過之建築
計劃與預算，雖卷內未能查出已否照送，但既有此項依
據，乃在 comment 中加入須由 J. G. White 加具意見之
修改 construction plan 及 cost estimate，以補充說明何以
增加 130 萬元，此一意見寫好後送徐松年君核轉，彼初
無自信，謂本分署自己建屋似不必由 J. G. White 審核藍
圖，但余查卷指出其原預算曾有此項規定，今既將原數
增加，似不可少，徐君始予同意云。

3 月 18 日　星期六　晴
閱讀

讀去年四月份 *Foreign Affairs*，Dean Rusk 作 "The
President"，作者為新總統甘迺迪之國務卿，但此文發
表則甚早，由於其曾任助理國務卿，於美國總統對外交
之責任，剖析極為清楚，此文大旨在說明美國憲法賦予
總統之地位，但大部分文字為說明總統在直接參加高階
會■之不智，並非廣泛論總統之一切職權也；文內有
引馬歇爾之名句曰："Don't ask me to agree in principle;

that just means that we haven't agreed yet." 謂總統高階會
■謂同意原則者，實為欺人之談，此語實最鞭辟入裡。
娛樂

晚，同德芳率紹因紹彭到愛國看電影，片為 "The
Royal Ballet"，有天鵝湖、火鳥等舞劇三齣，甚佳。

3月19日　星期日　晴
交際

下午，到極樂殯儀館參加國大代表及政大校友會之
集體公祭陳勤士氏典禮，陳氏為陳果夫、立夫二氏之封
翁，日前病逝，今日開弔，素車馬白，備極榮哀，輓幛
以于右任氏為最佳作，云：「兩代難兄難弟，一門成仁
成功」，極其貼切。
閱讀

讀去年四月份 *Foreign Affairs*，國會議員 Chester Bowles
作 "The 'China Problem' Reconsidered"，力言兩個中國
為解決中國問題之唯一途徑，且謂美國十一年來對中國
政策完全無原則，等於無政策，在吾人讀來，極不舒
服，然易地而處，彼邦為自謀計，固亦言之成理，可不
懼哉！

3月20日　星期一　晴
職務

由於上週未能以全部時間整理彰化水利會之有關資
料，今日始開始加緊整理，以便將其中有關者加入徐君
正在準備中之查帳報告，在整理中間發現有數種紀錄，

所記文字未加修飾，今日觀之，印象漸覺模糊，於是乃將■■文字加以整理或補充，以期明晰及易於檢索，至■■若干資料嫌所記過於簡單，須引證原來文字始可以窺得其全貌者，則無法在記錄上更求翔實，只有註明參考有關之資料矣。今日徐正渭君轉來彰化水利會所填之有關的 questionnaire，文字甚繁，但細看則所填者十九皆為已經獲悉之資料，而費去如許時日，亦可怪也。

3 月 21 日　星期二　陰雨
職務

核對徐君所製之彰化農田水利會過去三年之綜合資產負債表與損益計算書，因其中只有一年為余所供之資料，故對於此表詳加核對，其餘兩年者則只就其表內之數加以計算，認為本身相符即可，在核對中間發覺徐君仍堅持其在員林之意見，對於未解繳至水利會協進會之基金，由應付款項內轉至 Surplus 下新列一項目曰 "Reserve for Sinking Fund"，其實完全不妥，因該款並非 Surplus 之撥用，只為一種實際之負債，且由於負債減低此數，本期 Surplus 在 Income Statement 上亦加大如數，而資產負債表上之本期 Surplus 又不含此數，兩表不相對照，極為不妥，結果為負債之減列與 Surplus 之多列，如徐君不作此一改列，此問題即不發生矣。

3 月 22 日　星期三　雨
職務

繼續 review 徐正渭君所作彰化農田會財務分析報

告之附表，由所製之未來三年利息表與負債表二者互相
印證，發現有若干漏洞，例如所估計之負債全為長期借
款，短期借款則因只在年度內為之，只有利息支出，而
不影響資金之來■■路的分析，故只列一項利息計算，
不列本金，自無不可，惟所列利息與本金不成比例，如
核表人稍作深思，即有■■提問之可能也。在核閱中間
並為徐君在預留空白中■■算各項資產負債二者各別的
構成項目百分比，又算損益表上收益與損失二者各別的
構成項目百分比，後者本係分別就損益二者各計之，後
因徐君謂須將損失部分與純益合計計算百分比，其總數
與收益者相同，余乃重新改計，費時不少。電力公司孫
斯眉股長來訪，謂依據去夏余等所查之輸配電計劃查帳
報告所建議之會計方面應改善事項，已分別著手整備之
中，其中各區管理處之美援工程費帳目將集中於總管理
處統一處理，又關於每月所製之預算實績報告表，其預
算欄所應採用之數為一個計劃預定數年完成所需總經費
數款，抑為每年分預算逐年累計之數歟？詢余看法如
何，余認為應為逐年核定預算之累計（例如五八計劃
在61年完成者，即有四個先後預算，表上之數逐年加
計，不能將計劃支出所預計之全四年總需額填入），孫
君謂彼亦是此意，但美援會趙君反是，孫君託余，向
Tunnell 副會計長有所說明，余告以趙君乃個人見解，
非 Tunnell 所知，認為不必也。

3 月 23 日　星期四　雨

職務

　　以最迅速之方式 review 徐正渭君所作彰化農田水利會財務分析報告，因所有附表已於數日來核訖，故今日只核報告文字之本身，經發現下列各點須加改正或調整：（1）目錄頁內所記之損益表為 1958、1959 及 1960 三年度，其負債表只有 Fy1959 與 1960 年兩年度，其他亦有同樣誤記情形；（2）開宗明義寫 Fy1961 之農田水利計劃在 E-1 ■■何預算，徐君本採用 Fy1961 CPB，迨去年八月之 1962 CPB（Congress Presentation Book），此數已有改動，此項 E-1 並無年度劃分之絕對意義，不過每期均記三年數字，而後發行者自然取前發行者而代之，故將其稿內所引數加以修改，修改後發覺農復會所作之預算與 E-1 內者不盡相同，徐君認為報告內不能將此兩數並舉，乃主張仍用舊數，因舊數與農復會計劃中之數一致也，余則認為此數不相一致，原無關係，因 E-1 所列並未寫明完全用於彰化，其中極可能含有其他工程，故此兩數不必完全一致，徐君不信，且認為不應照 1962 CPB，余堅持此見解有誤，但不堅持其以未見新 E-1 而必用舊 E-1，最後徐君於問農復會此數何以不符，謂有前年度之 carry over，乃主張仍採其原見解，余知其如此脾胃，故不復言其他矣；（3）報告對於水利會固定資產不提折舊之不妥提出數種理由，實際水利會乃一收支會計，此事不足重視，彼既張大其辭，余亦聽之；（4）尚有其他微細之點，余均不加指出矣。

3月24日　星期五　雨

職務

　　徐正渭君主稿之彰化農田水利會財務分析報告，於今日經徐君將最後定稿交余，將變更各點複閱後即送主辦之 Guss Nolan，至此本案已告一段落矣。今日趕辦文件之 Review 與 Comment，共有兩件，為日來雜務太多積壓未辦者，其一為農村復興聯合委員會來函請批准調派專家二人赴越南從事農業技術之合作事項，擬定■■，請照合約之規定予以批准，經將歷次所定合約加以複核，證明確有根據，乃予以批准之建議，其二為對於高雄港務局所送之改善港口用款 Application 加以審核，發現建築費內之單價與總價間計算錯誤百出，一一用鉛筆指出，囑其於領款前照改，又預算總數與所請援款總數之差額本應為中國政府之負擔參加額，但此二數又有距離，其中亦無說明，經簽註意見，囑該局加以說明云。徐松年云，本組 Chief W. B. Millman 主由余承辦一項制度之設計工作，余因對此項工作之業務方面未有了解，故於下午先向比較了解之靳綿曾君詢問一切，大致已知該項 Relief Supplies 之物資分配已有若干流弊，數種人等從中上下其手，而改革積弊尚非十分簡易之事云。

業務

　　林產管理局奉省府核定發還營利共濟組合台籍組合員年金六十餘萬元，囑余造冊，余於今日託德芳協助將冊造成。

3 月 25 日　星期六　雨

業務

　　下午應林務局林慶華君之請，將林業員工共濟組合組合員登記清冊及登記文件 234 件送至該局，轉員工福利委員會查核，據云省政府核定每年金一元折發新台幣十四元餘，正欲加以研究如何變產發放，但組合員方面尚在等候最高法院之判決，目前尚無接受省府決定之跡象云，余送到後林君云尚欠原有之年金台帳，亦經同回余寓取去，因存放已久，原來已破損之更甚，已達不易翻檢之程度，聞職工福利委員會多為非共濟互助協會之人員，對情形甚為隔膜，一切尚不得要領。

瑣記

　　上午到郵局領取紹南由美寄來包裹，因細故對海關下級人員之傲慢發生極不愉快之反感，當時面紅耳赤，而情緒亦為之極度衝動，以致頭暈腦脹，事後悔甚。

3 月 26 日　星期日　陰

師友

　　上午到廣州街虞克裕同學寓，會同政校二期同學共十人往陸軍總醫院探視賈宗復同學之唾液腺癌症，並送食品代價每人一百元。下午，故友張敏之兄之子張彬來談出國手續皆已齊備，僅出境證尚未領到，疑係因其父十年前冤死，恐其至美後有何活動，欲催領有效，擬由立法委員往洽催，或託秦紹文氏向警備總司令部洽催，如採後者，擬託余率其往訪秦氏，余告以與秦氏素無個人往來，如由立委出面較好，何不逕往崔唯吾氏處商

洽，崔氏與秦氏常相晤面，如仍有託秦氏之必要，亦可
由崔氏處逕通電話商洽一切云。

3月27日　星期一　晴

職務

　　本月余之 Assignment 只為彰化水利會之 Sec. 517
review，上週交卷，即從事於 Review and comment，迨
週末徐松年君又轉達本稽核組主任 W. B. Millman 之意，
囑設計一套關於 PL 48 項下 Relief Supplies 之收發運送
程序，此事原來並不複雜，但因余對此項業務情形完全
陌生，乃須先從事於有關文卷之閱覽，今日所閱者為過
去本組調查所發■■關 End-use Report，其中多半為靳
綿曾君所作，故上週曾向靳君詢問彼所了解之全盤情
形，因而稍有進入了解此一問題之途徑，閱卷時亦無茫
無頭緒之困難，在閱時並將要點摘記，以備參證。

3月28日　星期二　晴

職務

　　上午，繼續查閱以前有關 Relief Supplies 之各 Audit
Reports，其中有一件為包括全部 Relief Supplies 之處理
情形與管理程序者，十分扼要，乃靳綿曾君所作，清楚
曉暢，得未曾有，余將要點摘錄以供參考。下午因徐松
年君請假照料家事，將必須於今日辦竣之事交余協助，
其實只有一件速件，即本署新聞室由行政院新聞處經手
代為申請款項之 Fund Application 一件，由劉明德君核
閱，交余略加潤色後趕於今日下午送至 W. B. Millman

處核轉，其餘之時間用於核閱一件 Tourist Promotion 之
Fund Application，此一 project 因遲遲未接華盛頓核准
之電，故至今不能成立，而該申請書竟於E-1 範圍外又
加五十萬元，余乃簽註暫存，俟接電再行核辦。

3 月 29 日　星期三　晴
交際

徐松年夫人因乘坐三輪車傾跌受傷，臥病已數日，
下午余與德芳到銅山街訪問並贈水果。

閱讀

讀三月份 *Reader's Digest*，內 Points to Ponder 一欄載
有摘 Ruth Stout 文一段云！ "I remember one afternoon
■ , as a child, I was gazing out of our dining room window
at my two elder brothers in the distance. Their dog had just
been run over in the road and they were burying it under a
big oak tree. I really hadn't cared much for the animal but
I knew that they had loved it beyond anything, so the tears
were running down my cheeks. Just then my grandfather
called me; he said he wanted to show me something. And
there, through another window, I saw three buds opening
on my own private rosebush. As I turned to run outside
to get a closer look at the flowers, and to smell them, my
grandfather put his hand under my chin and said, with his
wise blue eyes full of meaning, "Thee was looking through
the wrong window." I wish that every youngster could have
it impressed on him that nothing forces him to dwell on the

sting that disturbs him, when right at hand there may be something that could lift his spirit. It's good to realize this when we're young, but I don't believe it is too late at any age to make it a part of one's philosophy and, better still, a daily habit." 此語極發人深省。

3月30日　星期四　晴

職務

繼續查閱 Relieve Supplies 之有關文卷，查帳報告部分已經閱完，其中敘述各項發放程序最具參考價值，以次為有關之會議紀錄等，其中最與余現在之 assignment 有關者為本島運送方法之改造問題，緣以前係由美援會委託永大運輸行辦理，中間經過查帳報告內有應改為招標之 recommendation，經美援會與本分署再三主張 ■■而延緩至永大因走私案而停業，終不得不改為公開招標承辦，其間因招標手續即開過多次會議，將如何決標，卷內無案可查，或許未能辦成，一直先行委託鐵路貨運服務所辦理歟？

師友

故張敏之兄之夫人王培五女士由善化來北，下午來訪，謂此來之目的為協助其長子張彬交涉辦理出國手續，現一切手續均已辦完，警備總司令部因以前張兄被殺係由匪諜嫌疑，依照規定不許出境，現在已經託崔唯吾先生及于仲崑兄與秦紹文氏等進行疏通。

家事

晚，瑤祥弟來談其結婚地點已決定在國際學舍，費

用方面余告以將補助二千元，如不能收支相抵，當再增
加，其機關規定可以補助福利金三千五百元，姑丈將助
一千五百元云。

3 月 31 日　星期五　晴

職務

所擬定之 Relief Supplies 計劃下應用各階層經手機
構所應保持之記錄程式已接近完成階段，但今日又有
臨時之 Review and comment 工作屬於急件者須立即核
辦，於是乃又從事於臨時工作，其中之一為本分署之陽
明山美籍人員宿舍建築費問題，此案本為去年度預算，
但因該年度款未用完，約有 1.9 million carry over to 本
年度，美援會來函要求加簽 3.2 million 之 CEA，無形中
又增加總價 1.3 million，前在美援會將此一 Application
送來時，由余查案簽註，認為須將增加之 1.3 million 之
內容加以分析，並循案由 J. G. White 公司將意見一併附
來再行審核，此次為美援會送來之補充資料，並經業務
單位將先後預算經過情形造成一張彙總表，函送美援
會，依此表只須再加 2.7 million 即可，經余細核其內容
相符，亦有 J. G. white 參加追加會議之記載，故認為業
已符合規定，會計處可予以會簽云。

娛樂

黨校同學聯誼會通知本晚在仁愛路電影檢查處沈遵
晦兄處欣賞電影，余率紹彭前往，計共演尚未營業之影
片二部，一為碧姬芭杜主演之偵探片「與我同舞」，哥
倫比亞出品，平平，二為二十世紀福斯出品「奪婚記」

（The Millionairess），蘇菲亞羅蘭主演，劇本為蕭伯納原作，寓莊於諧，故事對話均富諷刺而發人深省，佳片也。

4月1日　星期六　晴

瑣記

余與吳崇泉、李洪嶽在景美合買之土地至今未能過戶，仍用原主陳忠義名義管業，其地價稅與戶稅亦由陳忠義收集彙繳，今日陳忠義之妻來收此款，係交 49 年下期之稅，經余按整個地坪 1,223 坪平均負擔，余為二百坪合九十六元，當即交其帶去，其所持二張稅單，地價稅有地號可以看出，戶稅則據其聲明並不包括此項土地以外之費稅負擔，尚能言之成理，故未再詳加核對。

師友

郭福培兄之夫人晚來辭行，將於明日赴非洲比屬剛果郭兄之任所，余昨日始得知其事，故已準備明日前往送行云。

4月2日　星期日　晴

師友

下午，到火車站前立法院宿舍約同韓兆岐、隋玠夫兩兄，同到飛機場送郭福培兄之夫人乘泰國航空公司飛機赴香港轉往剛果郭兄任所，於下午四時始成行，送行者多為政大同學與外交部人員。

瑣記

紹中之英文作業內有填字題，須在兩子句內分填 vain 與 proud 兩字，紹中不知作法，詢之於余，余一向只知 vain 之普通意義，作無效解，至此乃查閱 *Webster New World*、*Oxford Concise*，以及英漢模範字典等，均無特別解釋此二字之異同者，不得要領，由字義之略微區別，自認 vain 為誇耀之意，注重表露於外者，proud 則重感覺方面，注意認識於內者，不知是否中肯，特誌此待證。

4月3日　星期一　晴

職務

徐松年君語余，本月份工作支配已有腹稿，由於較大工作無足夠之人手予以應付，於是乃皆從事於較小之工作，但又顯出了無生氣，今日之事大都類此，余本月份工作本擬支配為審核手工業中心之 Russel Wright Contract，而 Branch 之 Chief W. B. Millman 不予同意，於是派為 Review and Comment，如果 Technical Contract 之 Quarter Report ■■延長為六個月時，則本月份又須加作此項三月底之■表云；徐君又談上週已用去三天之 Relief Supplies 有關 Record 之設計工作，今日忽聞 W. B. Millman 云並非此事，不必再事進行，而究為何事則彼亦不知，只云須面詢主管之 Forman 君，此事亦可謂荒乎其唐矣。今日審核一件新成立之 Industrial Development and Investment Committee 所送第四度修正預算，其內容多為以前第三次預算送核時本分署通知改善之事項，故大體上並無許多問題，但有前後不一致之事二端，一為本分署本已核准其追加 40 萬元用於投資展覽加工台中、高雄展出經費，但原送預算為 456,000 元，而聲明 38 萬元已足，於是本處囑其照 38 萬元編造詳細預算，不料彼所送之詳細預算仍為以前駁回之件，

而總數又由 40 萬元加為 43 萬元，所加之 3 萬元乃由
其他項目勻支而來者，余乃簽註，謂前囑送署補核之
breakdown 此次又再送來，應一併改正，照新列數 43
萬元列具詳細預算云。

4 月 4 日　星期二

職務

　　上週曾由徐松年君奉 Millman 通知余設計 Relief
Supplies 之格式一節，已如昨日所記，今日余先依徐君之
意往詢常隨 Forman 召集會議擔任紀錄之徐女士，謂有
無洽詢 Forman 託 Millman 設計者為何事，徐聞後啞然失
笑，余亦明知此乃匪夷所思之事，乃上樓逕到 Forman
辦公室，值其不在，留言其辦公室之陳君託詢究為何
事，俄頃來電話云，已詢 Forman，渠謂不易說明，
待■■ Millman 說明可也，余乃歸報徐君，徐君又轉報
Millman，Millman 為避免多事，又決定不詢 Forman，除
非 Forman 自動洽詢，徐君為免自行負責，乃又告余設
計一種廣泛適用之 Stock Record 與 Delivery Order，以
示對此事並非完全未予注意，如上所記之種種作風，真
可謂北方習慣所云之和稀泥矣。

集會

　　下午到國民大會出席黨部小組會議，因組長尹葆宇
移出，今日改選組長，余事先接趙雪峯君信，自稱願任
組長，余乃於投票時投彼一票，據觀察彼可當選，余於
投票後即行退席，故不之知也。

家事

安全分署 Employees Club 舉辦第二屆兒童美術比賽，於今日下午在五樓由署長郝樂遜夫人頒獎，計參加者六十餘小畫家，作品九十餘幅，紹因與紹彭亦以書法參加，今日率其參加盛會，得獎者每年級一名，二人均未予選，僅各得蠟筆一盒。

4月5日　星期三　晴夜雨

職務

今日從事於電力公司對去夏余與靳君所查之輸配電計劃建議事項來函所述之執行情形的核閱，緣該項查帳報告發出後電力公司曾有中文信致美援會聲述一切，對於該報告建議事項均表示接受，但實際上何時可以做到，則均無預定的時限，只有一兩項云將於下年度開始時為之，此信到美援會後，該會因並未參加此項查帳，而信之內容又極■■■，延至上月底始用英文信將其中大意一部分轉來本署，信內敘述較詳者乃以前有關此類問題換文之複核追敘，與此一查帳報告只有間接關係，至於函內所列直接關係之各項執行情形，則反未加以譯述，只云大部已經執行，其實未加細閱，只想當然耳，余就全案研討後乃簽具意見云，此一美援會函件只為其中一部分之節述，實際上經將公司函分析後，知包括兩個主題，一為久久討論未決之報告程序問題，函內曾聲明改進程序將於五月開始實施，故此刻尚難置評，二為與輸配電查帳報告有關問題，對於十二個 recommendation 除有三三謂已執行或將於七月一日起實行外，其餘皆只云已在實行或轉飭實行，故主張在七月一日前不能從事 Follow-up Audit，並應復美援會，請隨時將電力公司執行情形繼續見告云。

師友

　　晚，王慕堂兄來訪，謂陳舜畊氏接長鐵路局後，對於財務方面情形十分困惑，詢余能否往為幫忙，余表示對此所知太少云。

4月6日　星期四

職務

　　上週所設計之倉庫存料卡與運送通知聯單，經徐松年君核後認為不甚適合 Millman 之要求，彼意此項聯單應每聯均有文字表示其由何人改送何人，名稱應為 Shipping Ticket 或 Shipping Order，內容可以參考 Bill of Lading 之格式，余乃向此方面工作經驗較多之靳綿曾君詢問有關資料，承代向美援會索借 Bill of Lading 之現成格式，經參考後再將四聯單格式修改，各聯並用各不相同之文字，但終因此項格式之實際用途至今未知，若干處所為根據臆斷而來，恐終難免閉門造車之嫌也。今日由新發到之修正 Manual Order 內得見華盛頓合作總署新訂之 Controllers Office 之組織情況，見十分龐大，會計長之下有特設之設計 Staff 與 Administrative Office，此外則有四、五個 Division，其下又分若干 Branch，而有的 Division 之下且有專設之設計性的 staff，其錯綜情形與中國機關極為相似云。

瑣記

本分署 Women's Club 有 Thrift Shop 於每星期四營業，余今日購得 78 轉之老唱片一套三張，乃往年勝利公司錄製，當時已盡華美精緻之能事，現在則因三十三轉片風行一時，此等舊片已完全落伍，余因其定價低廉，三張十二吋一套只不過合美金四角，故為好奇而買入，片為孟德爾頌第四交響曲，波斯頓交響樂團演奏，試放甚佳。

4月7日　星期五　晴
職務

今日工作為改寫以前所作之 CUSA Audit Procedure/System 查帳報告之 Follow-up Audit Report，緣此一報告已完成有日，徐松年君因其中共有十二個 Recommendations，而每一 Recommendation 均逐一說明其執行情形，大致而言均已執行就緒，故所寫之 Follow-up Report 為一個可以 Satisfactory Rating 之報告，徐君之意凡報告文字簡短者易於早日發出，此報告既可以 close，其問題必不致甚多，如能免除逐一解說之煩，必可早告核發云，余將原稿取回再加審訂，認為其說不無理由，但在撰寫之初亦非未考慮及此，只因此一主要報告在李慶塏君著手寫作之時，即知前 Audit Branch Chief 現 Deputy Controller 之 A. W. Tunnell 對此事極為重視，如 Follow-up Reports 不詳加解說恐茲懷疑，彼時再作即已嫌晚，今既二者不能得兼，乃另起爐灶，對於已經執行之各項 Recommendation 即逕謂已經執行，不再詳述，只就其

中兩項尚未做到但一蹴可幾者，加以指陳，希望美援會
照辦後即可將此報告自然結束，因而此一報告不復有
Recommendation，只將此點瑕疵寫入 Conclusion 內，
已屬竣事云。

交際

　　同學李耀西兄晚在國際學舍嫁女，余與德芳率紹彭
前往參加，賓客甚盛，以李兄現在服務電力公司內之
人員為最多，政大同學次之，余於參加之時致送喜儀一
百元。

4 月 8 日　星期六

瑣記

　　今日例假，上午到合會儲蓄公司存款，便道至寧波
西街舊貨店看所賣舊唱片，其中三十三轉十二存大片雖
略有佳品，然索價太高，而七十八轉者則其舊不堪，已
近廢品階段，只有若干四十五轉之小片，比較尚新，余
選買四張，其中小片大致皆為流行音樂或歌曲，余之唱
機為四轉者，原有三十三轉與十六轉兩種唱片，前數日
買來七十八轉大唱片三張，至此已四種唱片俱備矣。

體質

　　近來身體健康情形尚佳，早晨之金剛靜坐法運動持
續如常，飲食方面儘量不使過量，上午不吃茶，下午用
茶，晚間有時用咖啡，不吃零食，只水果例外，如此覺
胃部甚正常，睡眠亦佳，卻病之因或在此也。

4月9日　星期日　陰

師友

下午，陽明山二十一期同學國大代表丁德隆君來訪，始而送贈其出版哲學書，繼而謂正在邀集合會二萬元為填補其最近為其子完婚負債，共將湊齊四十人，每人五百元，抽籤定序按月歸還，希望余亦參加，余允參加，但因本月國民大會之待遇已經支用，須待下月付款矣，此人最為奇特，根本素無往還之同學，見面即言借貸，使余初以為其來意為推銷書籍者，更為之感到出乎意外焉，留此談近二小時始去。

交際

晚與德芳往參加楊象德君之結婚典禮，此為前度與李小姐不歡而散後之楊君的桑榆之收，當可有美滿後果云。

4月10日　星期一　晴

職務

今日本擬將上週未了工作告一段落，明日為預定之休假日，上午徐松年君猶告余謂據 W. B. Millman 之意應照休假，但至下午即有不出所列之變卦，謂 Millman 又謂必須進行一項臨時工作，無人可供支配，只好由余擔任，余因此項休假日期本非余所擬議，亦無可無不可，允即取消，事實上余之目前工作支配情形甚亂，不容有按部就班之事也。上午將再度修改之一項 Stock Record 與 Shipping Order 格式交徐松年君轉行交卷。下午將徐君認為余對於 CUSA Audit Procedure/System 之一項 Follow-up Report 已經從簡再寫之一項 Alternative draft 後，依彼意再行修改再度交卷，為免或被認為太過簡單，故原有之較詳細之稿亦一併附繳，以供參證。

交際

閱中央日報知楊綿仲氏於前夜因心臟病逝世，可謂晴天霹靂，一時為之傷感不能釋懷，下午到極樂殯儀館弔奠，因尚未設靈位，家人亦無在側者，故未能行禮，只簽名示到而已，楊氏今年六十有七，雖云上壽，然終為病魔所乘，可為惋惜，回憶在楊氏指導下工作，忽忽已二十五年前事矣，彼時余方中年開始，今亦五十之年矣，余在皖時間之直屬長官，自楊孝先氏逝世於前，今又楊氏繼之於後，老成凋謝，能不令人悲悼乎。下午與徐松年君到福州同鄉會參加黃鼎丞君之父喪追思禮拜，有唱詩、禱告、演說等節目，余等未終即退出。

4 月 11 日　星期二

職務

日昨 W. B. Millman 交辦向美援會調查事項於今日先將空白表格畫成，然後到美援會第三處訪陳德發洽詢，余先問其所要調整之資料為在 480 法案下 Title II 與 Title III 而外之 Relief Supplies，陳君始謂並無此等物品，余即謂例如救濟衣服即是此中之一，彼始云果然有之，並謂尚有藥品等類，惟尚有許多乃教會直接輸入者，故■■美援會難窺其全貌云，余乃告以第一步將美援會代為辦理者查明後再行繼續向教會查問，彼云主登此項紀錄之陳君適已出差，須下星期一方回，望將表式

留下，當囑其代為填記云，余即照辦，其後又在門外相
逢，渠云適見陳君來會，已告其迅即辦理云。余將上情
歸報徐松年君，徐君顧慮其為緩兵之計，蓋近來風傳美
援會經辦 Relief supplies 之人員頗有從中取利之事，彼或
已有所覺，彼為避免有何暴露，乃先行搪塞應付云。徐
君因美援會經付之 Relief Supplies Handling Costs 曾經來
函請查，久未排入，為求萬一由此中可以得見上項所需
之資料，乃囑余往訪該會會計室何大忠、鮑爾一兩兄，
承將其待查之單據任抽一束由余加以翻閱，見其中只有
第三處逐次通知付款之單據，並無進口當時之資料，在
時間上適有前後之別，完全無用，余乃廢然而返。下午
靳綿曾君因查他案赴該會，因彼與陳德發君接觸較多，
託其再行催詢，彼仍云須待陳君出差歸來始能查填云。

4月12日　星期三　晴
職務

　　為填製 PL 480 Title II and Title III 之進口的 Relief
Supplies 表一問題，今晨由徐松年再以電話詢美援會第
三處陳德發君，此君雖昨日曾應允余即趕辦此事，然未
言及■■動身赴美之事，今晨得知此事後，乃由徐君與
余同到該會第三處洽詢，先遇一周小姐，據云經辦之另
一陳君赴機場送行，不久可回，屆時必再以電話接洽，
余等即歸，俄而另一蘇君前來面洽，取來過去二年每
半年一本之報關單留底，此項留底係不問係何種 Relief
Supplies 均按報關日期順序排列，其中資料為應付填製
此表已足供用，彼乃留置余處，余即開始填製，惜今日

另有他事，只工作一小時，登完二個月，其法為就報關單所填之貨品分類，凡屬食品，證明為 Title II 及 Title III 內，不予填入，其餘則皆一律採入云。下午，余上週所作對美援會有關電力公司輸配電計劃查帳報告之來信所作 comment，始為 W. B. Millman 所核，對於其中久已討論兩年未決之 Report for Budget Operation 一節不甚了解，當面查詢，余乃與徐松年君一同為其調卷解釋，費時一小時餘，始略有所知，然仍將信將疑，余等已無法再使更為詳盡，最後此君即原件交回，囑即照此意辦稿。

體質

依照中央信託局之規定，下午到該局檢查體格，此為公教保險案內事，甚為簡單，計為身長、體重、視力、五官、血壓、內科、血清、透視肺部等項，余因每年在 ICA 照小片，故未透視，其餘照檢，結果一切正常，血壓為 80/150。

4 月 13 日　星期四

職務

趕列一項 Relief Supplies 過去兩年之資料表，余昨日根據由美援會取來之資料開始編製，依當時估計每小時可以填製二個月，則共計過去兩年者須用去十二小時之時間，最速亦須明日完成，今日徐松年君因當局者催件頗急，乃臨時囑陳少華君為余幫忙，余乃將 1960 之十二個月之資料交陳君代為填列，余則分擔 1959 年十二個月之工作，於下午三時半將全年完成，

繼即到美援會訪關係人員將本年一至三月者亦取來，
繼續工作，卒於下午五時前全部填製完畢，計共用黃
色橫格紙十五張，在將近下班時徐君欲立即將原稿送
去，但因尚未校對一過，且其中有數項問題待商，故
須延至明日繳卷，所謂問題係指下列各項而言：（1）
此一表格尚未定名，余初步擬定為 List of Relief Supplies
Imported During January 1959 through March 1961（Excluding
commodities under PL 480），Based on Information（or Customs
Declaration）furnished by CUSA，但尚未作最後決定；（2）
原來之報關單係按其報關順序排列，在摘抄時亦即以之
為序，但現在之表係依船到先後為序，其中大體雖屬無
殊，然小的參差為不可免，此項參差是否須加補救，亦
即將日期調整，按先後排列？（3）此表在一極狹之紙
上填寫，極不清楚，如為醒目，應另行用打字機打出，
庶亦便於存卷。此數問題將於明日解決後繳卷。

4月14日　星期五　陣雨
職務

　　日昨所填製之表，於今晨彙計重量總數後，即行
定名為 List of Imported Relief Supplies During Jan. 1, 1959
through March 31, 1961（Excluding commodities under PL
480）Based on the CUSA Record of Customs Declaration，
然後即行繳卷。今日另外進行之工作有二，一為起草答
復美援會來函轉達電力公司對於本分署 A-1602 查帳報
告建議事項執行情形之來函，大意為該函係將二案合併
為一，其一為全般電力公司 construction projects 之月報

表改善問題，此問題討論兩年，現在電力公司謂將於五月份起實施改善，但與 A-1602 有關 Power Transmission and Distribution 又不在內，此案應另案經由美援會對全案內容加以檢討並與公司密切接觸，其發展情形與結果如何，請於公司詳細資料及五月份新表製成後，將該會意見函達本分署，其二為 A-1602 報告之執行，其中凡十二個 Recommendation，只有一個已辦，二個待七月再辦，九個只云通知或決定照辦，希望該會隨時將繼續辦理情形告知云。

集會

晚飯由陽明山同期同學趙聚鈺與趙才標請客，用自助餐，甚佳，席間並決定改推召集人周天翔與單鳳標二人，又飯後閒談一般作風，有談及香港英國人之治理方法者，甚足發人深省。

師友

工專校長魏棣九兄電話告謂旁聽應公函接洽，且無夜班，余即轉告王慕堂兄，因日間不便，決定作罷。

4 月 15 日　星期六

慶弔

上午到極樂殯儀館弔祭楊綿仲氏，公祭眾多，備極哀榮，親屬二十餘人並行古禮，十二時半大殮發引火葬場火葬，送殯者三、四十人，一時禮成，家屬除服。今日輓幛百餘，以下諸作最佳：彭國棟：「卅年前載筆從公，幕府多英豪，猶想見學士詞宗將軍武庫，四省內理財著績，蕭齋甘淡泊，空賸得山間明月江上清風」。楊

續蓀：「直道而行可師可法，點塵不染有守有為」。丁
治磐：「益寡衰多，肥國阜民身段嗇，綴文使酒，安貧
遂志道終孤」。此外含此意者多，而詞藻不副耳。

家事

　　下午，同德芳到三重埔竹圍訪七弟瑤祥之岳母，適
由屏東來此，主持明日之婚禮者，居其次女婿鄭君家，
拜晤前並先到瑤弟之新居小坐。

4 月 16 日　星期日　晴

家事

　　七弟瑤祥下午四時在國際學舍與黃珠姬女士結婚，
一切均由其同事多人籌備，到來賓百餘人，飲茶點，
證婚人葉翔之局長，余為主婚人並致詞道謝賓客，五時
竣事。

集會

　　紹寧肄業之五省中聯合新店分部因下學期實行省辦
高中、縣市辦初中，將收為北投省立復興中學之分部，
一部分學生家長鑑於中和分部得以將男生歸建國中學而
女生歸一女中，新店分部乃一女中主辦反而向隅，極
表憤慨，乃於今日上午在一女中召集家長會，余屆時參
加，事先已有多人分向教育部、教育廳有所表示，聞反
應尚好，而此次所以教廳先行透露上項消息，即係刺探
性質，經會中一致決議籲請仍由一女中主辦，或即歸併
一女中，其中男生仍改分發市內之五省中云。

4 月 17 日　星期一　晴陣雨

職務

今日工作為 Review and comment，全日只核 Budget/Application 一件，乃 Science Education 內之數個 Sub-project 之預算，此項 Science Education 照 E-1 內所列者計分 Instructional 與 Research 二部分，現在所核者乃 Instructional 之一部分，其中又分教育部主管與教育廳主管之二部分，後者昔曾送過一次各個 Sub-project 之 Application，計有中學五十七所，當時曾核定三十一所，前者則方開始，今日所送只一部分，經余查卷細核，費時數小時始將過去底蘊獲悉，此乃為避免重複申請，雖未必有此等事實，而不能不注意及之云。今日所核教育部部分只為一小部分之設備與考察經費等，計算尚符，但教育資料館一項三萬元為設立中學科學設備示範之預算，經細核其所開明細數字只有二萬餘元，而表示結數則為三萬元有餘，顯有錯誤，當予指出，前者其他尚無問題，至於後者則包括中學六所，內一所為購置設備，五所為興建工程，其工程圖樣結價皆有懷特公司之審查證明，且總計均超出援款所能支付之數，其差額由學校自行籌措，但余詳核其工程預算，若干計算均有錯誤，但因均屬細小之數，故只在 comment 內指出，希望其自行改正云。此種大計劃內含數十單位，而又不能同時送核，本稽核組之審核工作又係採輪流制度，故在每收到一次時，即須先後文卷複閱一次，因而浪費時間殊多云。

4月18日　星期二

職務

　　今日工作仍為 Review and comment，計只核一件，為 Kukuan Hydro, Fy1961 PPA 1st Amendment，此一修正文件在將原有之一億五千萬元增加為二億元，並將於年底全部工程完工，余將其中之預算細數複核，並無不符之處，內容方面則因前日同事楊君甫將先行送核之 Budget/Application 核過，寫出若干意見，為求先後一致，故不再寫，只在所寫之 Router 內加一小註，謂昨日對該案 Application 之意見應同時適用於此 PPA，該兩文件之預算部分完全相同也；在審核時極感困惑者為其 Repayment Schedule，依照一般原則係每次付款後七天起息，直至全部付訖將各筆利息加入成一新本金數，然後將其中利息一次付清，再將全部本金及將來之息金，分成一百個 quarters 於二十五年攤還清楚，現 PPA 內所寫為本年底款始用完，而九月即欲計算新本金，時間先後倒置，顯然有誤，經分別向 Program Accounts 部分吳景介、張建國二人研究，亦均認為有理，正待寫一項意見時，乃將此項 PPA 草案所送之二個 copy 中之另一 copy 加以翻閱，發現其中之 Repayment Schedule 大不相同，時間已無先後倒置之弊，但年分有誤寫，一望而知，故不再舉出意見矣，經再詳審此二個 copy 之異同，乃知其中有一在上端寫有 Revised Edition 字樣，為鐵夾所掩，竟未之見，以致費去許多猜測，文件整理不上軌道，誤人甚矣。

4 月 19 日　星期三　雨
職務

今日工作仍為 Review and comment，計核兩項文件，一為由美援會代本分署在陽明山建住宅十棟（第一批）工程須追加九十餘萬元，自前次將追加數核定後，今日又接該會來函，附送本年度之 Budget/Application，希望早日如數撥款，余核其內容與前送資料經本署 Program Office 加以複核調整之結果相同，故簽註應予核准，另一為 Kaohsiung Harbor Extension，此為一件附於函稿內之 PPA 草案，經加以核計，大致相符，又其 Budget/Application 先數日已由楊君核過，主張核准，余為免其前後脫節，故將此項結果亦附註於後云。

4 月 20 日　星期四　晴曇
職務

繼續 Review and comment，計核兩項文件，一為 Kaohsiung Harbor Improvement，此為昨日所核之 Kaohsiung Harbor Extension 之連帶計劃，此計劃之 PPA 於今日送來會稿，但其 Budget/Application 則上月已由余核過，不知何以延至今日始將 PPA 送來，二為一個單位最多之計劃，即 Science Education，現在續送而來者為成功大學與師大附中等單位，今日只將成功大學者核過，除估價單計算有若干小錯誤外，其他尚屬相符。與徐松年君檢討余下月之工作，決定余下月初開始查手工業中心之 Russel Wright Associates Contract，此為應華盛頓總署要求而辦者。

4月21日　星期五

職務

　　上月 Review and comment 之文件有 Kaohsiung Harbor Bureau 所請之 Harbor Improvement 一計劃之 Budget/Application，當時因其中所列之 Total cost estimate 較所請援款與自備款之總數尚多出一百四十萬元，而 E-1 內又寫明此計劃以 1961 為止，當曾對此點提出意見，希望申請人能加以解釋澄清，今日計劃組送來所擬復文稿，對此點不加採用，且註云上項 Comment 不正確，余日昨適又核該計劃之 PPA，知此 140 萬元已延至 1962 使用，但在月前並不能預卜先知，計劃組斷言本組之 comment 為 incorrect，實不公允，於是寫一 Router 主張該組將此一附註改正云。余本預定下週公假，但下午又臨時決定參加六人小組從事軍眷所領救濟物資之調查工作，並參加由主辦人 Martin Forman 所召集之會議，決定於下星期一出發新竹、台中、台南三地區工作，資料已由 Forman 備好，係就軍方已經重新依照與平民相等之原則重製領用救濟品之軍眷名冊，前往抽查是否依據合理之原則編製而成，有無仍照過去凡尉官以下者均在其內之習慣編製者，此項調查如有肯定之結果，則下年度即可全面改過，否則尚有二個月時間圖謀補救也云。此一工作共分三個分組進行，新竹為 W. B. Millman 與葉于鑫君，台中為 G. H. Nolan 與余，台南為 M. Forman 與劉明德君，因查核之對象甚為固定，故大體上不需甚多之準備工作，即可靜待出發云。

4 月 22 日　星期六　陰雨
閱讀

四月份 *Reader's Digest* 今日始收到，今日讀其中重載五二年八月份文稿一篇，為 Fulton Oursler 作 "There is Magic in a Word of Praise"，此文在演述何以對人讚美之詞能不但引起對方好感，且足以堅定對方信心，使能鼓舞精神，務期於成，可謂語重心長，其所舉之原則有云："The simple principles of the art of praise to realize the human need for it, to compliment sincerely, and to train ourselves to look for the praise-worthy help rub off the sharp edges of daily contact." 此種應對技巧，非比巧言令色，乃吾北人所缺者。

4 月 23 日　星期日　晴
參觀

上午參觀華南銀行之蘭友展覽，計有 Cattleya、Phalaenopsis、Vanda、Dendrobium 等四類，為洋蘭、蝴蝶蘭及石斛蘭等，各有佳品。上午參觀念聖樓所藏書畫展覽，計共百件，精品有蘇軾萬竿煙雨、米芾雲山煙樹、蘇漢臣賽棗圖、趙孟頫臨蘭亭、倪高士詩草真跡、俞和臨趙小楷、唐寅行書詩卷、文徵明西園詩冊、詹景鳳草書屏、張瑞圖草書、朱竹垞隸書詞稿、金農隸書、黃易臨漢太尉楊震碑、何紹基臨金剛經、鄭板橋蘭花等。下午參觀吳子深及吳浣蕙父女畫展，竹石花卉最多，人物最少，所作皆有意境，子深書法尤精。

交際

晚與德芳參加樓有鍾兄長女麗瑋之結婚典禮於中山
堂，德芳偕往，八時散。

4月24日　星期一　陰雨

旅行

上午八時三刻由台北出發，乘自備車南下，同行者
本分署美籍人員 Martin Forman、William Millman、Gustav
Nolan 及國籍人員葉于鑫、劉明德二君，十時一刻到新
竹，下午三時續行，五時一刻到台中，Millman 與葉君
留新竹區工作，故到台中者為四人，Forman 與 Nolan
住鐵路飯店，余與劉明德君住富都旅社，司機石君住五
洲旅社。

職務

此次六人出發之目的地本為新竹、台中、台南三
區，每區二人，但主其事之 Forman 又係以籠罩一切之
姿態為之，故到新竹後六人共同參加該區軍眷區救濟物
資之考察，而由 Forman 為主，葉君通譯，首先到市公
所內軍眷服務中心晤張主任，解說一般情形，然後進行
至第一個軍眷區公學新村視察，所接觸者有五、六戶，
大致情形如下：（1）幾乎無一戶富有，故在大貧小貧
之下，服務中心所列新調查冊係一視同仁，四百餘戶
全部包括；（2）此地發放係由天主堂及基督教直接為
之，憑黑字卡片領取，次數不多，數量照民間之普通定
量為之，又每戶有一張者有二張者，亦有百餘戶尚未列
入者，因教會不允隨時改動，故不能加入；（3）軍眷

情形一般均極清寒，然極特殊者則有幼兒僅恃鹽水泡飯
為生者，營養不良，疾病叢生，亦有日間父母均出外謀
生，置十歲以下幼兒數人於家中乏人照顧者；（4）此
新村聞尚為房屋最好者，空地供建公共設備者，亦因無
款任其荒廢，空餘大門外蔣夫人石刻題字，形成一極不
調和之景象。

4 月 25 日　星期二　晴偶雨
職務

　　上午八時半同劉明德君到鐵路飯店約同 M. Forman
與 G. Nolan 二人出發，首先到 CAT 營務處，劉君與
M. Forman 二人同到機場轉台南，余即與 Nolan 到台中
區軍眷管理處訪問，由其王副處長與王課長晤談，對該
處一般情形有所了解後，即出發大里鄉銀聯一村訪問，
此處為銀行界所捐建，乃由蔣夫人號召而為之者，此村
共二百戶，內六十餘戶為遺眷，但生活情形似不甚惡
劣，尤其環境布置，均有次序，下午再到市內兩處眷村
訪問，一為南京新村，二為經武新村，此二處雖為新村
之名，其實只為一種象徵性的，並非全部集中居住，而
貧富與衛生環境亦各各不同。綜合今日所得之情形如
下：（1）此間村長皆為由村民每年一次票選而出，與
新竹所見之配合自治系統者不同；（2）集中村尤其在
鄉區者易於得到教會之物資，例如銀聯一村內，天主教
與基督教各有軍眷一人為其聯絡人，天主教方面去年始
換發新的小卡片，每戶均可領到，其範圍較之此次調查
者更為寬泛，基督教雖仍為 47 年所發卡片，但亦只三

數十家無之，至於南京新村只有七戶領到，且係透過區
公所及里長，經武新村則全無領到者；（3）發放方式
係憑教會所製之卡片，此卡片只有一套，存於教會，俟
發放時即作為通知，分發各戶，在銀聯一村為到村送
物，在南京新村則到教堂領取云。

4月26日　星期三

職務

　　今日原定日程為訪問軍眷新村中預定之第四村，由
於 G. H. Nolan 認為須抽出時間訪問發放救濟物資之教
會，乃將該項眷村之訪問取消，今日上午先到南台中天
主堂訪韋神父（Weiland），由於 Nolan 與韋神父皆為
美國人，故講話甚快，余在旁聽其所講，只能了解一
半，好在其所談者皆為對於一般物資救濟之概括意見，
與今次出發調查之案件並無直接關係，故未作記錄，在
談話中韋神父取出一項名單，乃台中區軍眷管理處所造
之需救濟軍眷名單，其中所列計有五十二家，二百十人
左右，余初不了解此冊之目的，其後遇該處人員始詢悉
乃係此次奉令調查集中眷村之軍眷時，奉規定除集中者
造冊送留守業務署，亦即此次余等出發抽查者，其餘散
居之眷屬則奉令另行調查造冊，送教會交抄發放。由此
再往李豐家，李君為基督教台中區聯合機構辦理救濟之
秘書與監理人，據談此地共有發放中心五十八處，但教
會尚不只此數，因其中有數教會合辦一個中心者，又李
君談現在之大病為太過分散，最好將戶數減少，每戶數
量增加，又李君談取得物資戶之應具備條件皆由區公所

與里長等經手審核，教會並不過問，其中有富足或地方
惡勢力分子亦領到者，則由於政府不肯開罪於人之過，
此點應加改良云。

旅行

　　午應軍眷管理處王立德處長之約在鹿鳴春吃飯，飯
後於一時 45 分由台中出發北返，於五點 45 分到達台
北，即行回寓。

4月27日　星期四　陰
職務

　　今日完全從事零碎工作，其一為 Review and
comments，為一急件，乃交通部之 Tourism Promotion
project，本因華盛頓總署始終未核定而不撥款，現在郝
樂遜署長本其權限內之賦予而就地核定，乃將 Application
再度送來，余核閱提出意見，希望其中旅費應照中國政
府規定支用云。本週出差係與美籍人員共同，但係分
頭報支，故須一致，因而欲稍緩再報，下午知 Nolan 已
報，且依照規定在外經他方供餐者照扣除日用費之百分
之十五，余亦照此規定辦理，並因司機石君下午來送其
開車時刻，彼昨天亦曾接受招待，故告其參考，亦決定
照此辦理，此等事向來馬虎，此次較為認真。

4月28日　星期五　陰
職務

　　審核來文會稿一件，此為美援會致農復會函，對於
新發動之本年遠洋漁船貸款，表示應由農復會照其一般

Regular Project 辦理，此函稿已由計劃組之 Hirshburg 會
簽，但又認為須將 Financial arrangement 送本會計處審
核，經余加以審核後大致健全，尤其農復會方面對於原
漁管處之計劃所加註之意見，更為中肯，乃在 Router
上加寫意見，認為大體健全，應轉知計劃部門云。本星
期出發之三個外籍人員即 Nolan、Millman、Forman 與
本組徐松年君會商此次三個 Team 在新竹、台中、台南
之應提報告問題，認為由葉、劉與余三人分別寫就後，
再推一人彙總寫成一件報告即可，並經指定由葉君擔任
彙總，余下午開始寫台中部分，已成其半。

4月29日　星期六　晴
師友
　　晚，同德芳到羅斯福路三段訪張中寧兄，僅其夫人
在寓，閒談各子女在美在台等就學情形，張兄除其長子
緒心、長女璧玉已於數年前赴美外，其次女瑚玉亦於去
年夏季赴美讀文學，現在台有三子一女，其中二子在台
大與政大，一子在建國中學，明年亦考大學，女則在師
範大學云。
瑣記
　　下午無事，因前在國民大會秘書處曾見物資局通
知，謂海關沒收物資辦理配售，乃於下午往觀，見有衣
服、毛筆、手套等物，因下午不營業，故未能購買。利
用空餘時間將本月份及上月之下半月份報紙剪存，但有
用資料甚少，因數年來未從事與中國法令有關之業務，
可用者不多也。

4 月 30 日　星期日　晴陣雨

集會

　　下午三時到西寧南路民眾團體活動中心出席會計師公會會員大會，此為數月前一次流會後重新召集之會議，前次流會原因為競選理監事者寥寥無幾，凡未被約好前來投票捧場者，幾皆缺席，乃因法定人數不足而不能不告流會，今日余在簽到時見人眾不似前次之冷落，且持委託書參加者實繁有徒，料必已有成議也，余於簽到後即因事早退，回憶數年前連任數次該會理事，皆無法挽狂瀾於既倒，今日之會計師事業仍在一種極不正常之狀態下為少數人資為牟利且不擇手段之淵藪，可悲也矣。

瑣記

　　下午到國光眼鏡店為德芳修理眼鏡，並到延平北路為紹中修理鬧鐘，並到晒圖店晒有關林務局之文件圖。

5月1日　星期一　晴

職務

　　上週所查之台中區 Military Dependents 所使用 Relief Supplies 情形，經三洋人決定由三華人分頭寫成節略，然後交葉君彙總寫成報告，余負責寫台中部分，自上星期五開始，今日續寫，下午完成。此一報告雖篇幅不多，然其中頭緒甚繁，經加以耙梳，共有稿紙九頁。下午頭痛難忍，然因三人只等余之一份，只好勉強為之，迨下班時精神與體力均有不支之感，回寓後又須赴和平東路送洗衣，徒步往返，余本健步如飛，今日竟蹣跚難行，不勝傷感之至，回思余任現職已近五年，除為生計外，了無意義，日間精神固須過度支用，業餘心情亦常有凌遲之感，故國恢復無日，即此日記亦無心記入，只好擱筆矣。

5月2日　星期二　晴

職務

　　上午將昨日撰就之台中 Relief supplies 查帳報告資料再作最後修正，仍有若干處所加以改動，然後定稿，即交打字員打成一項 Memorandum for the Record，將由葉君彙總寫成報告一件。本月份第一件工作為 Russel Wright Associates 之查帳，緣該項 Contractor 向來由此間查帳二次，已均在二、三年前，去年底合同告終，即無洋人在內工作，而 ICA/Washington 最近來電指定對此須加查核，其要點均有規定，因屬首次由華盛頓要求，故須包括數年來之全期，今日先行閱覽文件，不料

舉凡 Contract file 以及本稽核組查帳報告卷，竟均無法
查到，咄咄怪事也。

5月3日　星期三

職務

從事 Russel Wright Associates 之查帳準備工作，今日
進行事項如下：（1）通知手工業推廣中心盛長忠兄，
告以定於星期五起開始查核該中心之 Contract 部分帳
項；（2）在本分署蒐集有關本案之資料，其一為歷年
之 PIO/T 實際核定與支用數，其二為以前歷次查帳之
working file，以覘有無資料可以用於此次查帳報告而不
必再行詳細核計者；（3）查核華盛頓所來通函，其所
希望之結果為何，經發現有二件同一日期之 Circular，
所指同為此一 Contract，經詳細研究，認為其中之一並
未附有中國字樣之表如另一表所列者，但據徐松年君
云，此二文件為重複的，但為穩妥起見，最好在報告上
予以並舉。今日另一臨時工作為一主管 Relief Supplies
之 Martin Forman 要求，依據其由基督教救濟會取來之
一項資料向美援會核對其實際交運日期，經到該會第三
處向周君處抄到，即回復 Forman，彼不在辦公室，當
交其秘書代收。

師友

上月初國大代表陽明山二十一期同學丁德隆君來談
因為子完婚負債，將約集合會約余參加一份，余因其時
已將當月份待遇領到支用，請其順延，今日丁君又來，
余告以因上月七弟完婚預算不足而告罄乏，故本月不

能報命，丁君即遜謝而去，丁君平素甚少往還，驟言通
財，似有交淺言深之嫌，然其為人實謹厚有餘，故辭出
以後又覺不無耿耿也。

5月4日　星期四　晴

職務

自昨日到美援會查核上月份 Taiwan Christian Service
交美援會物資該會交貨運服務所運送日期後，今日主辦
救濟之 Forman 又來向本稽核組長 Millman 及余說明，
謂須求知進一步貨運服務所交運情形，希望余能再往調
查一次，乃於下午到基隆鐵路貨運服務所查詢，因此項
物資照美援會記錄均在上月下旬交運，初料其未必如此
之快，以為可以得到該所尚未交運之一言而報命，孰知
至則由該所資料得知部分已經起運，部分正在裝車，其
中延擱稍久者為等候港務局換發出倉單，原則上該所並
未有何延擱，此一結果殊出乎意料之外云。在基隆費時
約一小時，即仍乘自備車回分署，因下午出發時已二時
半，Dispatcher 本不願派車，經洽妥於五時二十分前必
返，乃始照派，由於控制時間之關係，於五時二十分
果然回抵分署焉。所寫台中區軍眷村之救濟物資調查
情形，報告已經打就，經以一份送由 W. B. Millman 轉
Nolan，Router 上寫明供其 reference/review，另有一份
已交葉于鑫君作為 Compile Audit Report 之用云，該一
資料於今晨送出前再度核閱，又發現頗為重要之錯誤，
可見雖已數次閱過而仍不能免於錯誤，殆每次閱時思想
不能集中之故歟？

娛樂

晚與德芳看電影二十世紀出品 Esther and the King
（故國烽煙豔后情），李察伊根與瓊考琳絲合演，
甚佳。

5月5日　星期五

職務

今日進行工作有二：一為將昨日下午所調查之基
隆貨運服務交運物資情形加以複閱，對其中與美援會
方面不能相合者如彰化縣第三批物資之類，再向美援
會調查，知上次該會所開之資料又有出入，於是在其上
次所註之日期再加調整，於是將該會與貨運服務所二處
所得之資料同時加入基督教會所製之表，更擴充二欄外
加一備註欄，將一切歸於一表，定名為 List Showing the
Distribution Status of the Relief Supplies Imported by Taiwan
Christian Service during April 3, 1961 through April 27,
1961, As of May 4, 1961，當即送交原委託調查之主管
Relief Supplies 業務之 Martin Forman。二為開始 Russel
Wright Associates 之 TA Service Contract 查帳工作，馳赴
手工業推廣中心與財務組長盛長忠兄接洽進行方式，當
將所擬需要該中心準備之資料六項開送，其中包括 RWA
Team 之台幣開支帳目，自前年十二月份起至去年十二月
底止之 Final Report，該 RWA Team 之 Attendance Record and
Report 包括人名、到職年月日、去職年月日，其所請之公
假與病假等，該中心對該 Team 工作之評價，該 Team 之
定期的 Activity Report，如有自籌資金或補助款者，其項

目來源與數額，又結存固定資產之處理與記錄等。

師友

　　牟瑞庭君來訪，託為備函介紹於基隆市府工商科長梁君，謂梁君曾談及知余，余乃照辦，惟只表示催促之意。

5月6日　星期六
參觀

　　上午，到國軍英雄館參觀于右任氏八十晉三紀念書法展覽，出品多為到台以後之作，但亦有少數之民國二十年左右作品，以昔觀今，筆法愈老而愈妙，其最近之作品為五十年三月所寫杜詩古柏行兩件，最佳，又聯對云：「心地無風濤隨在皆青山綠樹，性天有化育觸處都魚躍鳶飛」，極有意境，藏品最多之耐秋堂得于氏贈聯云：「耐久相期盟白水，秋深不醉負黃花」，亦見工。

瑣記

　　上午到國民大會登記配購夏季衣料，係達克隆，六期分期付款，一期而外每期八十元；是時遇張敬塘兄，謂張彬出國事已准出境，而旅費無著，又在籌措云。

5月7日　星期日　晴
瑣記

　　下午，楊、林兩小姐來訪，由德芳陪同閒談，余因事外出，及歸，德芳云將由楊小姐在形式上立約承租余家房屋，以便依規定向其服務之台灣銀行支領租金及押租三萬元，德芳因須將戶籍名簿交該行審核，且須以土地所有權狀作證明，並將其押租以房東名義開給收據，故實際如何答復尚未決定，經商量之餘，認為事實上無何問題，且此等事已成為公開之秘密，不妨助其完成手續，至於押租一節，則可由楊小姐另開一張收據存余處以為抵銷效用，即可免於多所牽掣云。

體質

　　左腿之麻木感數年來未減輕，今日特有畏寒感，裹以毛巾始不覺冷，其實今日衣單猶暖也。

5月8日　星期一
職務

　　上午，到台灣手工業推廣中心查帳，先由 Fy1960 開始，此年度在前次查帳時已查至 1959 年十一月底止，故現在乃由十二月份起始，先將 Final Report 內所列之數與帳面餘額加以核對，發現均屬相符，但處理手續有欠缺之處，即年終結餘繳還美援會款數在表上表現為現金結存，在帳上亦無繳轉之表示，但傳票內則有支出之紀錄，顯然手續有欠一致，然於實際則無出入，故被疏忽也。下午補查台灣手工業 1960 與 1961 兩年度之 Counterpart Fund 有關文卷，將兩年度預算核定經過加以查考，並摘錄要點，但其中有甚不可解處，如（1）在 1960 年度之 Budget Application 送核時，本會計處曾將其中之十三個月薪俸刪為十二個月，但送 Executive Office 會核時，該處認為本分署對於薪俸一無決策，認為不必干涉過度，只須其待遇不超過本分署即可，無庸

問其分為十三個月抑十四個月，於是在核復之公文內
此點即未提出，又汽車修理費高極，Executive Office 認
為太多，囑該中心考慮用此款改買新車，但由文卷內
查核，根本全無反響，反之 1961 年度內高列修理費如
故，由此種種自相矛盾之事實觀察，可見本分署之新台
幣管制政策可謂無之，且每次審核 Budget Application
採輪流制度，去年提出之問題，今年難免其重演，若問
既已發生此等問題，何以不從根本上謀求解決，則目前
負責之人員皆存五日京兆之心，於是無人肯為相當長期
之打算也。

5月9日　星期二　晴

職務

上午續到手工業中心查帳，已將 1959 年 12 月份之
單據等審核完畢，並因其單據內有支付打字油印該項
由美援會代表手工業中心與 Russel Wright Associates 所
訂之合約的印刷費，乃向該中心索取一份，下午即在辦
公室調到工業組之有關文卷加以核對，蓋此項 Contract
已經過六次修正（此前由 ICA/W 訂約之一階段亦不計
在內），其中各項條文之適用問題不能不特加注意也。

師友

晚，王舍甫君來訪，談在石門水庫因與代理執行長
之顧文奎不相融洽，已經請病假一個月，將在此期內另
謀發展云。

5 月 10 日　星期三　晴

職務

　　上午續到手工業中心查帳,已將 1960 年一至三月份之費用核完,但因其中之顧問宿舍支出不與其到台離台日期相核對,故囑其早日將此項資料送來,雖經即行取來一項見於其他文件之資料,但細審與事實大有出入,不足以作根據,故不能利用。為 Russel Wright Associates 之 Performance 須請工業組提供資料,經訪主管人 J. Holte 不遇,何君代為尋到一項契約終了後之 Evaluation Report,並託總務組代為印成一副本備用。

交際

　　黨校同學三十餘人晚在陸軍聯誼社公請由美回國休假之項定榮同學夫婦,並由羅家倫、余井塘二氏作陪,席間項君報告旅美生活甚詳。

5 月 11 日　星期四

職務

　　上午到手工業推廣中心繼續查帳,所查仍為 Fy1960 部分,其中多為旅運費、辦公費部分,特殊問題不多。下午,為使現在進行中之查帳工作更能進行順利,乃對於準備工作繼加充實,此即在將該 RWA 與手工業中心之合約加以細讀,對於其中與帳務有關之事項並特予注意,並檢閱本稽核組所存有關 TA Service 之 Audit 的文卷,從而對於以下各問題求取答案:(1)合約內有一項規定,對於顧問人員之來華駐留期間不滿六個月者,不供給宿舍,可依照 ICA 人員之規定支給旅費,但 ICA

人員支領旅費標準有不同之情形，其由華盛頓短期來此
者，係照美國政府標準支給旅費，在去年六月一日以前
為台北十三元，他地九元，六月一日以後為台北十六
元，其他各地十一元，其在此間服務者之當地出差旅費
為台北六百四十元，他地四百四十元，但須有特種旅社
之單據，否則只為台北四百一十元，他地三百一十元，
故如適用前者即較之適用後者為較高，此地經加以研
究，結論為凡短期來華者應適用前者，長期在此者則適
用後者；（2）手工業中心對於該 RWA 顧問人員甚為
客氣，例如依合約規定雖得以支領醫藥費，但條件與手
續則十分繁瑣，余今日核其所支之實際費用，多不具備
此項條件，經將合約內所規定者實加推敲，認為確有難
以相符之處；但此等洋人早於約滿後回國，如須剔除，
只有由中心負責照繳矣，實際在上次查帳時已經提起其
注意，但該中心仍不以為意，固咎由自取也。

5月12日　星期五　晴
職務

　　上下午均在台灣手工業中心查帳，上午已將 1960
年度部分查完，特加注意者為其在台灣之外籍人員用費
與借款等，發現用費均尚能照規定支取，但借款則有久
久不還者，例如該 RWA Team Member 之Garry，在其
利用 Home Leave 時間回國時向手工業中心借用旅費，
雖聲明此項旅費應向華盛頓方面支用美金，然借去之
後即久久不還，固無異利用公款生息者也。下午續查
1961年度帳，首先將其 Final Report 內所列各數與帳列

者相核對，並無不符之處，然後再就帳之記帳方式加以檢討，發覺有數點值得注意：（1）此年度之帳與前一年度相同，分別用 Counterpart Journal 一種與 Budget Control Register 記帳，前者兼有補助帳與日記帳之二種內容，後者只為補助帳兼為預算控制帳，記載方法大致尚合，但有值得推敲者；（2）每月底之 Counterpart Journal 結數時，先得本月數再加以前累計數，蘇定遠君處理此帳時，將各費用欄記累計數，而將現金欄記當月結存數，然其摘要欄仍用累計數字樣，顯然名實不相符合；（3）又在計劃終了以後所有結存款項均繳解美援會收帳，傳票及憑證均在傳票冊內尋到，而帳內則未記入，故帳上尚有現金結存，事實上則分文已無也。該中心之帳務雖有上列種種缺點，但瑕不掩瑜，其種種表現均為頗上軌道之情況，在一般處理相對基金會計之機構，已屬上選也。

5 月 13 日　星期六　晴
閱讀

本月份 *Reader's Digest* 內 Point to Ponder 一欄載有 Boris Pasternak 句云："In this era of world wars, in this atomic age, values have changed. We have learned that we are the guests of existence, travelers between two stations. We must discover security within ourselves. During our short span of life, we must find our own insights into our relationship with the existence in which we participate so briefly. Otherwise, we cannot live! This means, as I see it, a departure from the materialistic view of the 19th century. It means a reawakening of the spiritual world, of our inner life, of religion." 警闢之極。

5月14日　星期日　晴

瑣記

　　假中無事，惟處理家中瑣事及督促諸兒女課讀為事。下午助德芳改造去年所用之紗罩，此紗罩在購買時因已知台灣潮氣太重鐵紗易蝕，故選用塑膠線所編者，但其中橫豎鐵架未予注意，一年來已鏽至不敢一動，動則鏽粉下落，適入菜中，今日德芳買來空心塑膠線，狀如蘿菜之莖，插入鐵絲，改換為紗罩之架，一面將塑膠紗取下由紹因、紹彭用肥皂澈底刷洗，移時面目一新，乃又加蓋於新架之上，釘固於木框之上，果然完全改觀，此等事自己動手雖費時較長，然利用餘暇為之，亦自有一種樂趣也。

5月15日　星期一　晴

職務

　　上午，因美國副總統Johnson來訪中國，本分署車輛出借太多，停止辦公半天。下午到公後進行整理連日所獲之手工業推廣中心查帳資料，並參考同類之查帳報告，開始撰寫報告，在翻閱中本以為此一Contract向來作過對華盛頓總署Airgram式之查帳報告，忽發現舊卷中竟有此一報告，此報告與以前不依據華盛頓要求而作之A-1555號報告乃同日送出，因未編號碼，只有

Airgram 之號數，以致在各項統計表內均未顯示有此一
報告，余本擬就全期作 Airgram 式報告，現在知須截至
一九五八年七月底，亦即只有一九五八年八月至去年底
須包括在內也。

5 月 16 日　星期二　晴
職務

　　所查手工業中心之 Russel Wright Associates 帳目已
近尾聲，故一面查帳，一面開始寫報告，上午到該中心
時，Fy1961 年帳目查完，只餘 Quarters Allowance，因
須等候該中心開出各外籍人員來去日期以便核對，尚未
詳加查核，經告財務組長盛長忠兄轉達主管人員速速提
供，據云因原經手人已轉業，根本尚未著手，十餘日之
時間完全浪費，余乃促其早作準備云。下午開始寫報告
正文，已完成 Project Progress 一段，所根據者完全為工
業組送華盛頓總署之該合約 Evaluation Report，彼則局
部據余前一年之 A-1585 號查帳報告填列，真所謂文章
千古一大抄也。

師友

　　晚，張中寧夫婦來訪，閒談。

5 月 17 日　星期三
職務

　　上午，續到手工業中心查帳，Fy1961 年度亦全部查
完，只餘外籍顧問之房租起迄日期須待與其 Attendance
and leave record 相比較，此項 record 在余開始查帳之第

一天即告盛長忠兄轉洽主管部分提供，中間亦一再催
詢，初則謂正在查抄，繼又謂不知存放何處，須延現在
ICA 服務之以前負責人陸小姐回中心代查，以後又云陸
表示不肯前來，於是又由該中心總務組撿卷搜索資料，
其種種跡象完全為一種敷衍，其情形與前年所查之一段
如出一轍，余最後又限其於星期五提出。上午欲訪該中
心董事長汪公紀，不遇，盛長忠兄云，彼來中心不久，
不如改訪其中心經理劉璧章較妥，余即云前次查帳彼不
能提供任何資料，若非與劉前董事長一席談，結果難免
空手而回，當下表示極不愉快，蓋盛兄處事之粘滯，亦
極可觀也。在手工業中心無意中發現一種微妙難解之情
形，緣 Russel Wright Associates 顧問所住房屋之一，原
由美援會向安全分署移轉而來，其中所設電話一部，仍
為分署戶名，但向手工業中心收取話費，實際上此屋在
去年底即已退租，由房東收回，此一電話在收據上雖用
分署戶名，在電話簿上則又查詢不到，換言之電信局之
紀錄已不一致，此其一；若云已暗中頂讓，則何以話費
仍然循例向中心收費，此其二；中心方面肯於支付每月
之話費，謂係基於可能請求過戶歸中心所有，而分署固
未必首肯，此其三；緣是究為何情，固無由懸揣也。

5月18日　星期四　晴有陣雨

職務

今日將手工業中心查帳報告寫完，此為依據華盛頓
總署之需要用 Airgram 格式之報告，至於在查帳過程中
所發現應剔除之款項則不能包括於此一報告，因此一報

告事實上為對於華盛頓總署所提供之一種資料，備其納入整個 Contract 之報告者，其所定格式並無類似本分署所發查帳報告之有 Recommendations 與 Rating，亦不需要 Follow-up，故如有必須在本地解決之問題，以另發一項查帳報告為宜也，但又思資料不多，剔除款只有零星數目，如非絕對必要，即亦可加以省略也。今日在撰寫報告附表時，原意 Local Currency Expenditure 表只須依據所獲數字逐科目分年度加以排列即可，不料在排列時亦發生小小問題，費去若干時間加以調整，其原因為上次查帳時曾剔除 1959 年度內三千餘元，1960 年度120 元，均於查帳報告發出後由該中心繳還，故今日原照前次報告列表，以期前後一致，但因支出總數與美援會所列最終數目不符，若不加修改，即須加以註解，又1960 年度帳在前次查帳時尚未結束，故收回 120 元事即在帳內無形包括，如 1959 年度不加調整，則同一表格內所採基礎亦將發生歧異，因此乃就各項收回數由各原科目內減除，於是年度結餘之總數乃得與美援會所報告者一致，但為免於前後兩報告之不一致，仍用註腳加以註明焉。

5 月 19 日　星期五

職務

　　手工業中心之查帳工作已經完畢，而部分資料原期於今日送到者，今日往該中心接洽，仍無消息，此即洋員之 Attendance Record 及據以編製之到公表，此事財務組長盛長忠兄早已通知總務組，該組亦一口應承，但

初謂正在查卷，繼則謂須請原經手人已離職之陸小姐來
幫忙查詢，後又謂陸因已無職務而不肯來，今日則又謂
總務組根本不敢與陸小姐接洽，卷尚存在樓上，決定趕
查，余乃再度限期下星期一交卷，尚不知屆時結果如
何，此等人辦事之不得要領，以及顢頇怠忽，誠不一而
足矣。在此次查帳中又發覺一項甚為微妙之問題，即此
間由美援會出面與美國之 Russel Wright Associates 定約
之日期為 1958 年八月二十九日，此前為國際合作總署
出面與該 RWA 訂約，其中並無如以後所定之照台幣支
給 Quarters Allowance 之規定，事實上該 RWA 之人員
在此前亦皆未在台支領此項 Quarters Allowance，然該
RWA 之在華主持人 Garry 自訂約定後，即在此支領，
且溯至該年七月一日，此人為一極狡獪之市儈，彼是否
同時在美支領此二個月之同樣待遇，在此無從得知，余
乃決定在查帳報告之台幣開支附表下加一註腳，謂此人
之 Quarters Allowance 係自七月份起支領，與合同所定
有所出入，以促起總署注意之。

交際

　　蔡自聲氏逝世，今日出殯，上午前往弔祭，並與
韓華斑兄合送輓聯，喪禮甚簡單，兩子皆不在，由女捧
神主。

5月20日　星期六　晴

集會

　　上午出席國民大會憲政研討委員會創制複決權研究
第一組會議，討論創制複決權行使辦法草案第三次修正

草案，余因不能經常參加，故前後情形多不接頭，但由今日之會知，去年國民大會第三次會議中所決議之此項研究工作，須定本年十二月二十五日前完成並廣徵社會意見，內之廣徵社會意見一點已發生應於十二月二十五日以前抑二十五日以後辦理一節之歧見，至今尚無結論。

娛樂

下午，到中山堂欣賞政大校友會三十四年校慶同樂會，由胡少安、周銘新、徐蓮芝等合演紅鬃烈馬，由武家坡起，算糧、趕五關，至銀空山大登殿止，共歷時二小時半，大致尚佳。

5 月 21 日　星期日　雨

師友

前日在極樂殯儀館遇崔唯吾氏，據云師母張志安氏近月患白內障，影響精神狀態，甚不寧靜，乃於今日與德芳帶水果前往探望，見情形尚佳，但因白內障尚未發展至可以開刀之階段，且為期不能預料，故感覺極度之苦悶云；又談及張敏之長子張彬出國事，本無絲毫用費之打算，其後漸漸明朗，始由其姊丈及另來源借到保證金美金一千一百元，另需船費九千元台幣，幾經奔走籌畫，已由張敬塘出一千元、于仲崑出二千元、崔氏出二千元、商界出二千元，尚差二千元，崔氏意由先志中學余及趙石枕，黨校同學石鍾琇、尹樹生分擔，惟張彬昨晚曾來並未提及云。

5月22日　星期一

職務

所作退除役官兵醫療計劃查帳報告（1958）之 A-1550 號報告之 Follow-up Audit 報告草成後已隔數月，是否 release 尚不之知，今日退除役官兵輔導會之梁元鑄君來訪，持該項 A-1550A 之 Second draft，並帶若干新的資料有所接洽，謂此項 draft 內之第一項 Recommendation 為因岡山療養大隊所缺 1957 七至十月份單據 61 萬餘元，只有二十萬元左右補送單據，其餘四十萬元餘仍然無正式單據，故仍然剔除待繳，現經該會向經辦人再三催詢，已將此四十萬元單據尋出，請余補核，余乃將所送單據與其有關帳項加以核對，除少數零星者外，其餘已均可以相符，故囑其一面將補核經過在會稿文內說明，一面再將補核單據列成一表，寫明各科目及其所有單據之數，並囑其自行回去另為詳細計算，倘有所餘亦須加入，如此由該會提供列入 working file，庶將此一報告之 Draft 修正亦可以有所依據，在審核此項單據之過程中，見所造之單據冊，仍不乏與以前所記之由帳內所獲資料相符與否尚不易立見分曉，亦可見此輩人員之從事工作完全為敷衍塞責，可不懼哉！

師友

故友張敏之之子張彬昨日曾來訪，但未提及其出國經費尚須濟助，昨日余與德芳到新店與崔唯吾氏談及此事，故決定以新台幣五百元為助，張彬於今日上午來取去。

5 月 23 日　星期二　雨

職務

　　開始作美援會駐美技術代表團（CTM）之經費 follow-up audit，原查帳報告有二，一為 Fy1952-53，乃余所作，二為 Fy1954-56，係徐正渭君所作，由於其中挪用情形甚為嚴重，故數年來未能著手為 Follow-up Audit，本月份將此案派入，由余主辦，今日進行之事有二：（1）美援會會計處前曾來函請對於原報告所剔除之由美援會扣用未經撥給 CTM 之一萬美元有餘予以豁免，所持理由為該款係用於延聘香港會計師來台辦理會計設計工作，又有該會一處長因公赴美往返旅費用去一部分，此二部分之支出實已超出萬元，此項理由為不久以前該會函內所持，但未知其具體文件為何，故今日以電話通知主辦之何大忠兄檢卷核閱，俾知底蘊；（2）此一 Follow-up 之最大困難之點除上述一項外，為另一 CTM 本身歷年結餘經費一萬餘元亦經美援會為其他無關 CTM 用途支撥淨盡，此點曾在前次查帳時由該會將文卷送來看過，故內容甚詳，以上二款依理均不能豁免，但該會又似無款可賠，一再洽請免繳，無法可想又不能在此一 Follow-up 中有何最妥善之方法解決之，乃決定先將內容情形寫一 Memorandum，請本稽核組之 Chief W. B. Millman 表示原則意見後，再行下手，今日即開始草擬此項 memo，已將有關此一段者寫完，待該會補送資料後，再行加入上述之該會未經轉撥部分一節。

5月24日　星期三

職務

　　台灣手工業中心之查帳工作於今日最後完成，今日工作為：（1）依據昨日始行送到之各外籍顧問請假與到公資料，填製有關之報告後附表；（2）將全部working papers加以分類標號，並加目錄一頁；（3）訪手工業中心財務組長盛長忠兄，對以下各問題加以了解：（1）Allard顧問宿舍房租在其已回國後尚付房租一個月，據稱為此項合約已滿，Allard又直接與該中心續約，於是乃續付房租，其實不應在此帳內支付，好在目的相同，故亦不加剔除矣；（2）該中心在結束報告內註明因房租多付，正準備將多付部分繳還美援會，余面囑其應即照繳，此次查帳因剔除事項甚少，故不提查帳報告矣，至於零星費用不合規定者雖有若干筆，但總數不多，準備免剔云。今日開始另一工作，即中央信託局所代為經營之彩色印刷工廠計劃之查核，此計劃前曾由本分署與美援會查過二次，但均為對於援款之查帳，現在則為全部費用，尤其由中信局所墊付之費用，蓋該廠現已決定出售民營，此一民營代價為1959年底廠成立時之總成本，但因年餘未能售出，又滾入三百餘萬元之利息與費用，尤其據云該局所報之數字現在與過去不盡相同，故須加以檢查，目的在確定其所報之費用數字是否核實，以作為本分署補助其差額之張本，為求迅速起見，由余與李慶塏君及美援會之徐正渭君共同工作三天，期能於週末完成。

5 月 25 日   星期四   雨

職務

上午與李慶塏君及美援會徐正渭君討論查核中央信託局代為籌備之彩色印刷工廠之進行步驟,並與該工廠籌備委員會已經解職之原負責之會計主任沈君洽談有關事項,決定如下:(1)因沈君表示自該廠決定交承購之大股東中華開發信託公司接辦後,即已將該廠之帳目傳票送交該公司查核,俾確定所謂以 1959 年底之負債數為出售價格之內容是否合理,故須先將帳據調回審核;(2)此次審核重點為確定 1959 年底之負債實際總數,尤其中央信託局墊款部分之實數,以便依約將投資人交來之六百萬還債底款決定應歸還該局若干,餘數應歸還 ICA 若干,另一重點為審核 1959 年以後直至新公司成立為止之各項費用,此為照協議應由 ICA 支付者,故此次查帳應以此為重。下午三人同到貴陽街中央信託局禮堂開始查帳,由沈君提供保管期間之新帳,自去年六月十六日開始記載,至今年五月十九日始全部支完,並結算帳目,因今日無其他帳據可看,即就此一階段加以檢討,由李君作表示十二月底、四月底與五月十日之試算表,但因人手不齊,其中帳目調整多端,故不能不加注意云。此項工作因金額只十餘萬元,不致有何問題云。

意外

晨起灑掃廚房,見有昨日爐餘大煤球未放垃圾箱,乃用雙手捧起欲加放置,行走間為地下發滑之水泥地滑倒,幸只右肘表皮略損,他無所損也。

5月26日　星期五

職務

全日續到中央信託局查核該局代辦之彩色印刷公司帳目，共同工作者李慶塏、徐正渭二君，今日工作情形如下：（1）該項帳目曾有兩個日期之 Balance Sheet 送閱，一為本年四月三十日，二為 1959 年底，前者經與帳面餘額相核對，大體相符，後者則情形甚為複雜，余先用十二月底表列數與帳列餘額相核對，兩不相符，於是主辦之沈君取出一項十二月底之 Balance Sheet 作為審核之張本，經與帳面餘額核對大致相符，然後以此 Balance Sheet 與以後送美援會之同一時期之 Balance 相較，幾乎完全不同，後者如何得到，余謂必有一 working sheet，加以複按，否則既不由帳生，又不由另一調整作用之表生，豈非無中生有？斷無此理，沈君乃取出一項 working sheet，視之則徐正渭君代該局所編製者，徐君至現在始謂有此一表，但其調整項目與余現在所追求者又有不同，余所追求者為何以帳面餘額與表列發生差異，徐君則係以其去年查帳日八月十二日為準，將各科目增減得 1959 十二月數字，甚至庫存現金亦予以變更，實不可解，余為求得 1959 年第二個資料之差別，故不先由徐君者核對，蓋彼所採為八月十二日，此日期在余等此次查帳目的上殊無意義也，在處理過程中，余先將 12/31 兩項餘額均抄於一表，然後比較增減，另欄列出，以便求得原因，從而證明餘額無誤，俾進而據帳審查憑證，結果發現表有遺漏項目，補正始得相符，而解釋原因則又為明日事矣。

5 月 27 日　星期六　陰

職務

今日加班趕查中央信託局代為籌辦之彩色印刷公司帳目，凡工作九小時，由八時半至六時半，中飯休息一小時，今日進行工作及遭遇之情況如下：（1）昨日從事編製之 1959 年底帳面餘額與送本分署表列餘額之比較增減表，增減兩類相抵之總差額不能與表內雙方之總差額相符，除昨日所發現之一項漏列一科目外，又發現負債類有一誤打數字，經校正後始得相符；（2）上表之差額分析，一部分已將原因尋到，另一部分無法尋到，會計沈君亦無法說明理由，一同工作之徐正渭君謂無法相符，因送分署者係依照 1960 年 8 月 12 日之餘額倒退至先一年底，依據 work sheet 求出，並未調整帳目，此項處理之目的在倉促間製成一表以供買廠方面人員得一概念，囑余不必如此核對，余見其 1959 年 12 月底餘額若干即為八月十二日之餘額，知其完全為另一目的而脫離會計正常觀點之處理，故即不復核對，好在此即徐君本人之幕後作品，亦無法吹求到底矣；（3）開始就帳簿記載與李君分工合作審核其內容，李君注重費用，余則其他科目，已有數項看完，其中最大而又資料最不完備者為利息支出，其中有一階段傳票後無計息清單，不能知其何以得到，帳列數目約略複核，似嫌太大，囑再查詢該局經辦放款人員；（4）徐正渭君雖一同前來查帳，但因在美援會工作，立場不同，蓋彼去年來查帳時曾助其整理帳目，今日所查者即徐君之整理後報表與未整理之帳目，彼又不明言整理之原則，無枉費若干時間而無結果，睽徐君所以將其稽核工作延伸至會計工作，似係本於美援會其服務之第四處處長袁則留之授意，袁乃以前中信局人員，本身立場即有混淆也；（5）今日徐君又攜來美援會公文一件，依據中信局來函，其最後數字又有變更，又無致本分署公文，彼意此項最後數字應再作變更，余與李君認為此項範圍一再延展將影響工作完成時限，不予同意，余意應以查帳時帳面為準，設帳面以外又有新數，此乃蹈徐君前度之覆轍，絕不為之，於是徐君乃又督催主辦會計之沈君從速補作傳票調整帳面，以期余等之予以採取也。

5月28日　星期日

家事

　　紹中就讀之省立第一女中為籌建圖書館發動募捐，紹中云每班以二萬元為目標，該班以每生平均五百元為準，且將由級任導師分訪學生家長以期收效，今日上午紹中級任黎澤霖氏來訪，余見其捐冊已有四戶認捐，或千元，或二百元，余與德芳商洽，決定八百元，因紹寧在新店分部將認捐二百元也，黎氏在寓談紹中在校成績甚詳，極表好評，又談其本人在課餘所任中央日報與台省文獻會等工作情形甚詳，一時餘辭去。紹南同學楊小姐來託為其代具收據及租約以便其向服務之台灣銀行支取生息，當交行租收據 9,600 元及押租 3 萬元收據及租約簽蓋，並借去土地所有權狀呈驗，余囑須將押租收據之自行收取一節另對余具一收據云。

5 月 29 日　星期一　晴

職務

　　與共同工作之李君商洽工作繼續方式，緣所查之中信局代營彩色印刷公司籌設帳目至前日為止，尚未能有何具體結論，無論是否深入，應作一度之檢討，並與本組主管 W. B. Millman 有所說明與請示，於是乃將此事現狀向 Millman 報告，彼對於以下各節以為甚堪注意：（1）一九五九年底之帳面結餘與美援會送來之表互不相符，雖余告以大部分已知其原因為將 1960 年底之支出提前列入以便向投資人提供實際投資情況，但彼認為仍堪重視；（2）李君正在查核中之薪工，內容複雜萬狀，如須求其全貌，非一、二日內所能竣事，其中有數年不支待遇，忽支二年，且只作為應付款，尚未付給現款，類此皆為不合常情不甚可解之事。以上 Millman 不作決定，乃又皆余等同往會計長 H. F. Shamburger 處報告，彼意 1959 年底為廠之建成日期，帳務情形極關重要，須澈底核明，雖經 Millman 轉述投資人代表已另行進行查帳，然 Shamburger 之意認為不問投資人之為如何，本分署應採獨立觀點予以查明云。今日繼續工作，余之工作為分析各科目帳目之內容，以便據以調整 Balance Sheet 之應有數字，本日注意力集中於利息與中信局手續費二科目，前者本以一期帳面摘要所載情形加以分析，並會同該帳之主辦會計沈遜斯君加以複核，對於其中包括四個月之利息二十五萬餘元，認為數目可疑，今日沈君到中信局主辦方面查詢，歸謂其中一筆七萬元左右者已查出為該期間之定期放款利息，且有細數，另有十九萬元則因該局人事變遷，有關帳簿無法找到，不能解釋，似此如再無資料，即須剔除矣，後者則因中央信託局對於採購手續費已經算過且均列帳，現在忽又來函索取百分之一手續費二十餘萬元，且由信託處出面，至購料處方面則亦列有一筆比前為大之數字，而不開列其詳細算法，亦覺無以自解，如此帳目，傳票後附件缺乏或解釋不清者比比皆是，實為查帳最浪費時間之原因也。明日假期本擬加班續辦，後因係美國假期，加班亦將不能支領報酬，乃決定作罷。

5月30日　星期二
閱讀

讀四月份 *Foreign Affairs*，J. K. Galbraith 作 A Positive Approach to Economic Aid，其中對過去美援成效不彰認為係未能掌握美援之重點，不應全在經濟本身，作者認為最要者為須四項因素並重：（1）消除文盲，（2）社會公平之建立，（3）公共行政之健全，（4）謀求發展之目的的確定，最後並認為須與受援國雙方釐訂較長久之計劃；無論作者是否有其他之作用，其所指多有值得注意之處。

娛樂

晚，偕德芳看電影「情海葬殘花」（Go Naked in the World）主演者Gina Lollobrigida，色彩絢爛，表演真切，為不可多得之作，出品者美高梅公司，故事亦哀豔動人。

5 月 31 日　星期三　晴

職務

　　續查中央信託局代管之中國彩色印刷公司帳目，今日進行事項如下：（1）對於發生疑問之帳項進一步求其了解，其中利息一項因中信局續抄來詳細資料，且將帳記內容詳加檢討，證明原懷疑有重複記載之利息費用一節並非事實；（2）在徐正渭君督導下之沈遜斯君已根據最後之資料將五月十五日之最後資產負債表製成，此表之數目將取以前之四月三十日者而代之，余因其已經告成，故不復表示不予採納，但告以必須補製傳票並補入帳內，以免再蹈帳表不符之故轍；（3）徐君根據最後之資料，用 work sheet 方式亦製成 5 月 15 日之表，且與沈君者相同，交余參考，余見其作法仍係以其去年查帳日之八月十二日為根據，將其倒退計算之前一年底之餘額再度加以調整，於是成為一項第三度的餘額，余告以余不能採此方法，故必須以十二月底之帳面為根據加以 adjust，而後得一調整後之 1959 十二月底表，彼聞言深慮有何問題發生，而一再聲言結果應完全相同，余謂原則上如此，但未必完全一致，因余不願改變其帳面現金餘額如徐君之所為也云。

師友

　　同學汪茂慶君前日病逝，今日馬兆奎同學來約集下午商量同班之如何協助治喪事，余因難離開，電話通知馬兄請假，並請代為參加可能之協助云。晚到極樂殯儀館弔汪茂慶兄之喪並參加治喪委員會議，開會時遺孤六、七人由靈帷外出叩謝，念其來日方長，令人太息。

6月1日　星期四

職務

　　繼續到中央信託局查核彩色印刷公司帳，今日將美援部分帳目加以粗略分析，發覺該帳之支出皆為 1959年底以前事，但在美援會表報中則有兩筆移至 1960年以後，此在當時關係甚微，或因美援內有何特殊規定之關係，徐正渭君通知其如此做帳，因今日徐君與該帳主管人之沈遜斯君皆不在場，故未能證實，姑先假定此項美援數目不必有何調整，完全應歸之建廠之內，故作為一項可以照樣使用之數目，至於內容則亦不加查考，其原因為在過程上該帳已由 CUSA/Mission 查過，無何問題，不必再行重複查核也，況該項餘額比帳面亦多不相同，但其表示之總支出與美援會帳上相同，故大前提不致有誤，時間亦不許可再查，只好以之作為基礎矣，今日將此項查過，即開始依據數日來所得之資料，就 1959年底與 1961 五月半之帳面餘額應如何調整，先作若干分錄，以便製 working sheet 焉。

師友

　　下午到二女中訪王德垕君，託致送為紹中補習功課之任、魏二先生束脩各一千元，余首先聲明此數完全因王君不肯明白代為決定，故作此假定，但仍先與王君商量，如此數不適，應加調整，王君云此數甚合，但又云照補習班規則為每小時二百元，一般則一百至一百五十元，余照此推算則任先生為數尚可，魏先生則尚須加多，乃請其作為第一次致送，俟功課結束再行補送同數云。

6月2日　星期五　晴

職務

繼續查核中信局彩色印刷公司建築廠房帳，今日工作為賡續作調整 1959 年底與最後結束期 1961 年五月半止之餘額，作成 adjusting entries，其中有關利息之 entry 十分複雜，蓋已付利息之日期與中信局所計應付利息之期間未必完全銜接，而已付部分作為基本再加計截至 1959 年底之應付數而成為該年底之利息數，更將 1960 一月至 1961 五月半之應計利息數，作為此一期間之應付數加以分錄，同時將帳內已記之超出 1959 年底數加以沖回，而利息又分透支與定期二種，亦須分清，故作成此項 entries 時，費時獨多，且感覺思考力不足以處處顧到，因為精神吃力，一種極重之疲勞與厭煩隨之而來，為期早日告成，本擬今日有加班之舉，但一因李君不感興趣，二因余亦有不支之感，故未作申請焉。自本月起辦公時間改為上午七時半至十二時，下午一時至四時半，且同日起實行日光節約時間，故無異於提早上午辦公時間一小時半，且中午由一小時半改為一小時之休息時間，午睡不易做到，且下午下班太早，無所事事，凡此於公於私均一無是處也。

瑣記

本分署之俱樂部今日公共配售汽水每人一箱，連瓶百元，退瓶四十元，但後又通告其中頗多走汽者，希望購者多加斟酌，分明為不肯負責之表示，余本已付款，故又原數取回。

6月3日　星期六　晴
瑣記

本日休假，在寓幫助料理家事，如掃地及打 DDT 等。下午，到女師附小為紹彭買學生月票，緣紹彭因須赴康謳先生家學習鋼琴，用車票較多，故須為暑假中購存之計，蓋女師附小之公共汽車管理處售票人員只須告以買票號數，即可發售新票也，買妥後適遇落雨，故留該校圖書室內讀雜誌報紙，俟雨稍歇，即行回寓，路過南門市場買雞蛋、鹹蛋等。晚，同德芳到博愛路為諸兒女買毛巾被及自用汗衫等，由於比較價格，發覺建新公司雖名為憑優待證九五折實收，然比之國防部福利社仍然稍貴，而遠東汗衫為九折，取價即不高於該社矣。

6月4日　星期日　晴
集會

自由中國為參加美國長堤及美爾密二地與英國倫敦之世界選美大會，最近由大華晚報發起選出共三名之中國小姐前往參加，赴英者為山東榮城籍之僑居南韓留台就讀藝術學校之李秀英小姐，今日上午九時半在中正路悅賓樓舉行慶祝大會，由山東同鄉會主辦，分函山東民意代表與知名之士前往參加，余亦前往，到會有數百人，極一時之盛，李小姐由其教師申學庸夫婦伴同前來，開會時首由同鄉會理事長秦紹文主席致詞，依次為監事長裴鳴宇致詞，然後李秀英致詞，均尚得體，然後有立委與國大代表等將近十人演說，均無甚可取，或且語無倫次，不為眾所歡迎者，在此期間圍觀者與要求簽名攝影者太多，秩序不佳，十一時散。

6月5日　星期一
職務

　　續到中央信託局查彩色印刷公司帳，今日已達整理階段，余著手編製 1959 年十二月卅一日之資產負債表，並先將格式釐定，製一 work sheet，首四欄列 Aid-fund in U. S. Dollar、Aid-fund in NT Dollar、CTC（China Central Trust）fund in NT Dollar、NT$ Total，皆用 book balance，次四欄列 Adjusting Entries for Account 及 for Auditor's Recommendations 各二欄，分列 Aid-financial NT$ 及 CTC-financial NT$ 之調整數目，今日主要工作即為調整欄數目之填列，蓋 Adjusting entries 雖已用分錄方式製就，然填入後加減殊當慎重，且因有四欄之多，首次將 CTC-financial 一欄完全誤入 Aid-financial 一欄，擦去重寫，煞費周章，至晚尚未完成。在整理一九五九年底與本年四月底後延至五月中之資料時，一面須顧到一九五九年時之實際狀況之表現，以便向投資人確定其代價，一面又須顧本年五月十五日之餘額，此餘額只須憑帳面所結加以審核修正，且須無形中與五月十五日自然之餘額有相互銜接且無脫節之虞，故為首尾相顧而費去若干免於顧此失彼之心思，數日來無不如此，今日再行尋思，亦殊不必比如此自苦，蓋 1959 年底之餘額只須合理即可，其與一年半以後之五月半銜接與否，並無多大關係，而兩期之餘額只須能表示當時狀況即可以達成其任務，固不必絲絲入扣也。

家事

晚率紹彭就薛大夫拔牙。

6月6日　星期二

職務

上午繼續到中央信託局查核彩色印刷公司帳目，今日工作為就一九六一年五月所結之試算表與其續登之帳目核對，並進而就此項補登之帳項之內容加以審核，並加以記載，至此審核工作已可告一段落，所餘只為整理製表工作，而不需隨時翻閱帳簿傳票矣。下午從事於本年五月之資產負債表之編製，首先為準備帳項之調整，余在調整一九五九年底餘額時所製之 Adjusting entries，本同時製有年底後應即記入之沖銷分錄，至此再逐一加以核閱，乃知幾乎全部無用，因本年五月之表乃該局根據其早已登記之帳項記載編製而成，一九五九年底之餘額調整事項根本不用結餘次期，則相反分錄根本不必需也，於是乃重新以該局之表為基礎，遇有不合事實者即加以科目調整之分錄，其情形正與 1959 年底之所製整理分錄無何區別，然因事實上未能預見及此，中間若干時間只好白費矣。今日在填製 1959 年底之 working sheet 過程中，有二欄始終不能平衡，經再三核計，終不能知其原因，最後詳加審閱，始見有一數字 799,775.60 者，誤填為 779,775.60，數次未能發覺，猶該局前次交來之表作 799,755.60 未發現者同為前後易於顛倒之重疊數字，此為最易發生錯誤之所在也。

交際

晚，本組同人宴請副會計長 A. W. Tunnell 夫婦回
國，並同時請會計長 H. F. Shamburger 及稽核組長 W. B.
Millman、會計組長 H. Nolan，計三席，部分同人未參加。

6月7日　星期三　晴

職務

　　繼續整理有關中央信託局籌備彩色印刷廠之帳目資
料，今日主要工作為編製 1959 年底之資產負債表，已
經完成主要部分，此即 1959 年底之 Book balance，記分
美援美金欄、美援台幣欄、中信局籌墊款欄，並台幣合
計欄，以次為 Adjusting entries，亦分四欄，一為美援帳
目整理欄，二為中信局帳目整理欄，三為美援支用剔除
數，四為中信局支用剔除數，此兩個剔除數欄，因尚未
作成分錄，故未置入，再次為調轉帳目後之新餘額，亦
分四欄，一為美金數，並無調整，只照數轉列而已，二
為台幣援款數，根據原有數加減調整數列入，三為中信
局墊款數，亦根據原有數加減調整數列入，四為台幣合
計數，以上各數除剔除數而外，皆已在表內表示，徐正
渭君為美援會同時準備此項資料，今日取去核對，彼所
列據云尚未軋平云；繼即編輯本年五月底之資產負債
表，由於調整項目不多，故費時不及前表十分之一即
行完成，其內容與 1959 年底者大體相似，只數目有異
耳。今日製此二表，計算合計數有二欄頗費周章，因抄
錄數字略有錯誤，良久始核出，緣是在續製本年五月底
之表時，特別審慎，未使有誤，用算盤時亦特加注意，

故能十分順利，一遍即成。

娛樂

晚同德芳到國都戲院看 Gary Cooper 與 Burt Lancaster
合演之龍虎干戈，此片為聯美公司出品，情節甚緊張，
惟故事來龍去脈不能完全了解。

6月8日　星期四　晴

職務

續製中信局代理之中國彩色印刷公司帳目有關
之 working papers，今日所處理者為其中之 Disallowed
items，首先將應剔除之帳項製為 adjusting entries，其根
據有二，一為余所查出者，其一為信託處算收之 Supply
contract 手續費，此為在購料處以外之費用，在其他計
劃內未見有此，以電話問之美援會始知為受美援會委託
辦理，由美援會支付之，並無向 recipient 收取之理由，
其二為該局會計處臨時墊款之利息，在情理上近於錙銖
必較，且由美援彌補保管時期費用，亦不應如此加重負
擔，其三為稅捐，雖內容無可挑剔，然在將由美援彌
補之一段內，相對基金不能付稅，故須剔除，第二部
分根據為李慶墰君所核，計有薪津與交際費二項，如
數列入剔除，此皆為五月底之表報內事，至 1959 年底
之 working sheet 則因為徐君借去，不能查填，故尚未照
製，但其中所有之項目皆須同樣在本年五月底之調整分
錄內記入，蓋現在之整理帳項只能以全部之兩期餘額為
準，後期之餘額固無形中包括前者在內，故凡在前如調
整者亦必須同樣在後期中作調整也，此理甚簡，然不經

細思，易於分成兩撅，無意中在後期少剔，而表報即發生錯誤也。

師友

　　蓬萊新村金理福神父後日回美國度假，數日前曾著人來索紹南在華盛頓之地址，今晚特與德芳前往訪問，並贈台灣風景明信片三十張，據稱先到舊金山，約須八月始能赴紐約、華盛頓云。

6月9日　星期五　晴

職務

　　昨日編製 1959 與 1961 五月之彩色印刷公司籌備委員會 working sheet 已將 1961 年五月者完成，1959 者因徐正渭君將余未完成之表借去，故不能續製，今日送還，即開始填製並完成之，自此二表完成，以下二種資料即已顯現：（1）兩年之帳面 balance 經過會計整理後之 balance，（2）上項 balance 再行減去剔除款後之 balance，此最後之 balance 乃此次查帳報告之初步亦即最重要之結果也。

　　依據上兩 working sheet 再加排列編成 Comparative Statement of Assets and Liabilities of China Color Printing Inc. as of December 31, 1959 and May 31, 1961（After Adjustment），此為此次查帳之主要附表，其中共有九欄，前四欄為 1959 年底之美金、美援台幣、中信局台幣及台幣總計，末一欄為此二期間之增加數，由前兩欄台幣合計相比而得，由於僅中信局台幣一欄有此變動，故總增加亦即中信局台幣之增加也，此表完成後，則

1959 年底欄表示此廠之售價，二年相比增加數表示美
援依協議應予補助之數也。

交際

　　本分署會計長 H. F. Shamburger 晚在其寓所舉行
Bon Air Party 為副會計長 A. W. Tunnell 夫婦送行回美度
假，本稽核組人員全體應邀，在庭園舉行，飲料食品均
佳，八時辭出。

6月10日　星期六　晴

閱讀

　　讀五月份 *Reader's Digest*，Blake Clark 作 Words Can
Work Wonders for You，依據一項統計說明凡文字運用
能力較強者，無論在學校之造就以及社會事業之成就均
較為宏大，然此亦並非指文字可以強記，強記最後難免
忘卻，亦屬無益，作者結論曰："What word study can
do is to open the door to a world of new ideas, stir up that
inborn urge to learn. Napoleon said that we were men with
words." 其中舉例文字余多不能指出其正確答案，獨有
"subversive" 一字應解為 "over turning"，在 1000 答案中
只 64 人得中，余亦得中，可見認識文字之幅度人人不
同，其中有若干 probability 之因素也。

6月11日　星期日　晴

師友

　　晚，王德垕君夫婦來訪，談前次余送往託其轉致紹
中補習教師任與魏兩先生酬金各一千元，魏先生照收，

任先生則堅不肯收，乃將原款及任先生所附之函一併退
來云。

閱讀

讀 *Foreign Affairs* 第一篇（四月份）Philip E. Mosely 作
Soviet Myths and Realities，分析赫魯雪夫主政後之半開
明政策並非政權本質有何變遷，甚為精要，結論三點，
一曰未來十年為西方世界日益難於應付之強敵，二曰修
正主義不等於暴政之死亡，反之且隨時可以復活，三曰
生活水準改善，民智提高難免有思想自由傾向，但大前
提絕不有變云。

6 月 12 日　星期一　晴

職務

對於 China Color Printing Inc. 籌備會之查帳報告余
今日繼續撰寫完竣，包括 Findings 之二、三兩段，第二
段為 Financial Statement and its Preparation 首先說明該會
所提供之 December 31, 1959 及 May 31, 1961 兩個日期
的 Balance Sheet 的特點在前者不完全為該日的餘額，
故有若干屬於該日以前的開支而在該日以後支帳者，須
調整使其歸於所屬期間，反之亦然，後者則本來只計至
四月三十日，但在查帳時即有五月間之費用亦補行列帳
者，而最後餘額則為五月三十一日，內容大致以五月
十五日為準，次述利息內美援部分計至 1959 年底，以
免虛列此日以後仍須改為 Grant 之數，由是而引述所作
之兩時期比較資產負債表，並以極扼要之方法就表內所
列者，指出此一工廠之總投資額，新投資人應出之購廠

價格，美援應負擔之自一九五九十二月底至現在為止之
增加費用數額，與應歸還中信局墊款數額等，第三段為
Non-acceptable Items，將剔除數加以說明，並將人事費
與交際費之詳細剔除內容作為 Attachment，此報告之最
後結束一段為 Conclusion，寫明投資人與本分署各應負
擔之數額，至此告一段落。

交際

上午，到永康街李鴻漢兄家為其太夫人簽名祝壽，
事先並送花籃一件，至壽堂行禮後即辭出，李兄印有壽
序並贈糖果。

6月13日　星期二　晴

職務

上午，美援會徐正渭君來將余所擬之彩色印刷公司
查帳報告原稿取去，並談報告內之主要會計報表之表現
方式問題，徐君認為余所編製之表所採各科目餘額，係
逕用余將其帳面餘額調整後以及減除調整各剔除數後
之餘額，不易使第三者了解，此言誠是，余本亦有此感
想，故在報告文字末加一段 Remarks，謂各科目餘額以
及調整之經過資料均在本會計處 working file 內，今徐君
再提此點，余乃決定設法補救，其方式本可在固有之表
內再加數欄，由原餘額而調整而新餘額，但如此勢將對
已有九欄之表加至十欄，殊屬太長，不得已乃加以改
善，用補充表方式對於主要表作為註腳，由於美援部分
無剔除款，故只就中信局墊款部分加以編列，第一欄為
帳目經過將純會計事項調整後之餘額，第二欄為調整

剔除各數，第三欄為調整後之餘額，亦即主要表內所採用之餘額，此三欄為一組，對於 1959 年底之餘額加以解釋，其後另有三欄對於 1961 年五月底之餘額加以解釋，至於美援部分則只將總數在表末加列，得一總數與主要表相對照，此表為一附屬表，名之曰：Schedule Showing Changes of Account Balances Resulting from the Adjustment of Non-acceptable Items for China Color Printing Inc.。

交際

下午，本會計處副會計長 A. W. Tunnell 回國度假，參加各同仁到飛機場送行。

6月14日　星期三　晴

職務

日昨由美援會徐正渭君取去余所撰擬之中信局所代理之彩色印刷公司籌備會查帳報告，徐君今日送回，提出意見如下：（1）余在報告內所提供之該公司1959年底與本年五月底兩 Balance Sheet 係將應調整之會計事項與剔除事項一併調整後所得餘額為內容，彼意如不將剔除前之餘額亦有所表示，似為缺陷，且表示此項餘額之重要性比剔除後者為大，余對其所言前半有同感，後半則完全異議，因徐君反對此等剔除事項，余等既主張有此等剔除，設不按剔除後數為決定各方數字之根據，則此項剔除豈非無的放矢？徐君又認為設將來中信局對此等剔除事項有討價還價時，則餘額又將調整矣，殊不知果有此等事實，則任何方式之表均不能免於再度調整

之煩也；（2）徐君認為美援將負擔之費用不照五月十
日數，即須照五月底數，彼主張應照五月底數，則勢須
將五月下半月已付之數追認，全部表列數字均須改動，
余告以不便再改，況中信局利息亦係算至十五日，此為
唯一可採取之接近事實之日期也；（3）徐君對剔除事
項轉述美援會第四處長袁則留意見，認為不能全為中信
局所接受，將來難免於折衷之後果，余告以此是以後主
管方面事，余等只提供事實也云，以上各項余將可採者
加入報告，並作最後審定後於下午交卷。

6月15日　星期四　晴

職務

今日本應開始查美援會前駐美技術代表團之 Follow-
up，且已開始審閱文件，忽因臨時工作而改變計劃，
緣本分署署長 Haraldson 最近出差蘇澳，見有退除役計
劃下進口之 Tractors 不在田內耕作，而到處亂跑，乃囑
就此一計劃作一次 end-use check，余即開始閱覽資料，
大致此一計劃為退除役官兵計劃已近尾聲時之 1959 的
計劃。余將當時之 PPA 調出，見內容甚為簡單，又由
Program Office 所開資料得知此項進口之 Tractors 本為
400 部，但實際為二百部不足，然如何分配情形尚不知
之也；基此情形今日從事準備工作如下：（1）因此案
與農業有關，外籍人員主邀農復會參加，結果一周君前
來接洽，彼初不知何事，迨知與該會實無關係，亦只好
仍作同去之打算，余囑其在該會向技術人員洽詢機耕有
關之問題，以作參考；（2）余原欲乘火車先往宜蘭，

但劉允中主任認為以派車同往為便,乃寫申請送總務處,據答車已派定太多,實無車可派,但又云如因急迫而向其處長 Prosser 接洽,亦可酌派,余報告劉君轉達本稽核組主任 Millman,彼允明日用電話洽詢之;(3)查卷藉以明瞭用款情形,知美金採購已結帳,而台幣部分則不能完全明白,有待續詢;(4)通知退除役官兵輔導會物資組王君實組長請將該項進口之 tractors 分配於各農場情形開列資料,見告以備查閱云。

6 月 16 日　星期五　晴
職務

半月來所查彩色印刷公司帳,報告書稿前日交劉允中主任,今日已經打清 second draft,余於今日最後校正,再度交卷,在校正時發現甚多錯誤,大致皆非原稿繕寫不清,而係打字員粗心及打後不校之所致。此案最成問題者為剔除款,其中薪俸占大半,凡六十萬左右,上午余外出歸聞李君告余云,該印刷公司籌備會執行秘書陳亦今日曾來訪會計長 Shamburger 有所聲明及希望,輾轉透過 Millman 及劉允中主任與李君洽談,李君曾聲明嚴正立場云。準備下星期一開始之榮民耕耘機調查工作,今日進行事項如下:(1)昨日申請派車,派車處云無車可派,但亦可通知總務長加派,今日乃由 Millman 電話 Posser 照派,並與司機約定星期一九時出發;(2)Millman 告劉允中主任,Fraleigh 對此一計劃頗有資料,希望能與其一談,但詢悉 Fraleigh 出差,經過商討,決定候其星期一晨談過後再行出發;(3)農

復會周君電話商量何時出發，因上述原因，不能完全確
定時間，乃約定星期一上午在農復會見面；（4）到退
除役官兵輔導會蒐集有關耕耘機計劃之有關資料，先在
會計處核閱有關文卷，然後到物資室與王君實主任接
洽，即取來昨日電話託其編製之耕耘機分配表，由該會
資料中已初步發現此項耕耘機之用途已經一部分未按
PPA 規定辦理，因該會人員不加注意，致視為無足重
輕云。

6月17日　星期六　晴
端午

今日為舊曆蒲節，適週末不必到公，在寓靜度，中
午由德芳備酒肴聚飲，例無外客，紹中、紹因、紹彭均
在家，角黍亦德芳手製，分鹹肉與豆沙二種，煮熟需時
近十小時，溫度近日在九十八度以上，溽暑為此，殊不
易易也，角黍製好後昨日德芳並到姑母家送贈一部分，
又紹南之同學楊秀卿小姐來取去數隻，並贈來啤酒四
瓶、肉鬆四瓶，余則在門外店內買汽水半打，德芳又由
比鄰之在公賣局工作之姚冠午太太處買來啤酒四瓶，如
此飲食諸品，俱已齊備，雖大陸光復無期，南北災情荐
臻，而苦中作樂，殊不能免俗也，思之黯然。

6月18日　星期日　晴
娛樂

上午同德芳到空軍新生社看小大鵬公演平劇，第一
齣為天水關，此為余在童年曾看過之戲，現在重看，幾

乎故事已忘去大半，第二齣為金山寺，由古愛蓮主演，
載歌載舞，最後且全武帶打，極為精彩。

閱讀

讀五月份讀者文摘，在 Quotable Quotes 欄見有名句，
錄以備閱：（1）Samuel Butler: "Life is like playing violin solo
in public and learning the instrument as one goes on." （2）"One
of the best ways to persuade others is with your ears by listening
to them." （3）"The trouble with today's individualists is that
they are getting harder and harder to tell apart."

6 月 19 日   星期一   晴

職務

上午，到辦公室見原有木隔板壁已經打通，但原有
之大房間又畫去一部分成為較小之房間，其原因為最近
又將有兩個美籍人員到達辦公，彼等一律坐小房間並靠
窗而坐，同時原占用本室一角之出納員則移至樓下大
門邊，於是固有辦公室之桌椅凌亂不堪，今晨第一件事
即為安排座位，由於輾轉騰挪，舊室四人移至距窗較遠
處，余之桌亦然，在遷移之時頗聞若干地盤得失喜怒
之聲，深為好笑也。到樓下訪 Area Operations Officer
Fraleigh，謂本組 Millman 意詢其有無對於榮民耕耘機
計劃之意見，彼云正在訓練使用，彼不斷往見之，但無
何文卷資料，詢其對於辦理貨運意見，彼云此為可以賺
錢之事，何樂不為，此點實出意外，蓋本會計處此時所
查者即此項 diversion 也。下午，於到達羅東後即同農
復會偕來之周君訪迤西十餘公里之三星宜蘭大同合作農

場，與賴場長與二位組長晤談機耕問題，所獲情形如
下：（1）該場共分十二台，分配於十二個小組使用，
係自己申請者，今年到達時尚不及在第一期耕作參加犁
土工作，故使用經驗甚缺乏，有時稍稍從事運輸工作；
（2）原每小組耕作，其八甲之田需用耕牛六隻左右，
此機可全代云。

旅行

　　上午九時半由台北出發赴羅東，乘自備車行山路，
此為初行此一公路，十二時半到羅東，住遠東旅社。

6月20日　星期二

職務

　　上午，到宜蘭大同合作農場由唐組長偕同到其小組
視察有關耕耘機使用情形，首先到三十四小組，此小組
之組長已五十歲，而精神充沛，豁達樂觀，房屋建設，
育樂設備，應有盡有，據云全組二十人，水田八甲，今
年可收穀約六萬斤，值十五、六萬元，另外雜作及養豬
亦可收十四、五萬元，全年共收三十萬元，除去成本，
淨餘二十萬元，幾乎除食物外無負擔，故多有積蓄，此
情形與三年前在南部所見者似已改觀，此小組之耕機已
出發運貨，乃至三十小組，此組之看法不同，認為須充
分保養機器以供農用。下午，視察農墾服務所之宜蘭機
耕站，由技術員蔡君陪同，其站在三星，但耕耘機則皆
在蘇澳，在三星時蔡君詳細說明其經營方針，大致為在
農閒時用於運送漁產及米於南方澳、蘇澳乃至宜蘭、羅
東之間，農忙時則訂約代耕，此代耕業務每年不過二個

月，因工時長，收入較佳，目前正在開始訂約中云，又
至蘇澳視察其耕機情形，其時有六台未出動者排列路
邊，旋又回二台，餘到南方澳亦未見蹤影，亦說不同所
在，只謂分散各處云，其保養情形甚佳。

游覽

下午就便游覽南方澳及南埤漁港，形勢天成，時歸
舟絡繹，一片熙攘，又游蘇澳冷泉，如濟南金線泉。

娛樂

同農復會周君看電影，Bing Crosby 之 High Time
（歡樂時光），寫人生五十無異青年，用意深遠，佳片
也；又昨日看日本片「君在何處」，文藝片，亦有致。

6 月 21 日　星期三　晴

參觀

上午，同農復會周君到宜蘭縣黨部訪民眾服務處主
任兼民生主義實踐農村輔導委員會總幹事趙君，因聞該
項實踐輔導工作為全省中之首倡者，希望能擇一前往參
觀，趙君即首先解說其此項工作之意義，於十時出發赴
礁溪參觀該地之農復會所輔導之玉石村實踐工作，到時
先看其托兒所及改良廚房與會議室內，各種設施，均極
有意義，然後至附近村農家看其房舍改善期符衛生條件
之實況，包括畜舍與廁所之隔離，廚房及盥洗設備之改
良，新法堆肥之特點等，均使人獲良好印象，據云該縣
實施此項工作係自四十四年開始，先後擴充十四個村，
後由農復會輔助七個村，然此二者只占全部村之十分之
一，故此項工作尚須加強也，趙君又述其抱負，謂所希

望者為喚起農民互助合作，於衣食住行育樂各方面皆有
所發展，而在鼓勵其自發精神一點，尤三致意，蓋因官
治下之地方事業鮮有持久者，只有地方事地方做始能生
根也，此語極是，十二時在兒童高呼送別聲中辭去。

旅行

　　上午九時半由羅東乘自備車動身北返，十時到宜
蘭，至監獄售品處買器具，至白雲莊買蜜餞，然後到玉
石村參觀建設事業，十二時用餐後在樂園旅社洗溫泉，
二時半續行回台北，於下午四時三刻到達。計自羅東至
宜蘭十公里，宜蘭至礁溪八公里，礁溪至台北七十三公
里，其間經過倒吊子、坪林、小格頭、大崎腳、銀河
洞，由此為一級路面。

6月22日　星期四

職務

　　上午到台灣榮民農墾服務所查詢該所機耕業務之一
般情形，以與前數日在宜蘭機耕站所得資料相印證，同
時向該所查詢美援 191 部耕耘機到達與分配之時期，由
談話中得悉目前業務似非完全用於代運，因二期稻作已
陸續在一期收割聲中準備開始，該所正擬用巡迴方式本
季訂約五、六百甲從事代耕云。下午會計長 Shamburger
來查詢本案查核情形，據云此次查帳重點在明瞭此等耕
耘機之用款來源與使用者是否為榮民，如用款者完全為
榮民，其運用機器之方式則不必過於注意云。本組主任
W. B. Millman 正核閱余與李慶塏君所作之 China Color
Printing Inc. 之查帳報告稿，先是，李君語余，Millman

數日來余公出期間曾向彼詢問其中若干 Adjustment 之內容，因無滿意解釋，乃存備余之回署，今日乃一同加以研究，Millman 初對於報告文內所列之各項加減項目不能了解，謂所作之表既云為 Adjustment 以後者，何以又須 adjust，余乃解釋此項 adjust 乃對於報表之一種解釋，並非帳之內容尚須調整也，反之此項解釋正係對於已經調整發生之臨時事項加以說明，不能用其他方法加以代替也，經說明後彼始釋然，而李君已喪失自信，亦認為可以簡化者，至此亦不復主張矣。

師友

　　李德修、原都民、楊秀卿等先後來訪。

6 月 23 日　星期五　晴

職務

　　所查之 Power Tiller 使用情形，因日昨會計長 H. F. Shamburger 表示只須注意其是否榮民使用，且亦毋庸於宜蘭以外再事至各地續查，故今日即著手撰寫查帳報告，由於內容單純，且無計算問題，故一日而成。此報告之 Findings 共分三段，第一段為 Program and Purpose，述 1959 年度 RETSER Agriculture Development 內設立此項 Power Tiller Sub-project 之用意及原議購買耕耘機四百台，訓練榮民四百人駕駛並十人學習修護，當時在 PPA 內並說明撥款額為美金十二萬元與台幣一百萬元，第二段為 Procurement and Arrival，說明此項購買係由中央信託局招標在日本買進，為久保田牌，購買合約於去年十月一日簽字，十二月間分二批裝船到基

隆卸岸，榮民農墾服務所於二、三月間分次提運並辦公
證，並於三月間計劃分配，購買結帳依本會計處之數字
為十一萬數千餘元，PIO/C 已經終結；第三段較長，
寫 Distribution and Usage，由此項 191 台耕耘機分配於
各合作農場及各農墾及其他榮民單位起，以至目前多數
用於運輸，最近宜蘭屆臨收割季節，始決定集中全力於
合作農場之自耕自運，及各機耕站之代耕運動，最後結
論認為此項耕機既皆由榮民所有所享，大致上似無甚問
題，惟尚有三十八部未裝妥使用，已促其早日裝用云。

6 月 24 日　星期六
瑣記
　　今日休假，上午到台北區合會儲蓄公司接洽存款，
原有二十日左右到期之存款數筆經合併成為一筆，定期
一年，利率仍為照舊，自二十一日起雖各銀行合作社已
經降低利率，合會最早須下月初實行，故此刻改換存
單，時機較為適宜也。窗外所種樹木原有杜鵑、桂花、
扁柏、棕櫚與紅仙丹、福祿桐等，杜鵑於三年前忽不開
花，繼即枯萎，福祿桐則因太過擁擠而砍去，紅仙丹數
年前開花極盛，歷年皆然，其為況較之新公園所植者高
出甚多，今年開花忽不佳，而數日來則全部之葉均已枯
萎，搖之亦不類根部動搖，但多半仍為蟲蝕也。

6 月 25 日　星期日　晴
交際
　　前數日同班同學馬兆奎來函謂同班同學擬於今日到

汪茂慶同學家為四七之祭，乃於今日上午前往，至則到者有馬兄與董成器、高應篤、朱曾賞、劉劍元、虞克裕等，又有張中寧兄與王慕曾兄等，已先辭去，併由董兄買祭品、紙箔等，祭畢因聞楊綿仲夫人於日前逝世，今日在極樂殯儀館治喪，乃同虞、董兩兄前往致祭，又到善導寺祭郝遇林兄之岳太夫人祭奠。

師友

下午，佟志伸兄來訪，渠亦係先參加楊綿仲夫人之喪，因談及不足三月楊氏夫婦相繼謝世，人事無常，不禁喟然者久之。

6月26日　星期一　晴

職務

今日辦理事務如下：（1）前日完成之 Special Investigation on End-use Status of Power Tillers 於今晨作最後之修正後交卷，因屬急件，故劉允中主任即日核閱並交打 second draft；（2）開始核閱美援會 China Technical Mission 之兩件查帳報告的 Follow-up 有關文件；（3）上週完成之 China Color Printing Inc. 查帳報告至今未有經 W. B. Millman 定稿，頃又交還，囑將李慶墫君所寫之 Non-acceptable items 再加強語氣，並分門別類，以免太過蕪雜與凌亂，因李君出差，乃交余代為處理，並認為凡認為需剔除者須斷然不存伸縮餘地云。

6月27日　星期二　晴

職務

　　今日重新整理最近所作之 China Color Printing Inc. 之查帳報告，原報告後附表之 Non-acceptable Items on Personnel Expenses，本係依李君所製之表原樣附入，經 W. B. Millman 核閱數度後，認為尚太蕪雜，主張加以分類，並對於所述理由應採堅定立場，免於討價還價，而李君本週出差，於是交余處理，余乃本此原則將原表加以分類，並將其中所持理由之有伸縮餘地者加以修改，以免開啟爭執之門云。又此項報告之本文亦經 Millman 加以修改，其中表示該廠 sold price 與本分署負責彌補數字之一段，將余原列各式加以簡化多多，不無可取也。

6月28日　星期三　晴

職務

　　開始補閱美援會 Chinese Technical Mission 1952-1956 經費 Follow-up Report 之有關資料，主要為該會有意抵作該 CTM 經費剩餘用途之 Peat, Marwick, Mitchell and Company 之查帳公費，尚未看完全卷。昨日所編之List of Non-acceptable Items on Personnel Expenses 今日經劉允中主任加以刪改後，即打成 second draft 再度交卷。關於本案剔除款情形，今日該 Color Printing Co. 籌備會會計沈遜斯君來談，美援會已行文中央信託局，該局已有答辯提出，其實正式報告尚未出門，此皆坐徐正渭君在查帳時就余等決定之資料已先報告其處長，其處

長原為中信局人乃前往有所接洽，於是乃有此早熟之現
象也。

6月29日　星期四　晴
職務

　　繼續進行 CTM Adm. Expenses 之 Follow-up audit，
今日之重點為該美援會截留未發之一萬元 CTM 經費之
報支問題，此一問題該會提出著落為支用於向香港延聘
會計師查帳公費，計占美金九千四百元，附有文卷及傳
票，由其中資料悉確曾在該會之美援帳內支用此數，但
此款並非屬於該會 Chinese Technical Mission 之用途，
不能決定應否核准，乃亦併入已經準備之 memo 一件，
連同 CTM 奉美援會令撥付各其他機關款應否核銷一
節，均寫明事實向 W. B. Millman 請示決策，然後始正
式寫作 Follow-up report 云。

6月30日　星期五　陣雨
職務

　　今日將有關 Council for United States Aid 之 Chinese
Technical Mission W. Washington 之查帳報告兩件，該會
要求豁免追繳各款之有關資料審核完竣，今日所閱者為
日昨最後送來之該會處長王元衡三年前赴美公幹前後
二百另一天之旅費，此案本為該會一般支出之性質，但
因 CTM 經費經該會扣留一部分自用，又不能指出為何
項用途，乃備函敘明為此項旅費及昨日所核由香港延聘
會計師之費用，因而有加以補核之必要，此項旅費中大

部分為日用費，小部分為舟車費、交際費，但舟車費只有在美國內地者，交際費又無單據，故其內容並不十分單純，且此兩款相加為一萬二千餘元，而該會捐留未發部分又不及此數，則其應以何項單據抵作此項報銷，亦不能完全肯定，故情形極為複雜，不能有所可否，於是將此情形亦寫入準備中之致本組 Chief W. B. Millman 之 Memorandum 內，請將原則作一決定，是否可以允准該會之請，俟此項問題有所決定後，則正式之 Follow-up Audit Report 可以著手草擬也。本月份工作原尚支配者有對於出國考察人員之費用的查帳，因中間程序變更，根本未能開始進行。

交際

國大代表袁兆銓君因敗血症病逝，今日上午在極樂殯儀館治喪，並舉行國民大會代表聯誼會公祭，余往致祭即返。

7月1日　星期六　陣雨
閱讀

讀六月份 *Reader's Digest*，其 Points to Ponder 一欄載有名句多則，其中有二則言簡而意深者，曰：（1）Alexander Woollcott: Many of us spend half our time wishing for things we could have if we didn't spend half our time wishing. 此言臨淵羨魚不若退而結網也。（2）Conversation is like a boat if everybody crowds on the same side, it sinks. It needs balance to keep afloat. Marjorie S. Pither in Woman's Life。此言意見之不必集中也，質言之，民主政治之基本即在此種不同意見之能獲得平衡上，然非在有素養之制度下，奈此一平衡點之不易獲致何！

7月2日　星期日　陣雨
閱讀

讀六月份 *Reader's Digest*，載一文曰："How to stand up under stress"，作者 Maxwell Maltz, M. D.，其小標題曰 "Within each one of us, there is a secret place where we can shed our troubles and renew ourselves." 作者謂在其手術室時往往能聚精會神工作，且必須能聚精會神工作，"To make certain I won't carry my personal worries into the operating room, I always clear my mental machinery by spending a few moments, beforehand, completely relaxed in my quiet room"，此理甚明，惜乎余之時思踐行而時時失敗也。

7月3日　星期一　陣雨
職務

以前所查之 China Color Printing Inc. 籌備委員會帳目，今日美援會徐正渭君來與余及李慶塏君談其處理經過及困難，渠持中央信託局來函對於本署準備剔除各項表示不能同意，徐君簽註須俟本署有意見提出時再行彙辦，但其第四處處長袁則留則批交其即行函轉分署，渠因本分署查帳報告尚未發出，感覺進退兩難，其實此事完全為徐君之作繭自縛也，設非彼在查帳尚未完畢，即將非正式之結果歸報袁君據以辦出正式之公文，何至有此種尷尬之局面？余與李君之意仍只有等待本組 Millman 之最後定稿，彼或不自作主，則須待下星期會計長 Shamburger 之假返也。

7月4日　星期二　晴
集會

下午到國民大會黨部舉行小組會議，討論事項有二，（1）中央交議對於現行黨章發表修正意見，首提不久舉行之九全大會，發言者有王平一，主張根本變更至今沿襲之民國十三年改組以來之共產黨淵源的組織原則，而改為歐美民主政黨之體制，以下未發言者則提書面意見交組長彙擬整個意見書；（2）立法委員唐嗣堯謾罵國大代表，且比擬於豬仔議員，有辱國體，請中央開除其黨籍；又由趙雪峯組長報告上月憲政研討會綜合會情形。

家事

到中央信託局取保險單。訪趙榮瑞君託買藥。

交際

到中央銀行為秘書處長毛松年賀其復業。

7月5日　星期三　晴
職務

去年十二月間所作之 RETSER Hospitalization 即 Audit Report No. A-1550 之 Follow-up Report 經過一再之各主管的 review，經過送 B. Fraleigh clear 又轉至退除役官兵輔導會研究，當派梁元鑄君補送單據審核，荏苒半年，猶積壓在本稽核組 Chief W. B. Millman 之文件中，最近華盛頓派來兩美籍 auditor，本為專查 Relief Supplies，現在 Millman 囑其清理積案，今日二人中之一 R. L. O'Brien 將上項初稿之 A-1550A 交余，詢有何補充資料，當將五月間梁君送核部分審核結果加入，將未核銷之總數降低，並將修正稿交劉允中主任轉 O'Brien。今日另一工作為校對印成之 Power Tillers 查帳報告，其中有一錯得過甚之字，惜已不及改正矣。

7月6日　星期四　晴
職務

上月所作之 China Color Printing Inc. 查帳報告至今尚在 W. B. Millman 核閱之中，今晨渠又約集有關人員如 Private Investment 部分之 Grande，本組之劉允中主任及余等交換意見，只對於余所剔除之中央信託局信

託處手續費一節再三詢問內容，余告以中信局購料處
已算收百分之一手續費，但信託處對於 Supply Contract
亦算收百分之一，余曾詢之美援會會計處，謂有關
Supply Contract 手續費係由美援會支付，故在此帳內予
以剔除云，Millman 仍將信將疑，但對於購料信託二處
雙管齊下，則甚不以為然，談竟彼等乃約余與劉君同到
美援會訪主管此案之第四處處長袁則留，首先即討論此
點，袁意此項手續費為該局通案應算收者，故主張照
付，余說明該會會計處何大忠兄對於此點之解釋，袁電
話詢何，何又不在，但另有該會沈君及本署劉允中主任
均力言此項 Supply Contract 之手續費係由 recipient 負
擔，余亦不再爭持，而 Millman 則認為中信局雙料收費
實太苛細，並進一步詢袁對於其他各項剔除款之意見，
彼認為關於薪俸部分之開支內容須待該局主事者之說
明，彼無意見，但對於余所剔除之該局會計處利息該
局不肯同意一節，認為該局之要求為正當的，至此，
Millman 謂該局在此案內所賺利息手續費及開支、薪
俸、辦公費等項無慮數百萬元，而在最後安全分署承允
彌補保管期間之差額後，猶錙銖必較，殊嫌過分，袁則
謂該局收取各費均有根據，該局已經列收應收帳款，無
法註銷，故主張予以承認，Millman 聞言之後，以半鄭
重半玩笑之態度謂君乃中央信託局之 Stockholder 乎？
又在談話間有時表示疾言厲色，乃謂中信局對美援事如
此刻薄，殊不直其所為也，談竟將余所擬之 Report draft
應袁之請留在該會討論，並向中信局接洽，其實袁已一
切皆知，不過如此表示而已。

師友

　　趙榮瑞君來電話謂託買之 Vitamin B Complex 及 Durabolin 已經買到，余即到外貿會取來。

7月7日　星期五　晴

職務

　　五月間所作 RETSER Construction Corps 之 A-1427A Follow-up Audit Report 已由美援會轉來退除役官兵就業輔導會之來函，報告執行情形，就文字看來似對其中之 Recommendations 均已執行，故劉允中主任交余審度情形，如可以稍一洽核即可加以close 者，不妨以一兩天之時間予以再度 Follow-up 而結束之。惟經余細加核閱，發覺其中問題仍多，最重要者為剔除款七十萬餘元，依照原報告之意旨為繳還 Appropriate Special Account，亦即繳還美援會，但該輔導會則繳入其所謂 RETSER Placement Fund，此一 Fund 乃 RETSER 所持有，由輔導會支配管理者，由其來函觀察，顯然有意纏夾，蓋以前該會人員曾就此點與余討論，彼查卷內之 Placement Fund 之來源有剔除款一項，但余再查 Fund 來源載在 PPA 之定本者則已刪除，足證不能作原來之解釋也，余將此點微妙問題向劉允中主任說明後，即決定暫時延緩再作計議，余意對輔導會方面之問題，美援會一向為照樣承轉，不加可否，不久此項工作將移由該會接辦，不妨將計就計，將此等棘手之問題送之該會，即以其人之道還諸其人之身也。以今日所餘時間開始核閱軍事工程局所經辦之五八年內數個計劃有關文卷，蓋

余本月份自下週起之工作為會同楊永元君查核軍方計
劃也。

7月8日　星期六　晴
瑣記

　　兩年前德芳由菜市買來白毛母雞一隻，尚未宰殺，
即見其生蛋一隻，乃豢養於後院，此雞見人來則俯地，
從無所畏，入夏蟑螂繁生，捉後供其食，歡騰不已，諸
兒女久之漸有愛惜心腸，故德芳每次欲加宰殺，輒遭阻
止，惟雞已老邁，無長久豢養之理，復因夏間後院雞糞
淋漓，極不雅觀，而後門為防雞之入室亦不敢開，室內
空氣不夠，亦無不予設法之理，今日德芳乃決定宰殺，
其時諸兒女均已上學，迨事過境遷，亦即怐然，由此可
見赤子之心最為純潔誠摯，而亦最富可塑性，此其一，
由於此雞餵養已久，余亦不免有情，每次諸兒女阻殺收
效，余亦私心暗喜，可見不忍之心，縱由壯而老，亦不
泯也。

7月9日　星期日　晴陣雨
慶弔

　　趙季勳兄於昨日為逝世三周年，報端曾載有舉行公
祭之消息，余於昨日曾到民眾服務處參加，至則知已改
定為今日，故於今晨再往，在場者皆山東同鄉，由十時
至十一時絡繹不絕，其夫人及兒女在場答謝。
師友

　　上午，童綷小姐來訪，代向當店買舊手錶送來先行

試用，便中又談目前會計師業務情形，因渠經常在朱國璋會計師處助理業務，據稱目前正當業務仍然無多，即如資產重估價業務發動以來，即尚未有相託者云。

瑣記

下午大雷雨一小時，水深幾乎入戶，房屋有一間完全漏水，鄰居有室內水深數寸者，殊不多見。

7 月 10 日　星期一　晴陣雨

職務

今日開始到軍事工程局查核1958 年度之五個計劃用款，其中之一已由楊君於上週開始，本日仍行繼續，余則開始一個名為 Barracks, Air Traffic Control Group 之計劃，今日著眼於預算計劃有關資料，除在上週已查過一部分外，現在已將本分署文卷內所未備之資料亦加以摘錄，只待一切具備後即可開始核帳。今日開始工作前，先與該工程局主計室吳文荃談一般情形，據云1959 乃至 1960 之計劃已經結帳者亦漸漸增多，該局係隨時移送軍援顧問團以憑轉請本分署查帳云。

交際

晚，稽核組同人公請新進到署之主任 Millman，稽核 Martin 及 O'Brien 夫婦，並以會計長 Shamburger 為陪。

7 月 11 日　星期二　晴陣雨

職務

在軍事工程局繼續查 Taipei Air Traffic Control 增建營房計劃之帳目，上午查其現金帳，實即 Contract

Payment 帳，下午查材料帳，亦即由其 Material Fund 轉來由此計劃付款之購料帳，大體均屬相符，只有一項事實尚不能根據已有之資料完全明瞭，此即在帳內列有購買鋼床一款，但未見有先行簽就之 Application 或其他文件，帳內且將此款列為其他另一 CEA 之下，而 Final Report 則又在建築款之唯一 CEA 下併計之，究竟有無 Application 及 CEA 竟為何者，情形甚為模糊，姑先存疑，容綜合予以查詢。

7月12日　星期三　晴陣雨

職務

上午，續到軍事工程局查 Fy1958 台北 Air Traffic Control Group 之添建營房計劃，將材料帳有關事項再加核對，由於一項國外捐贈木料為余以前所不知，故略費時間加以了解，緣此項木料大致係以原木發交木材製品倉庫，改為製材轉發包商使用，在製材後之實有材積必低於原有原木之材積，而此項差額又因計劃而不同，據一同工作之楊君云，美軍顧問團曾規定差至百分之十以上者須特准始可，余所核之計劃差至 10.17%，故須再補查其有無此等文件云。下午，核閱美援會來文一件，為該會對於余與李君所作之對於 China Color Printing Inc. 籌備會經費之查帳報告草案之意見，該項意見已由李君先看一過，因其中表示之方法與余等所作者不同，於是會計長 Shamburger 及本組主任 Millman 囑加以核對並對於一、二處地方加以改善，於是與李君詳加核對，知該項意見根據該會對於本分署剔除九十萬

餘元只承認四十萬餘元之前提編列，實核一過，內容相
符，其所計算之結果適為增列彼所主張不加剔除之數，
故技術上無何問題，問題只在是否接受其可免剔除部分
之意見而已；此案聞劉允中主任云美援會第四處處長袁
則留曾與 Millman 再度晤談，因袁完全站在中央信託局
之立場，故 Millman 當時表示不再爭論，且提出該處長
立場錯誤，只好請其與 Shamburger 逕洽矣云。

7月13日　星期四　晴
職務

續查軍事工程局 Fy1958 建築計劃，今日開始另一
用款帳，即烏日預備師 Maintenance Training Shops，此
為加強預備師之修理保養訓練用設備，今日只將有關之
Application 有關預算內數字加以研討，並扼要作成專一
working papers，因內容比較繁複，尚只完成其半。本
月所查之五計劃，內有三個已接到軍事工程局檢送之帳
簿及文卷，尚有兩件皆為 Public Law 480 內用款，則數
日前已調其文卷帳簿，經手之李君云本日原應送來，但
經詳細核對之結果，發現傳票缺乏太多，必係由聯勤收
支組取來後分配未能完善，以致若干張冠李戴之情形因
之發生，李君云將於明晨再往查找云。

7月14日　星期五　晴
職務

昨日開始之預備師 Maintenance Training Shop 計劃
已將本分署文卷內所存之預算資料及驗收報告等核閱完

畢，本應立即開始審核其帳目，但因軍事工程局之帳簿
文卷至今尚未調到，以致無法開始進行，乃改變工作程
序，先行核閱另一 PL480 下之計劃，即烏日預備師營區
之給水改善工程計劃，此計劃內容為拆舊換新，且參加
一部分中國政府材料，較一般為複雜，今日只閱過其一
部分。

颱風

中度颱風昨晚過南部，台北自昨日下午至今日終日
有大風，但無滴雨，亦特異現象也。

7月15日　星期六　晴

瑣記

近來業餘之唯一娛樂為聽收音機與電唱機，余之愛
好節目有二，一曰平劇及豫劇，二曰古典音樂，尤以前
者為甚，余所集唱片除二、三張進口者外，皆為台製翻
版，今適滿百張之數，其中平劇及地方劇為四十七張，
皆十寸，英語片三張，音樂歌唱片五十張，小部分為
十二寸，平時皆平放，然久不動者有彎曲不平之象，尤
以早期所買之硬片為甚，年來市上幾全為軟塑膠片之天
下，然此等片亦有缺點，余發現有紋路變淺，唱頭放置
其上，頃刻滑至尾端，初疑為唱頭唱針不夠尖利，但只
有少數情形如此，證明似仍為唱片之故，塑膠片初發行
時，每張大 35 元、小 25 元，現在已落至大 27 元、小
17 元，只合美金數角耳。

7月16日　星期日　晴
家事

暑假業已開始,在學之子女四人有紹中、紹因二人須於今夏升學,故情形反比放假前更行緊張,紹中投考大學在月杪舉行,第一志願為台灣大學化學系,其在一女中畢業成績僅次於保送直升之學生,故頗有把握,但為免於荒疏,不敢掉以輕心,連日仍到校溫課,夜以繼日。紹因則投考初中,因成績甚好,亦不虞有失,但因後日即須舉行,故種種溫習準備,亦倍形忙碌。至於紹寧、紹彭二人,今年雖不升學,而明年即為難關,故德芳亦限令必須溫習功課。

7月17日　星期一　晴
職務

繼續閱烏日預備師給水工程之預算及工程驗收單等文卷,此為本分署卷內所存之唯一資料,經將驗收內之使用材料與預算材料細加核對,發現大項目完全相同,只有極少數使用材料為原預算所未列,然總數亦不超過,故預算與最後結果當無不相一致之處,只待軍事工程之帳冊調到,即可將用款情形作一度之核對,其執行實況當更可明瞭矣。與楊君向軍事工程局說明本週四、五將視察台北及附近之現場情形,以與用款情形相印證,下週則出發中部,在此期間均希望該局或北部、南部工程組能準備人選陪同前往云。因軍工局辦公時間下午改為三至五時,本分署為一至四時半,不易配合,故上午到該局,下午則否。

7月18日　星期二　晴
職務

　　續到軍事工程局查帳，該局已將烏日預備師給水工程之文卷傳票調到，只缺一張付給尾款之傳票，余即趕予審核，已大致核完，問題不多，其中較為複雜者為原預算核定後，又有 Change order，如將原計劃及以後之 Change order 綜合觀察，則支付包商及材料各款，無一不相符合，尤其數量完全一致，價款則有低無高，最後逐項均略有結餘，一切均十分就緒。此次與楊君共核五個軍方計劃，其中有四個均在外縣市有工地，乃於今日下午申請核准下週出差中部，並向總務組請屆時派車，均已辦妥。

7月19日　星期三　晴
職務

　　續到軍事工程局查核 Fy1958 計劃 Public Law 480 法案用款下之烏日訓練保養廠設備帳目，此計劃並不複雜，故以一日之時間即將傳票單據完全看完，且將帳內所買材料與驗收單所點收之材料加以核對相符，惟付款憑單缺少三張，且須待再行查找，故只好暫時存疑矣。一同工作之楊君同時查新竹機場擴充計劃，該計劃用款較多，內容亦較複雜，在其查核過程中，不時與余討論，余一向所查軍方計劃不多，故亦由此多所見聞，例如其中有一工程材料係用自以前 PA 及 PIO/C 進口材料，余對此茫然無所知悉，蓋在余之心目中，軍方受援如非軍援物資，即為經援配合軍援之台幣撥款，不但認為 PA 不涉軍方，更不認為 PIO/C 有軍方關係，但亦不能完全作肯定之解釋，歸而問工作較久之靳、李、黃諸君，經再三討論，始知此為余到安全分署工作以前之事，蓋在 Fy1954 以前若干軍用物資係由 ICA 美援撥款之 PA 而來，1955 年又有採購物資用 PIO/C 者，但自1956 起即從無此事，現在軍方所用之 PA 或 PIO/C 物資皆當時所剩餘，余聞言始恍然於不多一疑不增一智也。預定此次三個 Fy1958 軍方計劃至今完全查完，明日起即開始 End-use 方面之工作，因該局準備不完成，加以余等尚須再作整理，故延至後日開始。

7月20日　星期四　晴
職務

　　續到軍事工程局對於連日所查之三個計劃帳目作最後之複閱，除有少數傳票未曾尋到者尚待尋到再核外，審核工作至此已可告一段落。與軍工局施工組商洽出發視察各計劃實際工程之步驟，並有中部工程鄧君奉調前來與議，決定事項如下：（1）台北 Air Traffic Control Group 計劃定明日到基地視察；（2）烏日預備師二個計劃由鄧君回台中準備接洽；（3）新竹基地計劃俟余等到新竹後由台中工程組派員一同往視察；（4）最分散之通信設備計劃將由此間余工程師陪同視察桃園、楊梅、苗栗等單位，下星期一開始，儘先前往，尚餘台中一單位則俟到台中後再行前往云。

7月21日　星期五　晴

職務

上午，同楊永元君出發為 Fy1958 計劃之 Barracks,
Air Traffic Control Group 所營造房屋為 End-use Check，
先到台北基地空軍機場內軍事工程局施工所接洽派員一
同前往，其所在為空軍醫院附近，現在使用者為軍中管
制大隊，其大隊長再三聲言其使用狀態不斷的經由空軍
總部美籍顧問前來視察，意在暗示不會有何問題，亦
在表示似乎看否不必一定，余等均不予置理，乃開始
檢查，發現之事項如下：（1）原辦公室為二棟，宿舍
為三棟，現在各為二棟半，經該隊主管人查出當時透
過國防部而得到顧問團同意之文件；（2）原儲藏室改
作隊史館，經再三解釋為應數日前校閱之需要而臨時
加掛，但其中布置為簡報室之形式，直至余等辭去，
亦未有撤去；（3）盥洗室設置露天洗面台之面設有簷
水承，但標單內無之，疑係在最初之 Application 上美
籍顧問處加註有 "Concur providing the inversion elevation of
the gutters is established"，係指出而言，包商為予取值；
（4）保養使用情形均屬良好。檢查凡二小時，其大隊
長似已不耐云。中央信託局代籌備 Color Printing 之查帳
報告，於今晨由 Millman 偕余同到 Shamburger 處作最
後之研究，余因不知數日來之經過，而 Shamburger 與
Millman 均未加說明，只就似係 Millman 所草之一項結
帳項目單為基礎，由 Shamburger 開列項目，囑余重新
加以計算排列，至談竟後余詳閱，始知為原查帳報告之
剔除數已完全照美援會數開列，且加計自該廠籌備完成

至現在之援款利息，一面加入，一面減除，不同於余第一次不予計算之方法，Millman 對於剔除款之讓步慨呼言之 "I don't think it is fair, but..."，本組他同人聞之，亦無不同感也。此一工作因又須喚起中斷若干日之回憶，故至晚未竟。

師友

下午到合作金庫訪隋玠夫兄，交其代收汪茂慶兄遺族捐款，並聲明對外難進行，將捐冊交還。

交際

晚，參加 Shamburger 與 Millman 聯合舉行為新來財務組長 Martindale 新任介紹各方相識之酒會。

7月22日　星期六　晴
職務

日昨 Shamburger 與 Millman 交余重算之 Color Printing 轉讓價格與美援資助其差額之計算表，因昨日預定工作不能延展，以致未能於下班前先將該表製成，當時預料再有一、二小時即可完成，而星期一上午即須出差，為免臨時工作對出差再有延誤，故帶回寓所補辦，不料費時四、五小時始予以完成，所以致此，大致由於：（1）此表係根據 Millman 已製成一表，Shamburger 主張再加排列者，該表所據之數字雖仍為余所計算之全盤數字，然彼對於應依照中信局承認追賠之剔除數，完全歸之於援款負責階段，未按時期先後分屬於新股東與美援款分別沖收，且有一筆暫收款彼亦由中信局帳內扣除，意似認為該局不必清還，此二項與余之原算法不

同，輾轉核對，費卻許多時間；（2）新排列法之項目
為 Shamburger 所開，不能變通，然其中數字有非直接
從帳面可以獲得者，且調整增減過程甚繁，尤其中信局
墊款，經過調整十數筆始可得出最後在正表上採用之
數，此項過程無法混在正表內表示，幾經斟酌，始決定
在正表內所採之數後面加用附註，計算過程即由註腳予
以表示，然所占篇幅已與正表相似，洋洋大觀矣，此等
所表示者全為其資產負債表內之懸計款項，絕對不能由
帳上自然產生，故無論採用何法排列，均屬不能省略；
（3）在填製過程中，余曾對於 Millman 之初稿所採數
字略有一、二疑問之處，最初且準備棄而不取，洎後詳
加校核，始發覺其算法均有理由，而不背於整個之宗
旨，例如該表上有今年新公司成立後中信局支出之人事
費，雖經剔除，而改為由新公司負擔，Millman 初加入
售廠估價內，余以為不妥，及詳核其性質，始覺此項
表示法實為最妥。此表製成後，填至尾端之應 waive 的
counterpart fund 與 505 fund 等本息細數時，始發覺日
昨忽略未向本會計處帳務部分將細數索到，只向該部分
索到全部台幣援款總數，無法據以填入，因將表抄好，
預留空白格二行，以備星期一補入云。

7月23日　星期日　晴
閱讀

　　由有關之書籍內，得鑑賞書畫常識數則如下：
（1）元四大家：黃公望，子久，大痴；倪瓚，元鎮，
雲林；王蒙；吳鎮；（2）明四大家：沈周，石田，啟

南；唐寅，子畏，伯虎，六如；仇英，實甫，十洲；文
徵明，徵仲，衡山；（3）清初六大家：惲壽平，格，
正俗，南田，白雲外史；王時敏，煙客，遜之；吳歷；
王鑑，圓照，湘碧；王翬，石谷，耕煙散人；王原祁，
茂京，麓台。六家中五王之石谷為時敏弟子，原祁則時
敏孫也。

家事

羅斯福路住宅後面五坪之一間屋，漏水甚厲，屋瓦
須換新，今日快速工程行來看，經約定下月五日開始翻
修，因余預定下月第二週有 annual leave 可以供此項事
務之用也。

7 月 24 日　星期一　晴

職務

本定今日出發視察，但因日前趕製之彩色印刷公
司總計算表須於今晨補數後交卷，故先到辦公室，在
等候 Program Accounts 供給一項利息數之時間內，本
組 Chief 之 Millman 即先將余所草之表底取閱，因其中
美金之 Supply Contract 在表內余係將其利息豁免部分
按美金列入，由售廠價美金總數內再行減除以表示之，
Millman 印象似 Shamburger 認為美金利息不免，經往
詢歸謂此數應改照台幣數折算，乃予以照辦，如此則台
幣數豁免較多，而美金售廠價則等值較高矣。為此案由
中央信託局召集之會議，Shamburger 囑 Millman 偕劉
允中主任及李慶塏君與余參加，九時半前往，美援會由
袁則留徐正渭參加，中信局則副局長王慎名等參加，該

局尚不知除薪俸四十二萬部分外，其餘本分署已同意豁免剔除，經說明後即將討論範圍限於此一部分，對此一部分美援會不能不表示與 ICA 之同一立場，中信局則除原籌備處人員外無人表示關切，遂成一面倒之勢，未有辯論，僅交換意見而散。下午一時與楊永元君及軍事工程局余工程師出發至桃園附近看兩處通信中心與保養廠使用情形，一為第三軍，情形良好，二為81師，因調防尚未作業，其軍長、參謀長面允恢復原狀，並通知另一使用中心房屋之單位亦照辦。

旅行

　　下午五時半桃園一帶工作完畢，即乘自備車南下，六時半到新竹，住新竹大旅社。

7月25日　星期二　晴

職務

　　上午，到新竹空軍第二聯隊查核 Fy1958 之該基地建築計劃，此計劃之各項帳目由楊君查核，余則一同來用款所在地作 end-use check。今日上午工作為查核各種帳目上不能明瞭的問題，其中均在電器安裝方面，蓋電料之供給依照 Application 所載為一部分使用該空軍基地原有者，一部分使用由美軍顧問團進口者，此項進口材料依照實地工作情形似乎並無其事，經與該聯隊主管核對，十之八九可以證明如此，但有兩項在工程上實已按裝，而其規格與 Application 上所列者不盡相同，但又無法證明其確由何處得來，只有存疑，以待將來向軍事工程局再度核對矣。今日在新竹機場拜會其聯隊長、

副聯隊長與參謀長等，均無見面，只有其基地勤務大隊
高大隊長尚在，經說明來意，以次接洽者為其以下之設
施中隊（Air Installation Squadron）。下午由軍事工程
處余工程師陪同到苗栗大坪頂與楊梅兩地，查核通信中
心計劃內所建之中心通信與三級修護場，苗栗者甚正
常，楊梅者則因所轄士兵無棲身之所，故在場內及發電
房兩處均設有床鋪，於聞悉美軍顧問來時即拆除，事後
再行恢復，經與其參謀長懇談，彼云可以接受楊君提議
日間不將行李攤開，余等表示將於星期六再行複檢。

7月26日　星期三　晴陣雨
職務

上午，同楊永元君到新竹空軍第二聯隊對於其 Fy1958
各項美援工程為 end-use check，此計劃皆為建築方面，
包括 Hangar No. 1 之翻修，十七幢宿舍、辦公室、廚
房、廁所、浴室等之新建，五幢原有房屋之改造整修，
晾傘塔之加高，電路之改建等，經按其所在地之距離巡
視一過，除少數廚廁外，皆入內展視，所發覺問題如
下：（1）官佐宿舍一部分改為教室，謂有顧問同意文
件，但因原經辦文件者不在，調卷不可必得，洽允抄
件寄來；（2）廚房一所迄未使用，因無飯廳，飯廳正
用國款在其旁興建中；（3）士兵宿舍一棟未使用，但
鋼床完整在內，謂曾經用過，方始騰遷；（4）Hangar
No. 1 之鐵皮頂遇風即片片飛去，而山牆亦漏水甚烈，
似為原來設計之缺點。

旅行

下午三時由新竹乘自備車出發，目的地為台中，所經公路為新敷高級路面之尖豐公路，由新竹經頭份至尖山二十二公里，更至苗栗十八公里，再經銅鑼、三義、后里至豐原三十八里，故新竹－豐原間約為八十公里，若再至台中為 94 公里，比海線為近，晚宿萬國大旅社，因軍事機關星期三下午休假，故未赴台中。

瑣記

在豐原晚間之街側見有聾者率一妻二子在街上，以塑膠布一層供二幼兒睡眠，己則襤褸不堪，候人之助，視者多而助者少，予以廿元，觀者或可繼起歟？

7月27日　星期四　晴陣雨

旅行

上午，由豐原出發到台中，計十四公里，計於八時半出發，八時五十分到達，住復興路新開之明山旅社。

職務

上午到軍事工程局中部工程組接洽查核台中附近之一組通信中心與保養廠及電機房，該組徐副組長接談，先赴中區營產管理所，查悉其所在分散於干城營房第十軍軍部與聚興村該軍砲兵指揮部，乃分別前往，所得如下：（1）通信中心之門戶完全蟲蛀，且已換過一次；（2）保養廠使用保養情況俱佳。至午始畢。下午再到中部工程組接洽查核位於預備師之 58 計劃保養訓練廠使用情形，由預訓部派一熟悉之滕上尉前往烏日該師營房，因地位分散，故費時頗久，此一計劃計有 A 式保養場三所、B 式三所、D 式一所，另配屬洗車台與水池各四所，其一般情況均屬良好，發現問題有二：（1）有一保養廠之材料房、工具房合而為一，以一間用作宿舍，有變更用途之嫌，但云係美籍顧問示意辦理；（2）有一 B 式小型保養場係供兵工連使用，但該連為支援全師，其旁即為原有之三級廠，實際上與此小型二級廠作業不分，故大半將此小廠閒置，工具室與材料室亦改為收發材料辦公室。

參觀

到台中公園參觀商品展覽，範圍甚小，適遇大雨滂沱，頓時即成澤國，雨停良久始出園。

娛樂

晚到東海看電影，片為詹姆斯提華與瓊艾麗孫之 Glenn Miller Story，故事、演技均有可取。

7 月 28 日　星期五　晴陣雨

職務

上午，到烏日成功嶺預備第一師，查核1958 年度計劃給水改善工程之使用情形，由工兵組代組長張副營長潮湧接洽，此一工程問題最多，大致為：（1）第二區域內所換用之西德 EMU 牌 40 馬力深井幫浦之揚程不夠，所作 250 噸位於山嶺之蓄水池未曾蓄過滴水，且管線為單式，一路上升一路使用，不待至池即已分散完畢，現在之 pump 且已損毀，由代理商拆卸修理，暫時換用舊有小馬力幫浦勉強維持，若干山上單位均須用人力取水；（2）此一工程之水管曾有謂最上一段最粗，

應為八寸管而實為六寸管者，但經以前 MCB 今日陪看
之滕上尉下至池內看視，云實為八寸，其六寸之一個水
口當為排水管，工程尚無不符之處；（3）工程本為改
善，但若干地區發現原為施工所在如浴室、洗面台等
處，應按裝新白鐵管者，現在實為黑鐵管，由於工程說
明不詳，包商有無責任，尚難明瞭，至於工程範圍以外
原有黑鐵管無數，不在改善之列，不知何以當時不予改
善，現在亦多處發生問題；（4）重要給水設施如深井、
蓄水池及幫浦等，均經巡視一過，於十二時始竟。下午
因尚有時間，同楊君到軍工局烏日倉庫核對料帳，因所
攜資料只有烏日保養廠與烏日給水改善兩計劃，故僅將
此二者加以核對，該庫對此兩計劃之材料只供應局部，
就此部分而言，其憑單均屬相符，並抽查其分類卡片亦
屬相符。

參觀

　　下午到北溝看故宮十九期展覽，精品頗多，書法有
宋洪邁尺牘，宋張九成尺牘，及刻拓俱精之快雪堂法帖
（明刻清內拓）。畫有唐楊昇山水卷，宋劉松年花陰玉
兔卷，明唐寅採蓮圖卷，仇英白美圖卷，宋夏珪歸棹
圖（軸下同），宋人清溪晚牧，元商崎杏雨浴禽，元張
舜咨古木飛泉，元曹知白雙松，元王蒙秋林萬壑，明沈
周濯索圖（紙），文徵明松陰曳杖，清王石谷臨關仝山
水，宋人集繪冊頁八幅，先賢繪象八幅（嚴子陵、諸葛
亮、司馬懿、王羲之、郭子儀、李白、杜甫、韓愈）。
書版有宋版春秋集註等，又刻妙法蓮華經及首楞嚴義疏
注經，精絕。銅器、宋明清瓷、琺瑯、雕漆、漢玉多

件，清琉璃器廿件，俱精。

娛樂

晚看電影，洛伯泰勒、費雯麗合演魂斷藍橋，好極。

7月29日　星期六　晴

旅行

上午九時由台中乘自備車出發北返，途經沙鹿、清水、後龍之海線公路，因路上買西瓜之類，於十一時半到新竹，下午一時續行，於二時半抵台北。

職務

本日途中進行之工作有二，皆為在前數日洽詢，備於歸途複核者，其一為新竹空軍基地，因其有數棟房屋變更原定用途，有謂已經與美軍顧問團協調核定者，有謂於日內即行恢復原狀者，乃再度詢其所調之卷，據云尚未調到，但日內必可調到抄送副本，至於宿舍之變更使用者，則云於週內即可仍舊由原單位移回居住。其二為楊梅駐軍，本約定星期六複查其居住於工廠內之士兵，現在如時前來，該工廠亦如時準備，但尚有一、二人臨時騰挪，此本掩耳盜鈴之事，待余等離去，彼等必迅即恢復其居住之原狀矣。

家事

紹因月初參加初中招考，日內尚待放榜，紹中之大專聯考則於昨日開始，地點在台大法學院，余於下午三時到該院探望，最後一場之物理考試已開始，德芳在場外等候，但余良久始尋到，考試於四時半完畢，等候之家長極多，於是相率離去，陣容之盛，幾可與初中考試相倫，出場後余率紹中到寧波西街吃冰，藉以輕鬆其心情。

師友

故友張敏之兄之夫人王培五女士自善化來訪，為佽助其長子赴美，來台北向各方友人道謝，據云其子張彬已經抵美，即將開始作工用以籌劃下學期學費云。

7月30日　星期日

家事

台北市立初中聯合招生明晨發榜，今日下午已有廣播電台將名次廣播，余收聽得悉紹因已錄取第一志願市立女子中學，此校本不甚好，但因今年省不辦初中，市中之女生多以此為第一志願，客觀的改善條件已經具備，如主觀的教學方面能切實步武省中，自屬希望極大，若干顧慮可以認為過慮，拭目以觀之。

師友

李德民君來訪，談所服務之殷台造船公司虧損已一億多，未來亦無盈餘希望，但此公司事實上有外人不知之政治背景，故似亦不致倒閉云。

7月31日　星期一　晴

職務

上午，同楊君赴軍事工程局補查本月份數個 1958 計劃之待查資料，計有付款憑單及憑證之漏未檢出者，又有完工日期延展之核准公文等，大致均已補核就緒。

今日另一工作為將一星期來所查四個計劃中之二個由楊君主辦者，經過一同作 end-use check 後，余之一部分 working notes 須摘要整理交楊君列入報告，因方便起見，全用中文，楊君會同查核之余主辦的二個計劃，彼亦用此法將要點抄送余處，以便納入報告。劉允中主任告余，月初余所寫之一項為美援會 Chinese Technical Mission 之 Administration Expenses Follow-up Audit 發生疑難問題，而對 Millman 所提之 memorandum 在上週余出差期間彼已請示會計長 Shamburger，並與美援會第四處處長袁則留會商解決辦法，大致為兩筆大數剔除款決定豁免，另有少數的剔除款則決定由該會繳還，如此即可迅即寫成二件 Follow-up Audit Report 予以結案，下午乃與該會何大忠君連繫，請其將其中尚有零星事項未能將證明文卷核過者，亦一併檢送，以便加以處理，同時將已經核過之一部分文卷傳票予以退還。

起居

余嗜杯中物，最好者為啤酒，然值太昂，不可常得，慣常以高粱酒為最習慣，雖每餐不過一兩，然恐久之必有惡劣影響，乃決心家居時屏除之，今日開始。

8月1日　星期二　晴

職務

上午續到軍事工程局，對於上月所查兩項 1958 年度建築計劃所缺資料，經該局經辦人員續查出者加以閱覽並摘其要點，以備 working file 有存查必要者得以有完備之紀錄。現所經手查核之三個計劃已經將內外兩方工作大致處理完畢，故開始撰寫查帳報告，以精簡為主，希望在兩三天內完成。本月份共與楊君合查五個計劃，其中彼擔任二個，已寫成查帳報告，並將其底稿交余初核，余因自己尚須寫作，且於公於私，皆係初交，不能過於天真，故只對於十分不妥處加以修改，至於不適當之處所在多有，不能一一加以指出，只好待主管之 Chief Auditor 加以修削矣。上週公出中部旅費，本等候司機將行程單送來再行填報，現悉其病假，日內能否銷假，尚不可知，故只好先行於今日填報，好在只有出發與歸來之日期對旅費有增減之作用，此項日期乃無可伸縮者，故不再等候其核對也。

慶弔

同學賈宗復兄數月來患癌病，纏綿不治，日前逝世，今日上午在極樂殯儀館開弔，余於晨間往弔，聞張金鑑、楊紹億兩兄云，將籌備募集子女教育金，故今日未致送奠儀。上週紀萬德同學病故，余在台中，曾函單鳳標代為送禮並致祭簽名，今日以電話詢悉已照辦。

瑣記

上午到國民大會秘書處買大同電鍋，試用甚好，但用電太多，保險絲兩次燒斷。

8月2日　星期三　晴
職務

開始撰寫本月所查三個軍事建築計劃之查帳報告，已完成空軍管制大隊營房一件，並準備第二件之布局。數月前所作之退除役官兵計劃內的二個 Follow-up audit report，即 A-1550 及 A-1531A 至現今始陸續發出，其中有若干改動，A-1550A 只有文字方面的，但改後反錯者亦有數處，恐係 O'Brien 代 Millman 所為，A-1531A 則將 Satisfactory 改為 Incomplete，而在 Heading 上之 "Final" 則未依例改為 "Interim"，又無 Recommendation，此皆為報告中之變格，由此可見現在本組之工作又無一定之處理方式，其原因殆在於外籍人士太多之故。

8月3日　星期四　晴陣雨
職務

續寫 Fy1958 年軍援查帳報告之一，今日所寫為有關烏日預備師改善營房給水計劃，此一報告之內容較長，因其中有一部分工程不如理想，西德廠商所供給之 EMU 抽水機未能發生效用，且已損壞，由原供應商拆卸修理中，此點且有 recommendation，請國防部及軍事工程局早日將此種失敗之工程與設備加以改正，使供水情況如所預期云。今日寫作時頗有若干用字不能早做決定者，如水內含沙量太高，無字可用，乃參考地下水調查報告內之相彷彿用字，始獲解決，又過濾係用 filter 一字，余初以為限於煙嘴也。

8月4日　星期五　晴陣雨

職務

因下週為 annual leave，今日將應作之事儘量予以處理完畢，各事如下：（1）烏日預備師營區保養場房屋建築計劃，此一計劃之內容較為單純，使用情況亦甚合理，故無甚多可以敘述之事項；（2）美援會 Chinese Technical Mission 1952-56 用款之 Follow-up audit 內大部分問題已由本分署與美援會方面取得妥協，凡大數者皆豁免，只留一項少數者洽定必須繳還，故此項 Follow-up Audit Report 已可以寫作，今日已完成其一部分，其餘資料尚待美援會繳款後再行列入報告。本日處理一件 Review and Comment 案件，其事甚簡，但在余尚為初次，故略費周章，原本分署多餘用品有移送美援會歸其他計劃使用之事，雖有價格，然並不入帳，其移送時係用公函附表為之，今日有一部分此項財產移送，經該主管人辦稿送本會計處會稿，經與徐松年君討論結論，認為須核對此事有無計劃根據，先看 E-1，再看 Project Agreement，皆無此事，詢之 Program Office，始知此點正在撰擬 Project Agreement 之修正案，經將此點列入 Router comment，主張予以會簽焉。

師友

晚，同德芳到省立二女中訪王德垕君，因王君曾偕夫人來訪，特往答訪，並託代為致送魏慎之老師束脩一千元，為紹中補習物理之第二次報酬；又訪任公放先生，致贈 Parker 45 鋼筆一枝，亦為答謝為紹中補課。

8月5日　星期六　晴陣雨
瑣記

　　讀自由報本日份有記王耀武文一段，閱後不禁令人作三日嘔，其所記之王耀武自始即為一貪財畏死之輩，故在主山東以前曾在漢口大肆搜刮如前，主魯政後一面與共匪作戰，一面又在聊城賣槍資匪，迨濟南失利被俘後，又囚禁濰縣集中營，凡對於國民黨領袖所能侮辱之辭，皆能出於其口，指為降將中極盡無恥之尤者，憶十四年前余在魯時初尚不知其為口是心非，虛偽做作之輩，故尚勉強敷衍一時，及其原形畢露，始知其存心剝削地方，與用人端在網羅貌為君子心實小人者輩，既供驅策，復可掩飾，皆為既定之原則，余幸能早作退步也。

8月6日　星期日　晴
家事

　　上午，率紹因到新生南路台北市立女子中學參加口試以及體格檢查，所定時間為八時至十二時，因昨日德芳率其前往看視考場時，得知其名次在第八試場而號碼偏後，故未早往，於將近九時始循潮州街、麗水街、金華街而達市女，凡步行二十分鐘，至則尋到其考場之教室，先行進入休息，移時按號碼點名改至隔壁教室，以待再導至口試場為口試之準備，於是待至十時許始輪到紹因之號，乃進入口試，問話不多，即繳體檢費領體檢表，再至外面檢查體格處逐項參加體檢，因等候者眾，故等候近半小時始驗畢，十一時離女中回寓，行經和平東路乘十五路車。

8月7日　星期一　晴

家事

　　明日為一非正式之節日，名為父親節，晚間德芳率
諸兒女赴南昌路購物，紹中、紹寧、紹因、紹彭四人為
余買吉利刀片兩小盒以為賀禮，出發前尚云保密，但無
意中紹彭先加洩漏，蓋此兒問余是否喜歡高粱酒，余
告以夏季太熱，酒以少飲為是，又問啤酒，則家尚有
存，蓋余最喜啤酒，次則高粱，飲高粱時多，因啤酒太
貴也，近來高粱酒有每日必飲之趨勢，故上週起加以節
制，諸兒女乃從余之意焉。

體質

　　右足大趾之趾甲陷於肉內，前年曾開刀一次，近月
又復原狀；幸穿緊鞋襪，步行尚無妨礙。數日來右足小
趾略痛，余初以為係鞋磨，今日審視，始見亦為趾甲與
肉接處發炎，不動不痛，故未就醫。

8月8日　星期二　晴

師友

　　晚，蔡子韶代表來訪，託為其幼女保證出境，並保
證領取留學證書，當即照辦，其女名義方，台大化學
系畢業，已取得美國 Texas Technological College 之獎學
金，不日出國，蔡氏已年近七十，此女行後，膝下即乏
承歡，蓋亦人情中極為矛盾之事也。

起居

　　余每年有公假四星期，在分署服務之頭兩年，因有償部分未滿，均未使用，近三年來則均大體用完，本週為本年之第一次，因預定之修理房屋事阻於南部颱風之或有影響，一直在寓不動，僅讀書以自遣，如此悠閒歲月，故亦難能可貴也。

8月9日　星期三　晴

閱讀

　　讀七月份 *Reader's Digest*，摘有 J. A. Ecclesine 作 "Words of One Syllable"，闡明寫作使用短字之益，集真美善三者之大成，真佳作也。所摘之全文如下：

When you come right down to it, there is no law that says you have to use big words when you write or talk.

There are lots of small words, and good ones, that can be made to say all the things you want to say, quite as well as the big ones. It may take a bit more time to find them at first. But it can be well worth it, for all of us know what they mean. Some small words, more than you might think, are rich with just the right feel, the right taste, as if made to help you say a thing the way it should be said.

Small words can be crisp, brief, terse - go to the point, like a knife. They have a charm all their own. They dance, twist, turn, sing. Like sparks in the night they light the way for the eyes of those who read. They are the grace notes of prose. You know what they say the way you know a day is bright and fair - at first sight. And you find, as you read, that you like the way they say it. Small words are gay. And they can catch large thoughts and hold them up for all to see, like rare stones in rings of gold, or joy in the eyes of a child. Some make you feel, as well as see: the cold deep dark of night, the hot salt sting of tears.

Small words move with ease where big words stand still - or, worse, bog down and get in the way of what you want to say. There is not much, in all truth, that small words will not say - and say quite well.

8月10日　星期四　晴陣雨
閱讀

讀 *Reader's Digest* 七月份，此雜誌特別注重人品、人物等記述，開卷每有感人肺腑之作，今日所讀如 From the Heart of a Stranger，寫一外籍人士曾在東京外小鎮急症送醫所得之溫情與協助；John Quincy Adams - A Profile in Courage，寫美總統 Adams 為拓展國家，罔顧其一黨的利益，力排眾議，甚至附和其父之政敵當時執政之總統，冒世俗之大不韙，而屹立不動；The War We are Not Prepared to Fight，寫美國至今尚不能了解一味在軍備、科學、原子武器上求發展，並不能代替滲透顛覆之共產戰術的對策；You can Make a Habit of Success，寫人人皆可以由其自己個性的了解而發覺其成功之要素，以至養成一種不斷發展不斷成功之習性，皆佳作也。

8 月 11 日　星期五　晴

職務

上午，上月份一同查核軍方計劃之楊永元君來訪，交來其所撰寫新竹機場建築計劃之查帳報告草案，囑余為其初步核閱，經即利用晨間空暇加以審定，內容大體甚為周全，但多處難免重複，全盤修改又非余之職責，故只能在文字上就其太過生硬或有違文法處加以增刪，初以為今日或仍來取回，後知不然，只能於後日上班時帶交矣。

娛樂

下午到國都看電影，為長達三小時之五彩滑稽片 PePe，Cantinflas、Shirley Jones 及 Dan Dailey 主演，客串男女明星二十餘，噱頭十足，故事分量亦夠，演技亦甚凸出，美國哥倫比亞公司出品，此等風格之影片，唯康丁有之，於滑稽中寓諷世之意，卓別林後第一人也。

8 月 12 日　星期六　晴陣雨

家事

本屆大專聯考招生因數學題目太難，招致物議，報端曾發現考生呼籲，希望勿依過去成例凡有一門零分者即不予計算總分，於是即有消息，謂教育部將轉聯考會希望本年不問是否有一門零分，一律以總分為準，此法似甚公平，但對於已往之零分不考慮錄取標準言之，將多出一部分人之錄取機會，如錄取人數不變，則依舊傳統辦法可能錄取之邊際學生可能因而落榜，仍不公平，於是代紹中撰擬致聯考會一函，希望兼籌竝顧焉。

體質

右足趾甲下陷症因昨日剪除不慎而發炎，晚看南昌外科，敷消炎粉，打針，並主開去全甲，余未接受。

8月13日　星期日　晴

師友

比鄰王一臨同學之女為其夫君應徵美援會稽核職務事，前來有所探詢，據云美援會向考選部洽商就高考及格人員中徵求此項人員六名，其夫張君具高考資格，已準備應徵，但因顧慮應徵者眾，謂難免有經過甄選之必要，勢須有所準備，乃向余徵求意見，余因向來不知該會招考稽核人員之題目內容，囑其向過來人直接探詢，彼又詢問安全分署方面之查帳情形，余乃將 Local Currency Fund 之 S. O. P. 借其參閱，並告以只求知其大概已足，因詳細內容決不致作為命題之依據也云。

慶弔

昨見中央日報載叢芳山夫人病故前日出殯，已在事後，今乃去函道歉，說明因病足未出門、未看報之故。

8月14日　星期一　晴

職務

已經磋商數月之中國彩色印刷公司出售確定價格查帳案，今日又有進展，緣兩週前依據 Shamburger 所開格式所擬之 Sales Price 及 Amount to be Written-off 一表已由其簽送美援會，今日徐正渭君又提出修正格式，其中包括數項，（1）利息全部修改，以前該會之依據

銀行數字所提供本署所依據之數額全部作廢；（2）
剔除款本分為五九年底前後兩個所屬時期計算，後由
Millman 合而為一，自不合理，現亦經徐君含入，於是
售價降低而 written-off 數又加高；（3）開發公司預繳
款除還中信局墊款外，原規定先還美金借款，又在 59
年底以後豁免之費用係以該公司所借美援台幣改為等額
贈予以實現之，余原係將全數由一個 CEA 內沖銷之，
以資簡捷，現徐君則將全部之 CEA 內的利息先行豁
免，然後再以所不足者由一個 CEA 內予以 written-off，
等於將一筆總數分散於數個 CEA 內，結果仍然相同，
據云係依該會慣例，豁免時應先息後本，此一資料未之
前知，故當時未能採用；（4）五月底之費用應由開發
公司找還中信局者萬餘元，本亦計入售價內，現經徐君
除外，當由其雙方另行找算；以上一、三兩項為本分署
前所不知，四項本與實質不同，徒然多事，只二項比較
合理，此為余以前提請 Millman 注意者，彼未以為意，
乃有此失，余將其內容核對明白後，即擬一項概略說
明，說明其異同之源，認為數目雖異，而實際無殊也。

8 月 15 日　星期二　晴
職務

上午，到軍事工程局查核 1958 年度高雄第四造船
廠之內燃機房工程計劃，因內容簡單，已完成其半。本
月份已支配之工作共與楊永元君處理五個計劃，地點包
括馬公、高雄、左營、岡山、鵝鑾鼻、三貂角、外埔、
石門等處，今日已與軍工局工程部分接洽，定於下星期

出發，一面在本分署準備申請交通工具等事。

家事

　　前與德芳為鼓勵諸兒女儲蓄，規定每次撲滿填滿時即給以同數之相對基金，今日紹彭第一次打開，計得十八元，乃予以等值之數，並一同用封帶加封，不再動用，該撲滿即從新開始，紹彭此次不過一星期，可見上項方法確收奇效也。

8月16日　星期三

職務

　　續到軍事工程局查核高雄內燃機廠計劃，大致無何問題，只待詢明何以延期完工，及複核以前所存移此使用之進口材料，即為告竣。開始查核另一軍事工程局計劃，為空軍各地雷達站給水設備計劃，分散於馬公、鵝鑾鼻、三貂角、外埔及石門等地，因較為瑣碎，故僅研討其預算即已費時一個下午。前天重算之 Color Printing 出售廠產計劃，經列一美援會擬議之修改重算增減項目表送 Millman 核閱，本已無甚問題，但今日彼又約徐正渭君來此，堅執其所重算之項目有誤，余亦不知其所指，因為時已晚，將經過考慮後明日再行繼續談商，在談話中徐君忽又謂去年余所作工作表不妥，其實只是一種偏見，而不自知也。

8月17日　星期四　晴

職務

　　續到軍事工程局查帳，今日本擬將空軍雷達站各

Water Facilities 之查帳工作大體完成，但因發現所有支列憑單並無保管順序，五個分計劃之付款全部混在一起，為便於查核起見，乃先按地點予以劃分，共分成五個部分，如此可以有兩種便利，其一為每一計劃之支出同時參看完畢，比較可有一概念，其二為每個計劃所在不同，為便於先後察看工地，萬一不及於周末前看完時，得先以下週前往之馬公與鵝鑾鼻兩地之憑證先行審核焉。下午在分署內工作，就此一計劃之五個部分的預算加以檢討，並將要點摘入 working paper，以備查看工地時作為參考。

8 月 18 日　星期五

職務

因下週即須出發調查，故有關文卷帳簿必須趕閱完畢，下週須調查者為高雄第四造船廠內燃機房及空軍雷達站給水改善工程之一部分，後者共有五個所在，其中在北部者為石門、三貂角及外埔，在南部者為鵝鑾鼻及馬公，南部者文卷、帳簿俱已看完，因時間不足，北部者只將文卷看完，帳簿傳票須待下週以後再核矣。糾纏已久之 Color Printing Factory 出售案，自十四日美援會提出最後之對案後，余作一解釋表，說明其增者為何，減者為何，結論為此一計算可以採納，但 Millman 則認為其算法有誤，認為對於中信局之剔除數發生兩歧，前日曾辯論良久，又無消息者久之，蓋余多半時間為在軍事工程局，徐君來時余未必知之，亦多未參加，今日詢悉此問題已解決，適徐君前來，余問之知 Millman 已採納此最後算法，僅有一項算法不同，即本年五月下半月之員工待遇 Millman 最初本列為售價之一部分，蓋此亦為新公司所應支付者，徐君認為售價既先決定以 1959 年底為準，該五月下半月之支出，須另行找算，此在理論上固屬相符，余在重列 Millman 之算式時亦非不知，然為簡捷起見，故亦循之，現在徐君將此數除外，據云 Millman 認為有徒滋紛擾之弊，仍然改回，其餘未動云。上項公式經余再照此項售價所得數及本分署豁免數相加數，適等於美援欠額及中信局墊款數相加，亦證明其計算無誤，而所以使 Millman 疑惑者，表現方式未全妥也。

8月19日　星期六　晴

師友

上午，適余到郵局未返，方青儒、張中寧兩兄來訪，據紹中云，張兄云另有信來，但未言何事。

慶弔

上月台中一部分同鄉來一印件，發起為沈鴻烈氏慶八十壽，余雖與沈氏向未謀面，但此事以山東、青島二地為主，故今日復函簽名參加，並郵匯三十元份金。

家事

利用暑假為紹寧溫習英文文法，係初中教科書，沈亦珍編，內容甚簡要，似係採自某種原文課本，但亦有少數之造句，頗為生澀，余與紹中皆不能解說明白者。

瑣記

所植曇花，今晚一朵怒放，香氣如芍藥，而白嫩嬌豔，非他卉可比，午夜時開最盛，僅余一人未睡，就寢前呼家人同觀，此花每年此時必開，今已為第三年矣。

8月20日　星期日　晴
師友

下午，孫典忱兄來訪，談所任光復大陸設計研究委員會山東設計組兼秘書，現正著手對於數年前所設計之山東重建計劃加以修訂，以免於明日黃花之嫌，孫兄今日來詢余從前山東之省財政數字，俾作參考，余就記憶所及，抗戰前之山東預算數字為國幣二千六百萬元左右，在各省中此數最為突出，例如安徽當時不過一千五、六百萬元，惟孫兄曾由山西之三千萬元推定山東應有五千萬，余認為此事須再加斟酌方妥云。日昨方青儒兄與張中寧兄來訪之目的已由今日方兄來信獲悉，為活動即將舉行之國民黨全國代表大會代表。

8月21日　星期一　晴
旅行

上午九時由台北乘觀光號火車南下赴高雄，此項觀光號為以前之坐臥兩用車略加改進而成者，特點為比較清潔，電扇垂下較低，座位色調較和諧，然票價已貴出多多，下午三時十分到高雄，由預先通知之林炳煌司機來接，並引導至新興街、興華街轉角處一新開之高華旅社住宿，房屋甚新，較為清潔，惟此地比台北為熱，且無陣雨，夜間亦然，睡時不蓋猶流汗耳。林司機云，彼所開車之汽油票至今未寄來補充，恐不敷用，余乃於晚

九時以電話接台北本分署 Motor Pool，由陳君接話，余
告以約需行程三百公里之汽油票，請明晨即行寄出云。

職務

下午由軍事工程局蕭燦章工程師陪同至高雄第一碼
頭乘輪渡，至北碼頭海軍第四造船廠看 Fy1958 內燃機
廠房使用保養情形，見其中機件甚擁擠，謂面積不夠，
尚須擴充，此廠房有二項缺點：（1）上面氣窗為百頁
式，如大雨時，其下面之鋁皮屋頂反射濺入甚烈，故已
另用鐵皮將氣窗封固，謂另有其他建築用瓦頂者即無此
弊，可見係鋁頂之不宜於用氣窗；（2）空身磚外牆雨
後沁水，現由該造船廠另用水泥加糊，方免此弊，其實
此一缺點乃空心磚房屋所普遍具備者，曩謂只畏北部之
淫雨，而不畏南部之暴雨，今知殊不盡然。

8月22日　星期二　晴

職務

上午，約同軍事工程局之蕭燦章工程師，同到該局
南部工程組接洽此次須查核之各計劃，洽談者為其公務
課課長李仁澤，當決定今日上午看左營附近之陸戰隊營
房共七所，下午看岡山空軍基地營房十七所，隨即出
發左營方面，由蕭君陪同視察。首先到陸戰隊醫務連，
計有在五八年計劃下建立病房兩所，廚房、廁所、浴室
各一所，使用情形尚稱良好，環境即為一極適合醫療單
位之所在；再到第一軍區內之海軍總部衛材所看衛生倉
庫兩所，其中一所為薹存，適司鑰者不在，故未入內，
另一所為直接發放各單位者，使用保養情形亦稱良好，

故未費許多時間即畢。下午由軍事工程局南部工程組之沈工程師陪同到岡山空軍基地看 1958 年計劃內之營房十七所，此十七所比較分散，計在空軍機械學校者四所，在空軍軍官學校者八所，又消防設備房一所、通信學校二所，除最後二所外，其餘皆一一看過，使用情形尚好，只有消防房之工具間改為宿舍，其分隊長面允改善移出，最後一所為空軍訓練司令部營房一所，係由後門進入，大致情形亦佳，通信學校者則因油區通過手續太繁，時間不及，故未往看。今日空軍單位大致均為走便門進出，未在通行上浪費時間。

娛樂

晚看電影 Never on Sunday，痴漢嬌娃，希臘女星演，聯美出品，頗多含蓄，深度尚不甚夠。

8 月 23 日　星期三　晴

職務

上午，偕同楊永元君由軍事工程局沈工程師陪同，到鵝鑾鼻空軍雷達站查核其 Fy1958 年給水改善工程，由駐軍中隊長接待，見該計劃所新裝之幫浦仍在繼續使用，但亦曾有小的修理，至於當時移裝之舊幫浦則已舊廢不堪使用，現在此一計劃之使用狀態大致正常，但整個水源不足供給關係單位之使用，則為另一問題云。

旅行

上午由司機林炳煌開車自高雄出發赴鵝鑾鼻，九時出發，十一時半到達，凡一百三十公里，其中枋山至南端之五十公里為石子路，公畢後回程於十二時半起行，二時到潮州，午飯後續行，經屏東買椰子交鐵路局代運台北。續行於下午五時一刻到達台南，住成功路東都旅社四樓，乃新近擴建者，合於觀光標準，依本署規定房租超過190元者可以多報130元，此處房租適為200元，故合乎實際需要，余住 A-2 號，係套房式，外間約六坪，為會客、寫字、用餐之用，內間復分為二，約二坪為浴室，三坪為臥室，有鋼絲床二張，一寬一窄，室內皆為方塊柚木地板，天花板四邊有突出之覆層，內有暗光燈，木器計床二，沙發及茶几一套五件，餐桌一帶十椅，書桌一，電燈則暗光，壁燈、檯燈，數之共計十四盞，整個言之，並不貴於設備簡單之小房間的倍數也。

娛樂

晚看電影，派拉蒙出品之碧港豔遇，"It Started from Naples"，克拉克蓋伯與蘇菲亞羅蘭合作，超視綜藝體攝製與五彩最為突出，一童星演出亦佳。

8月24日　星期四　晴陣雨

旅行

上午到台南民航空運隊購買赴馬公之飛機票，因曾在高雄登記，已先保留，價款不含航空建設捐，本須憑不負擔稅款之機關服務證件始可照辦，而余之證件未帶，乃由同行之楊永元君代為聲明俟回台北立即查告，始予通融，因楊君本在該公司服務，故可以保證也，辦妥後即回東都旅社結帳，房租非常簡單，概無附加小帳之類，十時半乘自備車赴機場，於十一時十五分起飛，十一時四十五分到達，軍事工程局駐馬公監工工程師劉君與第二軍區司令部劉君來迎,即同進城,住第一旅社。午後到民航空運隊登記明日回台南之機位,云已滿額,且明日因颱風警報班機取消,只好待至後日方回矣。

職務

下午,由海軍第二軍區司令部後勤組李組長陪同,視察 Fy1958 海軍九號碼頭擴建工程,在視察前先訪該軍區司令齊君,此人似乎不拘小節,說話亦不著邊際,且於當前美援機關之系統亦全無所知,為之稱奇不已,旋到該碼頭現場,見工程甚為堅實,只有設計時欠考慮之處甚多,一為水電全無,二為繫纜樁只有三個,均不敷用,海軍工程向來不管使用單位之意見云。繼到空軍雷達站察看改善給水工程,據云自工程完成後曾有一年左右供水甚好,現在抽水機損壞,經廠商送西德修好送回,即發現不能裝回原位,現在使用另一抽水機抽打淺水供飲,但不足供量,仍須向馬公水廠買水送回,損失不貲。

8月25日　星期五　風雨

颱風

晨到民航空運公司探詢航行消息,以冀萬一或有起飛可能,至則知停航乃屬確定之舉,只好在馬公多住一日矣。今日晝間有間歇之風雨,勉強可以出門,入夜風勢較勁,澎湖為沙土地質,吹起甚多,所住房間不久即積一層,須不斷清掃始可,夜間風雨中街頭冷清,廣播謂颱風在台東登陸,過屏東、高雄、台南,入澎湖以北之海峽，今夜即可完全過境云。

娛樂

晚看電影，哥倫比亞出品蠻山野俠，主演者 Randolph Scott 與 Nancy Gates，原名 "Comanche Station"，新藝綜合體，五彩，演技甚佳，荒山情景，引人入勝，頗佳。

8月26日　星期六　晴陣雨

旅行

上午，與楊永元君到民航空運公司查詢本日是否復航，其時風雨陣陣，但報載颱風已解除警報，該公司云今日風速已能航行，定於十時半第一班起飛，兩小時後次班起飛，楊君在其櫃台邊，適見有二人來電話退其第一次之機位，乃要求立將余二人加入，至十一時尚無動靜，旋云因風向不對，第一次改為一時半赴機場，第二次改明日，至此深幸補入第一次之得計，於是於下午一時半再來，即赴機場，二時該機由台南來，二時半由馬公起飛，三時到台南，林炳煌司機在候，乃立到車站買票，於五時離台南，九時五十分安返台北。

8月27日　星期日　晴

師友

在余赴南部之一週間，此間有數事如下：（1）二十三日供職財政部之鈕鉁龢君因癌病逝世出殯，由德芳代定花圈送往，並寫卡片說明不能前往弔祭；（2）方青儒兄再度由張中寧兄陪同來訪，目的為爭取一票競選最近舉行之全國代表大會；（3）陳果夫先生二十五日為逝世十年祭及七十冥壽，有紀念會在實踐堂舉行，余旅次獲悉其事，即函德芳著紹中屆時前往代表參加，紹中接信前往，已近結束時間，未及至觀音山謁墓。晚蘇景泉兄來訪，彼在台大教務處服務，現在距本年大專聯考發榜尚有三、四日，意者彼於其中無秘密性之情形，或有所知，但詢問之下，竟一無所知，此次紹中投考依情理度之，或不致失敗。

8月28日　星期一　晴
職務

到軍事工程局續查空軍雷達站 Water Supply Facilities 計劃，此計劃共為五個地點，上週以前已將鵝鑾鼻及馬公兩部分查完，又外埔部分雖尚未前往，然帳目亦已核過，今日續核三貂角部分，此部分共為兩個包約，所記之帳目與驗收數目均屬相符。關於 end-use 方面，尚有三貂角、石門與外埔三部分，今日與軍工局施工組接洽，希望再以一天之時間將此部分看完，但獲悉三貂角交通不便，乃決定只看石門、外埔二地，經洽定後日辦理，上午由北部工程組派員陪同前往，下午由中部工程組陪往，已以電話洽定云。退除役官兵輔導會派員來洽詢 A-1550A 查帳報告內之有關剔除數字。

8月29日　星期二　晴
職務

上午，續到軍事工程局查核 1958 空軍雷達站 Water

Supply Facilities 中之兩單位帳目，一為三貂角部分，二為石門部分，至此已全部核完，一切資料俱全，所缺者只有全部五個地點內之三個有兩份包約者之另一份的招標紀錄，與延期完成原因記錄及驗收正式紀錄等件，當通知該局主辦人另行查詢資料。楊君所經核之岡山空軍基地營房十七標計劃，及馬公九號碼頭擴建工程計劃查帳報告俱已草成，昨、今兩日先將報告草稿交余作初步複核，余之立場不宜過淺或過深，故適可而止的加以修改，彼認為均尚中肯云。下午將上週出差旅費報銷加以整理，備日內即行打好送出，此次報銷有與往常不同之處，即初次適用 Per diem 可以憑發票超過每日 190 元之旅館費而多報支 130 元，此即在台南所住之東都旅社特別房間是。

師友

　　上午，到國防醫學院學人新村訪黎漢德君，緣紹南由美京華盛頓來信，謂曾託黎君由美帶回玩具一件，乃往取焉。晤及後據云回國時因託帶物件太多，均交船運，約月後可到，余乃將電話開留，請其屆時再行通知來取云。晚，梁興義兄來訪，意在拉未來全國代表大會之選票，但未正面提出，余表示彼與裴鳴宇氏不宜兩敗俱傷，故妥協方式有類假投票之類，雖裴氏不主張之，仍應考慮採用云。

8月30日　星期三　晴

旅行

　　上午八時半，乘分署自備車接楊永元君及軍事工程局李維漢工程師赴台島北端之石門，所經為淡水、小基隆（三芝鄉）等地，共五十公里左右，於九時半到達，十一時十分公畢，經原路穿過台北市赴新竹，計一百二十餘公里，於下午二時到達，此為與軍工局中部工程局人員約定晤面之時間，果見徐副組長與鄧主任在候，於下午三時一同乘車南行，凡四十餘公里經後龍而抵達海濱之外埔，時為四時，五時公畢，在後龍買西瓜，五時半北返，八時十分返抵台北，今日共行約三百公里。

職務

上午在石門雷達站調查該站之 1958 計劃給水設備，見當時興辦新井、廢棄舊井之狀態已經改變，由於新井水不足，原在新井按裝與新幫浦連接同用之舊幫浦，又移至原已廢棄之深井，故幫浦重行分散，至於新井之水雖大於舊井，但在枯水季節仍不夠用，乃與固有之另一井三管齊下，然水荒仍甚嚴重云。下午在外埔雷達站查核 1958 年給水改善計劃，此處井下水源豐富，故本計劃只加幫浦一架，以增進其抽水之力量，自此時起，一切合乎理想，乃近日已經查過各計劃之最無困難問題者。

家事

台大及其他大專聯合招生，昨日起分組發榜，今日為甲組，據廣播紹中已錄取台大化學系第二名，晚間蘇景泉兄並抄來考卷分數，六門共 384 分，其中除國文 60 分為始料所不及外，其餘皆與預料者相似，最壞分數為數學，二十餘分，然在今年已為中上之成績，總分則為高分云。

8月31日　星期四　晴

職務

　　上午，到軍事工程局查詢數日前囑經手人查詢之與 Fy1958 有關雷達站 Water Facilities 之驗收招標，及工程未能如期完成而又未經罰款之原因，經手人蕭君一味支吾，謂該帳原由李君登記，乃又往商李君，至此余始知兩日來彼根本未有進行，余乃正色催其從速檢卷，於是乃往管卷室，移時謂管卷室人員刻正忙於例行事務，希望下午能夠調到，至於卷內有無所需要之資料，則尚不能斷定也，二人在談話中似乎表示不須再查，彼等可以推斷所鑿各井當時必未失敗，因如失敗，該款便不會由美援帳內支付，現在帳內既已列支，便可反證此工程已被認為不復有何問題，此語甚辨，但不能從正面證明其工程已曾做完且已達到預定之開井目的，故仍須補提供若干資料焉。此計劃共有五個所在地，除連日以來已看過四處外，今日計劃對三貂角採何措施，蓋余之原議以為四處看過應可告終，無奈由其他各單位所悉之情形，似乎三貂角問題最多，不宜遽行決定放棄，乃決定仍然前往，於是下午與原派定陪余等前往之李維漢工程師約定明日下午前往，本日下班後余即到台灣旅行社將對號車票預行買到，並準備一項 Field Trip Request，以備報支旅費，至於決定下午前往者，則因本分署之旅費規定日間短差須滿十小時，入晚八時後歸來者即只須滿六小時已可云。

9月1日　星期五　晴

職務

　　上午，撰寫 Fy1958 高雄海軍第四造船廠內燃機場房擴建工程計劃查帳報告，此一計劃內容簡單，亦無使用不當等情形，故幾乎無可報告，只好採取兩點較不重要之點列入：（1）工程未如期完工，經查主要原因為軍事工程局應供給包商之水泥未如期交貨，又因其中周行滑車未有預定之材料，須辦理 change order，以致延誤時間；（2）實際用款超過原 Application 之預算，即係因此項變更而來，且經過美軍顧問團之同意云。同楊君到聯勤相對基金收支組核對本月份所查兩個軍事用款之帳目，一為上述之內燃機廠房計劃，二為空軍管制報告中隊給水計劃，其所記歷次 MLCA 之 Amount 均屬相符。下午同楊君在三貂角第五管制報告中隊查核該中隊之給水計劃工程情形，發覺此部分工程幾乎等於無用，該隊之水本取給於二公里外之小溪，58 改善工程為增裕用水而挖四口淺井，此四井雖然有水，但既不能食，亦不能用，現在仍用原來之小溪，且在苦旱如今日者，仍不免派車到福隆運水，故此四井實等於虛設也。

旅行

　　下午一時半乘宜蘭線特快車赴福隆，二時四十分到達，同行者本分署楊君及軍工局李維漢工程師，由此以電話請三貂角空管中隊派車來接，凡九公里至該中隊，路壞行半小時，公畢參加該隊隊慶聚餐，七時半返抵福隆，在浴場乘涼至九時半乘車回北，十一時半到台北。

9月2日　星期六　晴

起居

昨夜歸來太遲，沐浴就寢已在午夜後，故今日精神不濟，午後小睡，略事補足，然日來又復酷暑難當，無以為計，今年入夏略熱數日，以後即入晚涼爽，意者入秋即不至再有反復，不料數日來餘威竟如此之甚也。

師友

下午，郭宏仁楊秀卿夫婦來訪，據郭君談其一切出國手續均已辦妥，只待依據外貿會通過辦法向台灣銀行請匯保證金，最後至美國大使館簽證，即可成行，現預定八日可以乘機動身，余與德芳與其約定本月五日下午為其餞行，據稱其學校在 Lawrence 之 University of Kansas，此地較為偏僻，用費每年約美金一千元即足，故暫無獎學金尚可支應云。

9月3日　星期日　晴

師友

中午，同班同學馬兆奎兄在寓宴請同班在台同學，計到朱興良、羅志淵、劉劍元、朱曾賞、虞克裕、高應篤、王慕曾、董成器、張中寧等，攜眷者有羅、董、張、朱、劉諸兄，席間未有何等重要事項討論，只一般對於母校教授之陣容不無微詞，彼此所見略同，最大之缺點為整個學校談不到政治理想，而甚多之教授則奔競不遑，以學校為廁身仕途之過渡，此在南京時本已有此趨向，然尚能從大處決定其出處，現在則毫無身份，不識進退，貽人以不良印象。朱興良兄係昨晚由台中來，今日下午四時半歸去，余於時到台北車站惜別。

9月4日　星期一　晴陣雨
家事

　　今日為美國勞動節，休假一日，余全日用於照料家事，緣昨日紹因有病象，晚由德芳率赴蔡文彬醫師處就診，斷為感冒，服藥後今日已漸漸退燒，昨晚紹中又發腸炎，今晨德芳亦相似，均有 38-39° 之體溫，每日如廁六、七次，今晨德芳偕紹中同赴郵政醫院就診，由孫明廉大夫診斷，經處方服用 Chloromycitin，今日紹寧又有同樣現象，余乃率其亦往就診，取來同樣藥品，按時服用，入夜均已漸漸輕減，孫大夫云此即腸炎，或即痢疾，與多食所生吐瀉情形不同云。午飯及晚飯均余處理，紹寧、紹因亦相助為理，雖菜餚甚簡，而因不常下廚關係，難免手忙腳亂也。

9月5日　星期二　雨
職務

　　開始寫作空軍雷達站 Water Facilities 查帳報告，因尚有待查卷之事項，迄今未能查出，故今日只將前段照例之文字寫出，其餘待詳於後段。上月至本月一日之出差旅費於今日將 Voucher 寫好，因共分三段，故筆數繁多，又有因住每日 190 元以上之旅館須提供發票，加具說明，比一般亦多說明之處。

交際

　　晚在台灣銀行餐廳與德芳宴客，主要為郭宏仁君餞

行赴美，以其夫人楊秀卿及其同學林美美為陪客，又為
答謝王德垕君，請其夫婦亦來，結果只王君一人來，又
所約樓筠瑋小姐亦未來。

9月6日　星期三　晴

職務

繼續寫作 Fy1958 空軍雷達站 Water Facilities 查帳
報告，今日所寫為主要部分之 Findings，今日寫 Project
Implementation 一段，首先敘本計劃之措施在新設或改
善五處水的設備，次敘五個計劃內共與商人訂八個合
約，主要的為經過投標，亦有數件為議價而來者，最
後敘五處 End-use 查核經過情形，認為石門之設備無問
題，但水源有困難，馬公之井淤塞應復再加修護保養，
應著專家觀察處理，外埔情況最理想，鵝鑾鼻設備亦無
問題，亦為水源不暢，三貂角則挖井四口，有水而不能
用，亦應由專家視察，決定有無良好之善後辦法，以期
不致形同廢棄云。

9月7日　星期四　晴

職務

上午，到軍事工程局查詢上週囑調閱之工程卷是否
已經調到，至則知李、蕭二君已將空軍給水工程內之石
門與三貂角二部分施工文卷調到，在余開始調閱以前，
先詢二人以何者已調到及何者未調到，據云關於工程延
期完成一節，卷內有資料可循，但驗收記錄則無，余因
該計劃內五個給水工程均有正式驗收單，何以三個試建

井工程內則只有空軍建築工程處之初驗單，又無總處核
准文件，李君云建井、試井均不正式驗收，另一梁小姐
及施工人員則云試井如此，建井與其他工程應同，下午
余將部分文卷查閱，對於此點毫無發現云。

9月8日　星期五　晴

職務

連日所寫之 Fy1958 雷達站給水改善計劃查帳報
告，經進一步檢視施工單位之文卷後，已獲得較深之了
解，今日所得之要點如下：（1）驗收手續在當時空軍
工程處均未加注意，故除五處之給水設備合約外，皆只
有該處初驗報告，而無正式驗收單，而根據如何，又言
人人殊，無已，只在報告內隱約提及此項事實，未加指
出有何不當；（2）招標手續均屬完備，只有一個數千
元之試井合約，係呈奉核定，未有招標紀錄；（3）工
程延期完成均在完工報告表內註有原因，惟總處核准
一欄，未有詳註，亦有不蓋總處之經手主管人章者；
（4）卷內發現有沒收押標金五千元，因建井工程往往
為墊款先行施工，俟出水良好後始再成立軍協計劃，故
該押金當時由軍事工程局作暫收款，以待計劃正式成立
再行轉入，但計劃成立後諒因事務上之脫節而致漏收
此帳，因而在查帳報告上正式列為 recommendation；
（5）原擬作為 final，因有上述五千元關係，須改為
initial，故原欲在 Conclusion 內說明之馬公、三貂角工
程須由國防部加以修護使能使用一節，亦正式列為一個
recommendation。今日復以近一日之力，將遷延半年之

美援會駐美技術代表團管理費二件查帳報告的 Follow-up
Report 寫成，以資結案，完全依據 Millman 與該會折衷
之意見，小剔除由該會照繳，大剔除則予以免除，目前
查帳工作之日漸流於形式，此其顯例也。

9月9日　星期六　晴

瑣記

今日休假，分署俱樂部舉辦福隆海濱浴場旅行，由
台北乘車赴基隆，轉由海關輪船赴福隆，由划子分批登
岸，余因曾赴福隆旅行，紹彭則已經開學上課，故由德
芳率紹中、紹寧、紹因前往參加，八時前往，至晚七
時餘方歸，據云因風浪太大，多半暈船，故歸途係乘火
車，其乘船者則約須九時始可回北云。紹彭上午上課，
下午休假，並赴康先生家習琴，余則利用時間掃除塵
垢，並噴射 DDT，餘暇看報，終日未外出。

師友

下午，郭宏仁楊秀卿夫婦來訪，談郭君赴美包機已
趕不及，改為乘十三日西北航空公司班機前往，如此須
多費二百美元，又余託其帶往轉交紹南之手包茶葉、文
石等件則當面取去云。

9月10日　星期日　晴

慶弔

上午到悅賓樓為國大代表韓介白氏九十大壽致賀，
並交二十元吃麵，又送宣紙自書賀詞一件，文曰「泰嶧
之光」，今日在寫作時搜索枯腸，本擬用「齒德竝尊」

四字，因恐太多重複而罷。

參觀

下午到歷史博物館參觀漢畫展覽及程民楷氏遺書遺作展覽，前者為若干拓片，以武梁祠石刻為主，後者為程氏所寫鐘鼎小篆及所藏金石書籍捐贈該館者，雖無特佳之本，然亦可見其生前致力之勤，最精者為與夫人合治之印禮運全文，為抗戰中作品，攜來台島者。

9 月 11 日　星期一　陰雨

職務

上午將數日來寫成之查帳報告二件及 CTM 查帳報告之 Follow-up 二件加以最後之核閱，前者並交一同工作之楊永元君會同簽字，辦妥後四件一併交卷。今日就軍事工程局之用款程序問題發生若干疑問，經與有關方面洽詢結果，發覺目前有若干不合程序之權變，例如一九五九年某計劃在去年六月底之軍工局 Final Report 上為 60 萬元，其中且已註明 MLCA 之最後 Amendment 將原一百萬元之四十萬元降低，但相對基金收支組則直至去年底之報表內的 MLCA Amount 仍為百萬元，詢之知為軍工局趕辦決算起見，將即將完成之變更手續先行入帳，於是收支組並不立即支付，而延至今年二月始行繳解美援會，美援會始通知國防部填發最後之 MLCA 也，此項事實如非經手人說明，殆無人可以明瞭也。

9月12日　星期二　風雨

颱風

　　昨日下班時有通告云明晨可能有颱風過境，設其時為 Condition I，即停止辦公，果然不出所料，由晚十時起風漸漸加勁，廣播云明晨九時在花蓮登陸，方相正西，實際進行極速，自轉成強烈颱風後，於六時在花登陸，八時即過台中入海峽，在此時間內台北之風亦最大，余徹夜未眠，守護木板日式大門，一面拴繩，一面風到時用手緊拉，防其外張，室外則倒坍飛散之聲，亂成一團，數年來未見此大風，直至九時後始漸漸減弱，而午後始趨平息，比鄰皆損失甚大，余則出乎意外，只碎玻璃二塊，外加屋漏，別無他失，亦云幸矣。

9月13日　星期三　晴

職務

　　上午，前日所作之 CTM Expenses Follow-up Audit Report No. 1568A 已由劉允中主任修改就緒取回，立即交打清稿送 Branch Chief W. B. Millman 核閱。上午，到軍事工程局繼續查詢上月所查之空軍雷達站給水工程有關資料，其一為驗收是否授權空軍建築工程處辦理，查出發文簿有此一文，但原卷尚未查出；第二為支出之 Deadline Date 是否延長，據查已經延長，但文卷調出後放置蕭君處，未能候其相遇；第三為設有包商押標金五千元未收計劃帳，該局當時係如何列帳，據李漢一君云，此款為該時之出納人員所保存，聞連同他款俱已另作處理，果然如此，即與定案不符，彼將再向出納方面查詢，因出納換人，舊人已不在此，故再查舊帳較為費時云。以上三項均早已於上星期將其內容加以判斷，寫入查帳報告之中，現在不過為求證詳情，大致所作判斷並無不符事實之處。下午，閱覽陸軍補給法規之有關油料者，略加記錄，以備即將開始之工作做適當之準備。

家事

下午到中和鄉姑丈家探視，見昨日山洪奔騰時姑丈院內亦有存水現象，且後院之水須超過室內流入前院，以致室內污穢不堪，今日始行除完。報載空前未有之颱風南施將於明晚過境，痛定思痛，不能不做更充分之準備，晚到木行定製五分魚鱗板二坪備用。

9 月 14 日　星期四　晴陣雨

職務

上午，與鄭學楨君同到國防部後勤參謀次長室第三處第三科與科長傅誠見面，聽取其一般油料業務之概況敘述，並告以今次開始檢查油料之範圍，最後對於檢查進行程序作一初步之交換意見，傅君之意以為雙十節閱兵正在加緊籌備之中，各單位人員均甚忙碌，故節前到各單位頗難抽身陪往，余等意謂對於出發時間在雙十節以後無所不可，但此事必須即行開始，為免除上述困難，不妨先就無閱兵關係之單位著手辦理，於是決定下星期一、二與三軍油料單位相晤，安排檢查日程云。

師友

王慕堂兄來訪未遇，據云已移居臨沂街，日內出差南部，週後始返云。

瑣記

　　日昨報載強烈颱風南施（Nancy）將於今日進襲本
省，此一颱風之威力為有史以來所無，暴風半徑 650 公
里，中心風速每秒一百公尺，如吹向本省，則恐房屋
十九倒坍，故人心浮動，達於極點，至今日陸續報告，
此颱風因受大陸來高氣壓之抵擋，颱風方向已轉為正
北，則台灣北部最多為雨水較多，及每秒十餘公尺之風
而已，於是無顧慮之必要，對此肯加研究者，當易於了
解也，余為釘牢門窗，定鋸之杉木魚鱗板至午尚未送
到，曾往催索，至晚飯時始到，此次颱風既不能用著，
即留供修理魚鱗板也。

9 月 15 日　星期五　晴陣雨

職務

　　因國防部方面須於下星期一始能安排 POL 查帳事
宜，故今日只在準備對有關資料加以閱覽，其中有一部
分為葉于鑫君所作之 Fy1957 POL 查帳報告的 Follow-up
audit 已經獲致之資料，因葉君之 Follow-up Audit Report
已決定作廢，併入此次 Fy1958-61 之 POL 查帳內連帶的
查核，為免多浪費時間，對於其已有結果部分不能不充
分利用也。國防部方面今日來電話，希望本分署致該參
謀次長室公函一件，聲明由何人往查，俾該處可以據以
通知三軍開始準備，余因已忘在查 1957 年度 POL 時是
否亦有此項公函，經與鄭君先行查卷，查出原來之文，
即囑鄭君辦一新稿送主管方面發出。

9 月 16 日　　星期六　　晴

家事

　　十二日波密拉颱風所留瘡痍亟待修復，其中有須等待工匠者如屋瓦魚鱗板及天花板等，已經約定工人，尚不知何時開始，須自己照料者為室內之雨水，尤其書房一間疊席水浸大半，今日與紹中搬出大門外曝曬，一日之間尚只乾其表面，只好暫存俟明日再行繼續處理。此次颱風全台損失極重，幸南施新颱風轉向，乃不幸中之大幸，該南施昨日到日本，威力雖已大減，然死亡、水淹、屋塌等，均已無法統計，甚矣天災之難以捉摸也。

師友

　　晚，蘇景泉兄來探詢颱風災害情形，據云所住宿舍之頂被揭，現暫移住台大辦公室內。

9 月 17 日　　星期日　　晴

瑣記

　　自上週大颱風南施（Nancy）過門不入，轉北向至琉球，又轉北向至日本，台灣已如重生，無數人生命財產亦如失而復得，所以致此，由於大陸高氣壓東移，使此颱風不能西向，更進一步而東向日本，冥冥中似有大陸上先民之神靈呵護此延續民族於不絕之台島，而使其不致在風雨中倒坍，言念及此，每使人感奮之不暇與希望之充沛也。

家事

　　因德芳患痢不愈，家事由余與尚未在台大開始上課之紹中照料，余上午到市場買菜，炊事由紹中任之，其

他事務則在適當範圍內由德芳自行照料。到中和鄉文化
街華安電鐘廠交修電鐘。

9月18日　星期一　陰雨
職務

上午，應約到國防部與有關油料人員舉行談話會，
首由後勤參謀次長室第三處第四科長傅誠說明此會召集
之目的，繼由余報告此次檢查油料之範圍與重點，參與
討論者為陸海空三方面之油料業務人員，此次檢查工作
因三軍均忙於準備雙十節檢閱，故不能完全依照由上而
下之順序辦理，在十日以前國防部可以準備簡報，而須
在下週，陸軍供應司令部亦然，故只能選擇若干於油料
會計關係甚少之受補單位在此十數日內從事檢查，此為
權宜之計，雖不理想，亦只好如此矣。本署致國防部公
文今日始正式辦出。

9月19日　星期二　陰雨
職務

上午，同鄭學楨君到空軍總司令部與有關油料人員
談話，藉以對空軍油料人員業務等項有一般性之了解，
到時除開車來接之國防部油料科傅科長與空軍總部後勤
署補給處油料科王科長參加外，尚有補給處葉處長及
由台南應召來此之空軍供應司令部油料科丁科長等，其
後勤署署長赴韓國訪問，由副署長尤家進前來致詞表示
歡迎之意，計交換意見各項為：（1）王科長報告其油
料有關單位系統，目前為在供應司令部下由鳳山第一油

料中隊及八堵第二油料中隊辦理補給事宜，現在因南北
二區油管已經接通，統一調度有其必要，將在台中成立
油料大隊，轄二個中隊，同時縮小供應司令部內油料人
員；（2）空總油料來源有二，一為由美國進口，一為
奉國防部分配提單向石油公司提領，前者之進口向在高
雄港，將來希望分在高、基二港進口，但技術問題極
多，能否辦到，尚無把握；（3）車用油料由國防部按
月定量配給，依八項次序決其優先，但距實際需要甚為
遙遠云。下午擇讀空軍油料手冊內有關存量管制等項規
定，並作概要之記錄。

交際

晚，空軍總部由後勤署副署長尤家進在渝園約宴，
到者本分署余與鄭君、國防部傅科長、童副處長、陸軍
經理署戴組長、海軍補給處油料組趙副組長，此外即為
空總之尤、葉、于、丁、車諸君云。

9 月 20 日　星期三　陰雨

職務

上午，由空軍總部油料科王科長陪同偕鄭學楨君同
到八堵空軍油料第二中隊查帳，國防部油料科傅誠科長
本亦欲同往，但至十時始到，在八堵工作計上午三小
時半，下午一小時半始畢，所得資料如下：（1）檢查
自 Fy1958-1960 之帳卡，該項帳卡雖封面寫明年度，但
內實採用曆年，其格式為空軍供應司令部所定，記載甚
詳，與憑單抽查亦屬相符，（2）其中小疵之一為分存
地點欄本有油管一項，但自 1959 龜山油池建立後，因

原空格不敷應用，而油管存油只為固定數量，故多省略，然以此分存數與總存數相比，即有差額，記載顯有缺點，（3）小疵之二為所記盈絀數字與事實上計算方式不盡相合，例如油管回油與充油列為盈絀，據云因油池不能劃分為專用與油管抱注者，故與量油盈絀係混合計算，但其帳卡內則有時分計，詢以如何得來，則不之知，余姑假定其為凡作為靜態損益記入者，諒係當日未有輸油，故斷定其為量油之損益，彼認為合理，然事實上又未謂果然如此也，（4）在實地察看存油時，因適值全面清洗期間，只有三池尚有存油，然在高處，其餘已清池者共八池，因固鎖亦未能啟視，（5）此油池均為 JP-4 油，亦無附屬油料，故業務甚為單純，據云其困難在油管之修護保養云。公畢後回北，途中大雷雨，過南港、松山時尤甚。

交際

　　晚本分署會計長 Shamburger 在寓開酒會介紹新來之會計組長 Ray，因雨在室內，擁擠不堪。

9月21日　星期四　晴

旅行

　　上午八時三刻由台北起程，交通工具為空軍總部吉普車，由油料科科長王祖慶駕駛，同行者本分署鄭學楨君、空軍供應司令部丁科長、空軍總部車參謀，九時三刻到桃園，因此段正翻修公路，車輛單行，故費時較久，由桃西行十四公里，於十時到達桃園空軍第五聯隊，在此工作至下午四時，繼續南下，於五時半到達新竹，住新竹大旅社。

職務

　　晨在辦公室將上月所作之兩件 Military Projects 查帳報告，一為 Kaohsiung Harbor Navy Yard 之內燃機房工程，二為空軍雷達站之給水計劃，作最後審定，複閱劉允中主任所作之修正，然後交打字小姐打 Second draft。上下午在桃園空軍基地查核油料，余由空用油料帳卡下手，鄭君則重陸用油料部分，皆採重點主義，發現之重要問題如下：（1）帳卡之使用係將由龜山油池輸補至油料分隊之油料，記入一本帳內，另將由油料分隊補給至加油汽車內之油料，及其加入飛機內之油料記入另一帳內，須將二本帳之結存相加，始為當日之總存量，亦即報送空軍供應司令部之表列存量；（2）損耗數量在帳內不能表現，因輸油入池多因 elevation 關係尚繼續增加，然後由次日輸油內扣補，故本地損耗實隱藏在內，其帳卡內亦有時記有存量損耗，以別於輸油盈虧，但是否即為靜止狀態所得，不能指證云。

9 月 22 日　星期五　晴
職務

　　上午八時半，偕鄭學楨君與空軍方面之王、丁、車三君到新竹基地檢查油料，先到聯隊部與聯隊長翁克傑及主管之修補大隊長王維塿、副大隊長王桂恩及補給中隊長柯士鑑晤面，然後即到該中隊部開始檢查，今日所注意到之重點如下：（1）帳卡記載採劃一方式，亦即油池與油車之存量記於一帳，只在 location 上有

所區別，如在 location 間有所調撥，即不作收支，只在
location 一欄加以調整；（2）帳上向無損益記載，據云
其原因為每天埔頂油池輸油前來，在簽收前先行量油，
即作為輸入之量，縱有存量之耗損亦隱藏於其中矣，故
不需記載；（3）由此注意其靜態之清點，一年來凡三
次，除副油有少數衡量造成之盤盈外，油池方面全無增
損，與平時一致，此點即頗有人為結果之嫌；（4）前
次 Follow-up 對於油池收回油車存量之記載又作一度新
收與撥發，顯然浮列雙方數字，曾提出糾正，現在已不
復有此類似之情況；（5）車用油問題較複雜，鄭君核
其用油不及所行里程遠甚，而油源不知，有謂係由辦公
費價購而來者，但大小殊不相稱，其原因或係移用飛行
用油，或係移用動力用油，短時期不易完全核明。

旅行

因公路大修，須走單行道，行旅甚苦，計五人合乘
一吉普，頗多困難，余乃與鄭君購火車票回北，於下午
五時三十七分開行，六時五十五分到達，空軍總部王、
車二君乘原吉普，供應司令部丁君則乘火車回台南。

9月23日　星期六　晴

業務

上午見中央日報刊載林務局職工福利委員會代理人
某會計師代表公告，前林業員工組合員依省府核定之比
例，來領其剩餘財產權代價，至為訝異，蓋此為七年前
該局與余訂有合約託辦者，近來在訴訟期間且常有通
知前往開會，足見此合約未滿，乃屬不爭之事實，今以

合約內之工作另委他人代理，顯然違約，余正考慮要求
該局或職工福利會履行其合約義務，將欠付公費如數付
清，此事突如其來，且對余似有保密之嫌，以政府機關
作事如此不光明，與七年前醞釀訂約時一部分人員之所
為，正復前後輝映，亦云怪矣。

9 月 24 日　星期日
中秋

今日為陰曆八月十五日，適值星期假日，台灣風俗
中秋不如中元之受重視，然內地人似較為起勁，惟因一
般購買力不足，加以柏美達颱風不久過境，到處瘡痍未
復，故一般消費力量似嫌不足，除仍有若干菜餚消耗
外，月餅價昂，多過剩餘門市，余則由昨日略備酒及汽
水，今日德芳買菜，烤鴨一隻，亦自相當豐盛焉。

家事

柏美達颱風所受之災害不大，然需修理之處亦自不
尠，前、昨兩日由德芳監工，木瓦工將屋瓦、魚鱗板、
大門鉸鍊等處加以修理，後門則本已損毀，勉強應付，
風來時竟未被吹倒，有類奇蹟，然亦不可久恃，故定製
新門一付，日內換新，並加搭門樓。

9 月 25 日　星期一　晴
職務

上午，開始海軍方面之 POL 查帳工作，八時半偕
鄭學楨君同乘海軍派來車到海軍總部舉行簡報，到者補
給署張副署長、儲運組羅組長、趙副組長及吳希和、趙

璋等參謀，由羅君作報告，報告完畢後余對於一般油料
補給情形提出若干詢問，並悉海軍有一特點即於供應司
令部之存量帳卡外，並由該署財務組設有價值單位之帳
目，美金、台幣部分皆然，且云各單位亦皆有記載云。
下午繼續海軍工作，到基隆造船廠供應處聽取該處油料
作業簡報，並視察仙洞燃料管理所及四腳亭油庫，條理
尚佳。晚應海軍總部款宴。

游覽

　　下午游基隆仙洞岩，主洞不深，但寬敞，容一佛
殿，側面有洞，須側身而過，行數十步不見盡頭，
甚奇。

9月26日　星期二　晴

職務

　　日昨美軍顧問團曾來訪問本組 Chief Millman 謂對
於 POL 查帳事有所商談，今晨 Millman 約劉允中主任
及余往訪其 Petroleum Division Chief LT. Col. Schwab，
彼對於油料一般情形表示甚多意見，旋又與鄭君同到該
Division 與 Sgt. Boatright 談該處所有之資料，經將所收
到之三軍月報表及每月車油分配案取出，此皆國防部亦
有之案件，故不加詳閱，即行辭出。預定全日檢查艦艇
油料，改為下午開始，先到基隆三軍區承後勤組李、周
二正副組長引至會稽油艦，舉行簡報，並檢討該艦輸油
之困難問題，並檢查其耗用記錄。晚飯應第三軍區之約
在基隆共進晚餐。

9 月 27 日　星期三　陰雨

職務

下午二時半同鄭學楨君到國防部舉行油料簡報，此本為此次檢查油料之第一程序，因該部準備不及，遂延至今日，簡報由後勤參謀次長室助理次長馬空北致詞後，即由該室第三處第四科即油料科科長傅誠就印好之文件作口頭說明，報告畢即由余提出一般性之問題，並由傅君與在座參加之陸海空軍三總部油料業務人員議定實施，其中之一為余要求其將此次檢查包括之四個年度，各製出一種平衡表，先求撥款數與購油數之平衡，再求發油與用油數之平衡，設不平衡，必有餘油，又車用汽油須將每次分配案內容亦摘要說明，此事將由三軍各就其資料配合綜合辦理，其次余提出相對基金用款之帳卡問題，國防部云彼非會計單位，無會計作業，陸軍總部供應司令部經理署油料組云，該組不過代國防部分配車用汽油，不能亦作帳卡處理，故亦無記載，最後乃決定向聯勤財務署相對基金收支組調閱其付款之帳卡，第三為石油公司與國防部之往來帳務情形，將由國防部通知該公司定期將其帳務情形向余等說明云，簡報歷時二小時餘始畢。

交際

國防部由後勤參謀次長室代理人馬空北代表在渝園設宴招待余及鄭學楨君，在座除該室之主管處長、科長、參謀（沈、童、胡、汪、洪、盧）外，尚有陸軍、海軍、空軍三總部油料人員（戴、羅、王）作陪。

9月28日　星期四　風雨

颱風

今日有颱風過境，但未十分加以防範，因其中心速度只有每秒四十公尺，且中心位置係自大武登陸由高雄入海，北部僅在邊緣也。今日全日風雨交作，尤其陣雨有數度較急者，巷內滿水，余家因最近房屋方始修理，故尚未發生滲漏，風勢不甚凶猛，故敢信除若干低窪地區或有積水外，其餘無何損失也。

家事

余今日因孔子聖誕休假一天，因風雨竟日，故未外出，只照料家事耳。余家只有正屋三間，一間為客廳，一間為余與德芳臥室，一間為書室兼紹中、紹寧寢室，至於紹因、紹彭則臨時在余寢室榻榻米上鋪臥具就寢，自中秋起又買雙層木床一只，供紹因、紹彭睡上下舖，即安置於紹中之寢室內，一面將書案另行支配，一字長蛇列於北窗之下，如此雖室內增加二人臥床，而空地似不比原來為小，可見凡事在乎安排適宜，室內之有無迴旋餘地，初不在於其絕對面積之大小也。

體質

右足大趾之趾甲嵌進，雖半月來用灰錳養洗泡，無日間斷，然生膿現象仍未驅除，且其旁有擠成高聳之肌肉，昨日在本分署醫務室由林大夫診斷，認為藥物療治奏效太慢，且或不能徹底矯正，故主張往外科醫院開刀，余亦同意，但日內無請假可能，須待下月始可就醫院處理，林大夫乃為治標之計，開 Sulfakyn 四片，每日二片，今日服完。

9 月 29 日　星期五　晴

職務

上午，同鄭學楨君到陸軍供應司令部經理署接洽油料查帳事宜，此為預定日程，首先與該署正副署長、油料組長、國防部傅科長誠舉行簡報，由朱副組長擔任報告已經印就之資料，完畢後略作詢問，即同到油料組辦公室與主管方面作一般性之交換意見，並因其簡報資料內所附油料會計組織系統表不夠明白，乃就其所設之卡片科目及借貸方法，請其舉實例加以了解，已大體明白，然尚有待於進一步之探討，蓋此處幾乎為全般油料之總樞，其中待發覺之問題必多，然又無一定方法可循，故須由了解過程中觸知其可能孕育之問題也。下午，同經理署戴組長、國防部傅科長及本分署鄭學楨君同到七堵油池檢查油料，首先由該油池中隊長作簡報，繼及詢問其帳卡組織記載情形，余查主油，鄭君查副油，主油內發覺一項問題，即收油損耗在未奉准核銷前抵作庫存，因而其月報表之數字實含有一部分隱藏之損耗也，又注意其國款價購油與非美援單位用油之處理，大體上似分割清楚，但有一筆與二儲庫、一儲庫間之調撥記載，全隊人員皆不能解說其理由，待改日補報云。

交際

晚，陸軍供應司令部經理署在陸軍聯誼社請客，在座除該署羅、張二副署長，尚有三軍其他數人。

集會

晚，到國際學舍參加本分署 Club 之新舊理事交替全體同樂會，有游藝及抽獎，余乃化妝品一件。

9月30日　星期六

瑣記

中和鄉潭墘所購建屋基地須完之地價稅，因居住甚遠，向來不易如期到該縣公庫之鄉農會完納，去年下期份已半年拖欠，上月底又為本年上期份屆滿之期，現在尚加罰百分之三，如再過十天即須加罰百分之六，為早日了結此等公案，決不再待其他便利之機會，於今晨專往處理此事，計去年下期份者加罰百分之六，今年上期者加罰百分之三，所幸因稅額無多，故所罰不過五元左右耳。

業務

上星期六林務局職工福利委員會登報發放前林業組合員之權益，係依照省政府核定之倍數辦理，此發放事宜乃余與該會以前所定合約內余之工作，即將提出交涉，今日為明瞭其內容真相，往訪林局總務組林慶華君，據云該會登報事完全為依照該會開支費自行作主處理之原則辦理，並非先得局方核准者，彼對於以前與余所定之合約似乎亦覺應有顧慮，至於組合員方面將不致有來領款者，因該項訴訟雙方均上訴最高法院經發還重審，非待最後判決，組合員必不死心也，余詢以延聘律師之公費係如何來源，據云係由局一次付給，不需陸續支付，故甚簡單，余由此知該局之律師費與會計師費並非必須分期支付者，昔所定約乃完全因數會計師競爭之結果，而該局當時經手人索取回扣，聲明須一次扣清，均係一種顧慮後患之結果，此次另延其他會計師，其必另有隱情，亦昭然若揭也。

10 月 1 日　星期日　晴小雨

師友

　　下午，到臨沂街六十巷四十八號王慕堂兄之新宿舍訪問，此處有日式房屋二十八疊，由王兄與另一王君合住，比以前在青田街時寬敞多多，王兄今日談其生活情形甚詳，渠有若干事為一般所難能可貴，甚至可以納入異行者，使人深為讚佩，據其所談有：（1）新竹有一幼女曾在峨嵋街其交通銀行對面一獎券行賣愛國獎券，因其態度嚴肅，為王兄所重，曾助其還清獎券行債務，介紹入紡織廠作工，並助其弟入中學讀書，明日此女遣嫁，且為其助嫁妝數千元；（2）交行有中學畢業之工役二人，王兄曾助其學費入大學夜間部讀書，現在已有大學畢業者，且有在日間上課者，引起行內主管方面之不滿，而王兄不之顧也；（3）在行內工作對於目前一般之逢迎取巧作風大為不滿，而本身擔任稽核工作，遂致引起若干之不滿，然不以為意，談約二小時始畢。到光復路訪于仲崑兄，不遇，本擬託其對林務局職福利委員會羅健總幹事轉達余對於該會另委會計師辦理發放組合員權益一事之意見，只好另行寫信相託矣。黨校同學發起為武文同學臥病數年定一長期資助辦法，每月擔任二十至三十元，余復信允擔任每月二十元，並為簡捷起見，將於每五個月送郵局儲匯帳戶一百元。

瑣記

　　本年夏令時間於昨夜終止，今日起時鐘仍恢復中原時間，計相差一小時。

10月2日　星期一　晴陣雨

職務

　　上午九時乘觀光號火車南下至桃園，同行者本分署
鄭學楨君、國防部傅誠科長、汪瀚參謀、陸軍供應司令
部經理署戴聲強組長，抵桃時，楊梅油料中隊長楊君率
車來迎，即換乘吉普車赴楊梅，於十時十分到達，即
開始簡報及檢查卡片工作，今日發覺問題如下：（1）
此處共有油座二座，各為一萬美桶，但其卡片之位置欄
並未分清油池，只為一個總數，余為由於卡片結存核對
其量油紀錄，發覺有甚複雜之原因使二者不能一致，其
原因之一為每月報告損耗一次，列舉四種損耗俟奉供應
司令部經理署核准始行支帳，在未交帳前此項損耗係作
為庫存，其二為各受補單位不能隨時將油提清，經常有
存在油池之數，此數在量油結果內勢須減去，其三為汽
油有三種，即美援油，非美援油亦稱控屯油及價購油，
此三者之帳面結存相加始為油池之實際存量；（2）由
此一事實復證明該油池之清點盤存有趨於形式化之嫌，
蓋清點時如不將上列各因素予以消除，其存量將不能在
帳面上與油池內互相一致，而其紀錄內固無此等計算之
根據，證明該項盤存亦只依其理論上之結存予以承認而
已，事極粗疏。下午二時由楊梅赴桃園午飯，然後乘觀
光號火車於三時十七分回台北，半小時到達後即同至愛
國東路口軍用汽車加油站，詢問作業情形並檢查帳卡，
知其所領油均存七堵油池陸續提出，因此使七堵油池所
存油必超過實際，當無可疑。

10 月 3 日　星期二　雨

職務

　　油料檢查第一階段已於昨日告一段落，須待雙十國慶後始重新開始，但今日國防部負責人曾來電話接洽未來之日程，計開出五十四工作天，自十月十一日至十二月十五日為止，經余與鄭君檢討，對於其所定各軍種之天數無何意見，只對於空軍所列之八天，認為不足，須加成十天，蓋未查者尚有供應司令部、鳳山油池，以及六個基地，其中有須兩天者，有須加算路程者，八單位只算八天須嫌迫促也，經再度核算，並將假期加以扣除，又與劉允中主任商洽後，決定下列各項：（1）暫時排至十二月十五日，共有 54 工作天；（2）內含外島十天，暫不作決定是否前往，待至十二月再視實際進度再行定奪，則至十二月十日即可完竣；（3）劉允中主任表示出差可以兩星期相連，則星期六可以工作，如此約可增加四個工作天，此即為可以提早至十日完全初步之理由；（4）一切待明日下午再作最後決定。下午，乘 POL 查帳暫時停止之時間，將退除役官兵輔導會之醫療計劃 Follow-up Audit 加以處理，經約經手人周煥廷送來有關資料，當場予以核對此一 Follow-up 之主要問題為支付經理署之油桶耗、米袋耗是否與付給草袋代價八萬隻有重複情形，周來攜來資料驢頭不對馬嘴，細審之下，彼係將 Fy1959 之資料用為解釋 1958 之帳目，令人啼笑皆非，但決定明日繼續辦理。

瑣記

　　上週五本分署俱樂部之晚會摸彩今日前往兌取，計

make-up set 一盒，內鏡、梳、刷各一件，甚精緻。

10月4日　星期三　晴

職務

　　上午，預定為退除役官兵輔導會人員來送有關一九五八年度醫療計劃查帳報告之 Follow-up 資料，不料該項人員不但未見蹤影，亦且未有電話通知，意者昨日以次年資料搪塞之計未成，查卷對數，種種困難，臨時乃有不能措手之處歟？此事既須再度擱淺，乃乘餘暇核讀 Fy1958 至 Fy1961 四個年度之 Military Local Currency Authorization 及其相關之 Project Application，此等文件本應在查帳前即行核閱，因近來工作程序稍嫌凌亂，故不遑計及，今日核閱後得悉若干有關此項計劃之特點，並將要點摘記入 working paper 內。下午，偕鄭學楨君到國防部與國防部及三軍人員商洽第二階段之工作日程，經決定以下各節：（1）總日程應以十二月十五日為中止期，但為陸軍較多，易於伸縮，故將陸軍放在最後，首先由海軍開始，為顧及各單位雙十節後不能立即入正常狀態，故決定自十六日開始，以七天從事海軍與陸戰隊，繼即從事南部之空軍單位，如是者復十個工作天，最後以陸軍單位二個加入，將十六日至十一月九日之日程完全排定，至於九日以後直至十二月十五日間之日程，將由陸軍經理署將其所有單位開出，由余等斟酌為最後決定，至於下星期十二、十三兩天則赴聯勤財務署收支組查帳云。

交際

　　中午在中國之友社參加本會計處同人歡送 Betty Shen 之赴美留學送行宴會。

10 月 5 日　星期四　陰雨
體質

　　右足大趾之 Ingrow toe nail 月來每日皆用灰錳養溶液熱時浸泡半小時，但收效甚微，上月杪本分署醫務室之林大夫認為非作手術不可，今日起余將本年已不及用完之 annual leave 三星期內之一部分開始使用三天，自今日、明日以至下星期一，連同例假國慶共為六天，以供作此手術之用。本日上午到台灣療養醫院先在門診予以診斷，大夫為陳守仁氏，亦即兩年前為余切取之大夫，診察後謂仍須再度切除，並約定於明晨八時半作手術。足部之現狀雖未有劇痛，然趾甲旁之肉已突出愈甚，顯然已阻礙藥力不能達到肌肉，且每日用紗布包紮，及晚輒見有膿血沾污於紗布之上，藥物治療分明已難奏效焉。

10 月 6 日　星期五　晴
體質

　　上午八時半，到台灣療養院按預定時間由陳守仁大夫為余作 Ingrow of toe nail 切除手術，先在掛號處掛號，然後到樓上手術室等換衣服，然後在手術室開始開刀，先在右大趾上打麻藥針，甚痛，但繼續再打若干針於趾前時，即不甚痛，至切除趾甲時，即只聞其聲，完全無痛疼之感，迨包好紗布，起床至更衣室換衣著地，即有痛感，乃穿所帶之右足拖鞋，踱至電梯邊下樓，再踱至正門，呼馬路上三輪車乘坐回寓，至下午即漸不覺痛，陳大夫本開給止痛藥四片，因未服用。今日在醫院係按公教保險手續辦理，見其批價手術費為 150 元云。

10月7日　星期六　晴

瑣記

假中閒居無俚，乃將歷來所購唱片加以整理，其中以十吋半卅三轉者占多數（有兩張十六轉者為例外），計得平劇四十七張、其他地方戲五張、西洋音樂十四張、西洋歌曲九張、國語歌曲九張、英語課文三張，共八十七張，另十二吋者全為西洋音樂歌曲二十二張，共為一百零九張，至於四十五轉者及七十八轉者乃至所謂有聲雜誌之屬九張尚未計算在內。以上唱片全部為台灣製之翻版，只有二張三十三轉者及四張 45 轉者與三張 78 轉者為原版。

師友

國防部汪瀚參謀及本分署鄭學楨君聯袂來訪，汪君送今日午夜後之閱兵預習座券，余因足疾方行手術，不能出門，故轉贈鄭君，因彼之一張已送他人也。

10月8日　星期日　晴

體質

上午，到台灣療養院續診右趾手術後情形，由陳守仁醫師診察，認為情形良好，經由護士加用 Biomycin

藥膏後重新包紮，並謂兩天換藥一次即可。今日赴醫院係乘公共汽車，雖右足包紮不能穿鞋，但經將十二年前由大陸攜來之便鞋著用，居然行動自如，凡物必能有其旦夕之用，信然。

參觀

　　上午，到華南銀行四樓參觀蘭花展覽，計有百餘盆，以石斛蘭（Dendrobium）為最多，次為洋蘭（Cattleya），更次為 Vanda，又有僅只一株之蝴蝶蘭（Phalaenopsis）甚別緻，似為不開花季節中之奇葩也。

10月9日　星期一　晴
閱讀

　　閱九月份 *Reader's Digest*，有短篇曰 "There are Two Kinds of People - Which Kind are You?" 敘人可分為二種，一種為 "Do you think only in terms of yourself - how much you can make, what you can get out of life? Those who think that way are definitely part of the problem. Or are you concerned with the contribution you can make - how much you can put in? People like that are part of the answer... I believe that people are wiser, happier and have more inner peace when they think of life as a solid, intelligent investment from which they receive in terms of what they put in."

10月10日　星期二　晴
國慶

　　今日為中華民國建國五十年紀念，休假，以下數事足記：（1）盛大閱兵於上午十時舉行，余因足疾，接禮束而未往，囑紹中前往觀禮；（2）聯合大樓亦抽到參觀席次，由德芳前往參加，在四樓 418 號參觀；（3）典禮實況由各廣播電台廣播，余在寓收聽，十一時後受檢後之車輛部隊即來羅斯福路一帶游行，余至巷竚觀，除往年所有之戰車等外，尚有飛彈部隊，至通信鴿則未獲觀；（4）各報皆擴充篇幅，然內容平平，獨有徵信新聞報有數篇論史學、論經濟之文字，較有分量；（5）下午有花車游行，晚間有焰火，焰火則在巷口可以遙望焉。

10月11日 星期三 晴

職務

六天假期已過，足部開刀後亦漸漸復原，今日開始辦公，除整理有關 POL 查帳之有關資料外，即為從事臨時工作，緣最近靳綿曾君曾作一項調查工作，即糧食局經辦美援麵粉之加工費與麩皮代價問題，今日副會計長 A. W. Tunnell 曾向劉允中主任詢問該項麵粉於配售軍公人員而外，是否亦有調劑民食者，又除此項使用之小麥外，進口小麥尚有其他之用途，經與熟悉糧局業務之美援會卓景煇君探詢，復參閱余去年所作之糧食局業務調查報告，對此兩問題作答，前者為限於配給軍公，後者則軍公小麥只為進口美國小麥之一小部分。

師友

晚，蘇景泉兄來訪，閒談台大一般情形。

10 月 12 日　星期四　晴晚雨
職務

今日在聯勤總部財務署相對基金收支組查核有關 Fy1958-61 POL 款項支付情形，余與鄭學楨君各查二個年度，當依據該組所開之收支帳目與傳票核對無誤，並將每次付款購入油類數量加以表列，以作統計。該組支付油款係根據國防部之所製傳票，在 Fy1961 年度已變更先收油後付款之辦法為每月先行預付一部分，待後補足差額，但國防部傳票常按全額製票，由收支組將預付部分扣下，惟傳票上係在備註欄加註實付若干，原金額欄多未改動，余等加以糾正，主其事之施君竟強詞奪理，認為不必改善，亦可怪也。

體質

下午在本署由衛生處來照 X 光小片。

10 月 13 日　星期五　晴陣雨
職務

上午，到聯勤總部財務署帳務審核處，核對昨日在相對基金收支組所核之 POL 付款傳票之原始憑證，緣收支組之傳票係屬副本，其正本在帳務審核處，原始憑證之有數個 copy 者固可皆附有一份，但正式單據如石油公司所開之統一發票則附於正本之後，在該處將昨日所核之 Fy1961 及 Fy1960 兩年度者核對相符，其 Fy1958 及 Fy1959 者則由鄭學楨君分頭核對，凡半日而竟。在帳務審核處連帶的對於國防經費之財務制度發現若干特殊之點：（1）帳務審核處隸屬財務署，其處長張伯明

君云，其職權為帳務與審核二者，余原以為各用款單位
皆有會計紀錄，此處不過為一綜核之機構，今日始知不
然，各單位所記之帳，在此處仍然有其一套，若謂其性
質屬於出納方面，則如相對基金收支組，固亦有其出納
帳，二者實為重複之紀錄；（2）各軍事機關經費帳均
歸此處保管，保管前且由審計部國防經費臨時審計辦公
廳核過；（3）各收支組保管現金有限，超過限度者，
則開公庫支票，此項支票在台北者由審計人員會簽；
（4）余認為財務署乃各軍事機關之大出納機關，而審
核處則冠於此項大出納制度上之綜核單位，控制現金單
位，其帳務部分乃配合此目的而設，故非會計性質，因
而名曰帳務，此項解釋未知是否正確；（5）美援相對
基金軍費，凡油料、服裝、交通、電信，連同採購、建
築，六者皆透過財政部轉發。

10月14日　星期六　晴
參觀

　　上午，到中央圖書館參觀國慶宋本書展覽會，計經
史子集各部共一百餘種，可謂洋洋大觀，余見其字體小
而精者為眉山三蘇先生文集及冥樞會要，字大而美者有
唐書及楚辭辯證等，該館說明共藏宋本二百餘種，且
多孤本，為海內第一。到國立藝術館參觀各家篆刻展
覽，凡近百人，余以為較突出者有酒金堃、王王孫、王
壯為、吳堪白等家，又有施石青刻心經於一章，又大碑
集王字十思疏，乃他家所無。下午到歷史博物館看故宮
中央博物院國慶特展，展出凡一百四十餘件，包括書、

畫、瓷、玉、銅、織繡、文獻、書版等，書法最精，王帖有五，蘇、黃、米、蔡亦各有精品，獨無唐人為缺憾耳，畫則貫穿各代，其他文物則多選用大件者，蓋櫥窗為近牆式，掛者為書畫，其下則器物也。

10 月 15 日　星期日　晴
體質

上午，到台灣療養院再請陳守仁醫師看足疾，據云已復原，可不必再畏水，但仍囑護士為余包紮。又以足上灰指甲問題詢之陳醫師，據云甚難治，聞有用內服外科兼施之法，但效力不確實，余遂作罷。

旅行

下午四時半由台北車站乘 3003 次柴油特快車出發南行，在車站相晤者為鄭學楨君及國防部汪瀚參謀，到高雄時在晚十時五分，海軍總部事先來高之趙煒參謀來接，晚住石油公司招待所，建築新穎，環境幽靜，惟所在為左營，距市區略遠耳。

10 月 16 日　星期一　晴
職務

全日在左營海軍供應司令部檢查油料帳務，先由趙國民科長作簡報，對於該部業務程序介紹甚詳，繼即就其卡片制度作進一步之了解，獲知事項如下：（1）該部在 Fy1960 年度以前所用之管制卡片內容甚為簡單，對於若干之基本事項不能為分類之表現，在填製三軍油料月報表時必假手於若干非正式之分析草稿，此實對於

其應具之功能大打折扣，自 Fy1961 開始用新卡片，自
此項新卡片已可自然產生若干單獨之數字，例如新收、
轉撥、損耗，皆可完全表示，惟尚有一項缺點，即收入
支出項目繁多，原有之順序收支混列，自 Fy1962 則正
印製新卡片，將項目改為先收後支，最後結存，以粗線
界之，在處理效率上必將大增；又自 Fy1961 年度有附
屬卡片之採用，此附屬卡片有須按月將數過入正式卡片
者，有只作補充參考紀錄者，頗覺繁複，非局中人難
望迅速了解；（2）該部之三軍油料月報表現改用新格
式，即發出欄分為供補與非供補，又每一項目分為相對
基金、國款與進口油料三行，其實前二類均只有三、四
類之油料，此三、四類油類皆用台幣購買，並無進口，
而進口之油料則有數百種之多，又無一可用台幣購買
者，然則三行中幾有兩行無字可填，完全浪費；（3）
安全分署原定為一萬五千噸，現在已無形取消，但在每
次計算存量消長時，則按兩月約一萬噸計入，以此數與
實存比較，目前尚在二個月以上（指國產部分）。

10月17日　星期二　晴
職務
　　全日在海軍供應司令部燃料管理所檢查油料，上
午為簡報，並視察各項設施，下午審核帳卡文案等。上
午視察由較遠之壽山油池起，此為日本海軍所留，計二
所，各 17,500 噸，分儲輕柴油與重柴油，上下有三洞，
二、三兩號貯各項潤滑油，一號貯器材，一洞通量油
口，視之不見底，云有四丈深，其下為枕狀，漸有變

形，量油計算漸不能精確，故輕柴油另在去碼頭之半途間設有計量油池（2,000 噸）轉輸艦艇。由此再至中央區油池油坪，此處油池除計量油池外，即為廢油池（900 頓）一座，尚有一萬噸者一座，本空軍借用，歸還後由陸軍儲汽車油（K-1），漏耗日達八百噸，鄭君攀至頂上視察，謂皆為破損處蒸發所致，目前困難為無法將油輸出以供檢修，因既無同量之油池可以替換，亦不能裝入油輪不卸也，此處油坪為一油池之護牆遺址，用以放置汽油者。由此回至燃料管理所各油庫及油棚視察，完畢即已中午矣。下午檢查帳卡，該所事先已將有關之憑單報表卡片均分置案上，經檢討其內容如下：（1）憑單與卡片所載抽查相符；（2）重點紀錄抽查完備，其損耗平時不記，只有在盤點人員來臨，始可根據其盤點結果增加卡片上之結存數字；（3）呆存油料均按年份設有處理卡片，以備領發時作先後依據；（4）廢油再製與艦艇繳回本記入收入欄，計入月報表上多有混淆，當請改用赤字記入撥發欄，表示沖銷。

10 月 18 日　星期三　晴
職務

今日按預定日程在海軍第一軍區汽車大隊檢查油料，此為海軍之最大集用場，支配車輛三百餘輛，首先由楊大隊長作簡報，除印成簡報小冊外，並有幻燈片，且有錄音帶放送，以代其口頭宣讀，其實三者完全為一事，簡報畢，余就其一般作業情況略加詢問，即先巡視其各項設備，包括保養、加油、車輛等實況，其加油站之容量為 4-6 千加侖，每日平均用油約一千五百加侖，繼即檢查帳卡，表面甚為整齊清楚，實際上有不能自圓其說之點，如其存量帳卡雖為每日記載，然收入數動輒將全月數 44,700 加侖一筆加入，而事實上則為每二、三天向燃料管理所申請一次 2-4 千加侖，由此證明其卡片乃月底一次所補，而鄭君同時核其每車分戶卡片與該卡片之記入憑證「日報表」，以及其月報表，均只月底之總數相符，其車輛每日用油數與里程數均不能互相核對，因而證明如非無意之只求表面報銷主義，即為有目的之偷漏手段云。下午續到海軍供應司令部將前日未完工作補畢，此即為根據其所送來之統計表以核對其帳卡之是否相符，證明無誤，此處完全管制，無現品問題。

娛樂

晚看電影於亞洲，關南施與威廉荷頓主演蘇絲黃的世界，故事淒豔動人，演技亦佳。昨日在華僑戲院看鳳凰谷（Parish），故事稍嫌枝蔓，然色彩、音樂俱佳。

起居

三天來住石油公司招待所，甚為安靜，昨日及今日晚餐該所辦，甚佳，早點亦然，另三餐則為供應司令部及汽車大隊招待。

10 月 19 日　星期四　晴

職務

上午，預定為檢查在港艦艇油料之時間，因艦艇之上級為艦隊指揮部，故先訪問該部，又因該部承辦一項滑油控制小組業務，故先在該部舉行簡報，由李少校報

告一般作業及成效，報告畢檢查及所存按船隊單位所
庋藏之滑油文卷，然後出發，由指揮部副參謀長江君陪
同，先登天山軍艦，其油料作業情形似不甚上軌道，主
管人員不知其所用主要滑油為 2190T 而非 9250，又查
核其輪機月報，其中所載之存油量用加侖計算，以之與
消耗月報之數量用美桶計算者相折合，頗多不符，檢查
後又登太倉軍艦，該艦之補給資料均準備齊全，抽查核
對，均屬相符。下午開始陸戰隊油料檢查，先由該隊儀
隊表演榮譽軍禮，以為歡迎，表演者操槍戰士九十六
人，樂隊二、三十人，動作整齊，歷時約二十分鐘，余
在答禮方面雖事先經海軍人員相告，然因指揮人員本身
持刀，其行禮方式余甚陌生，且方向轉動頻繁，故不能
於恰好之時間為之，甚以為憾焉，完畢後即至簡報室先
作簡報，然後開始檢查，今日為時間所限，先求了解其
職掌與設立帳卡之方式與油料來源及補給作業一般情
形，但已發現一種缺點，即該部向海軍供應司令部所報
之消耗表，係將每月撥發數按車輛數倒求其里程數，寫
於每輛車輛之後，以發為耗，完全兩事。

交際

　　晚在厚德福應陸戰隊司令部歡宴，午在四海一家應
艦隊指揮部歡宴，均由其參謀長主持。

10 月 20 日　星期五　晴
職務

　　上午，在陸戰隊司令部繼續檢查油料，所得事實情
況如下：（1）該隊往年透支情形甚嚴重，自上年度起

始漸漸於透支外尚有存餘，經檢查其本年六月份存餘數內，並不包括預收七月份之用油，至於有無欠撥數在內，則未能細核，惟據其自稱，並不影響；（2）該隊有戰備囤量十萬加侖，係國防部發海軍戰備囤量 21 萬6 千加侖內之轉發存儲部分，平時在存量內統存，但卡片另行建立，此卡又不加入月報表內，致生紛歧，按汽油無安全存量之建立，只由國防部在其兩個月標準左右設立此項戰屯油，現在每月 230 萬加侖，而存量據云已超過500 萬，如此數在總統計表內應含於結存數內，則陸戰隊之表報即屬漏列十萬加侖；（3）卡片有總存量卡、六大類存量卡、分戶卡、六大類分戶卡，核對尚未發生不符之處；（4）每月照國防部格式呈送調查表一次，均在現有配額105 千加侖以上，以往顧問人員予以簽證，近數月則否，囑仍以配額為限，卷內存有顧問函件，頗多表示不滿之處。上午續到存量管制組舉行簡報，因該組卡片在昨日之經理組卡片內已有同樣登記，故僅加以口頭檢討，並未檢查卡片。下午到汽車集用場檢查，余由其卡片設置之登記及核對不能完全相符情形，判斷卡片為臨時填製，為證明此點，調閱其據以填卡之日報表，亦未能檢出，證明平時工作情形不佳；又鄭君發覺其主管十部左右小車用油量驚人龐大。最後巡視其油庫設施，於五時半完竣。

10 月 21 日　星期六　晴

職務

　　上午八時十五分由左營出發，行三十餘公里，經鳳山到達林園陸戰隊第一師師部，由耿繼文師長主持舉行簡報，報告者為補給組韓組長，繼即舉行檢查，有如下之 Findings：（1）該師自 Fy1958 即常有虧空，在每月配油 13,700 加侖不足用時，動用該師所保管之一部分戰備屯油，緣該師所保管者為整個陸戰隊戰備屯油十萬加侖內之 25,000 加侖，記入其整個帳卡以內，故在結存不足 25,000 加侖時即為動用之證，自今年度起該師之戰備屯油另用卡片記載，如司令部所採之方式然，遂每月表現赤字，經將數年度來其每年度最高與最低存量數加以查記，以明其透支情形之一斑；（2）上項透支發生之原因，據云皆係墊用奉准未列之專案用油，本應將墊用與墊還情形加以分析，以明其中有無其他因素，如無其他因素，則此一因素之影響究為何似，但為時間所限，無法進行，為便於該司令部之考核，經囑陪同查帳之司令部補給組長石君在卡片運用方式上予以改善，其方式不妨對於奉准未列之墊撥油即在戰備屯油卡片上予以記載，庶乎涇渭分明，每月配賦油量有無透支即可一目了然；（3）該師之卡片有總卡及分戶總卡與分戶六大類卡，實際並未用此數種卡片產生相應之報表，例如六大類分戶卡即只能作統計表存備核閱之用；（4）師部卡只有撥發，而無消耗，消耗則在該師集用場經管。下午，查核該師集用場記錄帳卡等項，Findings 如下：（1）該集用場設有總卡及集用場存量卡，前者記全部收發存，後者記透過集用場汽油每日收發存，前者僅收入隨時登記，支出則每月記一總數，後者每日均有收發存，謂實際之存量係以此為準，但又因作用不大，近月未有登記，從而現在之卡片不能表現存量，真咄咄怪事也；（2）110 表只存三個月，已過三月之耗油量係以登記 110 表之日報表代為根據，但該場之日報表所存並不完全。下午到第一師第三團檢查油料，整潔雖不足，而比較完善且資料充足，所得印象甚佳。

游覽

同鄭學楨、趙貴海二君遊大貝湖，兩年未至，若干點綴又多一新耳目之處，車由左側環湖而行，一周後由原路出湖，心曠神怡，工作之餘，頗感輕快。

10 月 22 日　星期日　晴

職務

因本次檢查油料所排日程極為緊湊，日間工作所獲資料並無加以複核整理之時間，乃利用今日假期加以整理，費時整個上午，始獲對於海軍與陸戰隊全部複閱整理完畢，將引發問題之處用紅線劃出，以備於撰寫報告時決定是否採用，如含有普遍性之問題，必須提出，如只係某一單位所特有而又嚴重性不大者，則不加採用，或只略帶一筆，謂已囑其改正矣。

娛樂

下午同鄭學楨君到華僑戲院看電影，片為聯美出品壯義撼山河（Revolt of the Slaves），寫羅馬帝國窮奢極慾，買賣奴隸，虐待殺戮，以及危害基督徒之故事，場面極大，演出亦極逼真，朗黛弗蘭明主演。

10 月 23 日　星期一　晴

職務

　　上午，到陸戰隊第一旅查油料，首先由虞參謀長主持舉行簡報，繼即舉行檢查，此地油料甚少，但亦有若干特殊之情況：（1）該旅所設集用場，實際只為汽車之停車場，且設有數個分場，均只管派車，並收繳110表，至於油料則由補給單位掌理，對於本旅旅部所在地之車輛，則憑110表加油，對於其他所屬單位則憑領據發油，每月月底之總帳上對於110表所發油係以一筆總數列支，平時只記每次領入之數，因此非至月底不能由帳卡上得到結存數，即此項結存數亦為對於附屬單位發出數與本單位實耗數之混合餘額，既不能謂為實耗，亦不能謂為實發也；（2）該旅帳卡均極新，且平整而無折痕，極似為此次檢查臨時補製，其內容與為此次檢查而備之統計表，亦屬相符，因限於時間，未能將其記入數與憑單相核對，以明有無訛誤，亦只好聽之而已；（3）戰備屯油有 6,000 加侖係存於該旅，該旅即以之加入各車輛內以為底油，故事實上此項戰屯油極似作業存量，亦似安全存量，其真正性質實大費思考也。陸戰隊單位於今日完全查完。

旅行

　　下午，乘海軍旅行車由左營赴台南，於下午四時到達，即住於成功路東都旅社，余與鄭學楨君各住一間，係於昨日來信預定者。今日由高雄煉油廠起身時，海軍總部趙煒參謀及陸戰隊楊參謀送來台南，仍返高雄。

交際

午，陸戰隊第一旅在厚德福招待便餐。

10月24日　星期二　晴

職務

上午，同鄭學楨君到空軍供應司令部開始對該部作油料檢查，該部司令劉炯光先談檢查範圍後，即到該部燃料處開始工作，此一單位現在即將改組為油料第一大隊及該部油料室，重心置於前者，設台中水湳機場原址，後者業務大為簡化，將來兩個油料中隊之帳卡亦將移於大隊部內處理，目前新舊單位皆未確定人事，故青黃不接之現象表露無遺，開始時亦無簡報資料，帳卡經索取始行調到，幸尚製有統計表一份，惟無副本，尚須再行抄送余等使用，今日全日工作如下：（1）鄭君專查車用汽油支配使用情形；（2）余先看其基本資料如貯油設備容量等項，俾有基本了解；（3）由其統計表內觀察存量管制之規定與實際有何距離，知以前所了解之該軍以油池容量定安全存量，係因油池容量限制關係之權變辦法實為不確，蓋最近改為按六十天耗量計算，實尚未及其容量之飽和點也，據云美軍顧問似不欲存量太多，含有提防我國軍有何自作主張之軍事行動；（4）此一供應司令部之帳卡完全為一種裝飾品，因製表根據另行整理之資料，製表後始登帳也；（5）消耗分析統計有新實施之新穎辦法，並發覺過去用油常有用於顧問團不同意之單位者，主管人對此似顯不甚自然。

娛樂

晚，看電影 Walt Disney 出品 "Light in the Forest"。

10 月 25 日　星期三　晴

職務

上午，在旅社複閱並整理本星期內所得之查帳資料，並將其中引起之問題寫作概要，註於原 working paper 上，以便省覽，由於昨日對空軍耗油新統計辦法研討時太過倉促，未能將舉例月份之空白表當時填明，今日特依據其時之複閱核算草稿所記數加以補填，庶查核時易於明瞭，但因記憶力衰退，致回憶昨日事竟費去若干周折，始完全補記無訛。

瑣記

今日為台灣光復節，休假一天，上午整理資料，下午出門，概未用軍方車輛。台南氣候仍然燠熱，幸所住東都旅社有冷氣設備，始不感煩躁，余初住其 A-3 號房，約有空間廿席之多，昨日因冷氣機障礙，乃移至 A-1 號，此房有客廳約十五席，臥室約八席，衛生設備約四席，計共二十七席，各種燈計二十三盞，雖不必同時使用照明，然其便利可想而知，木器則床二張而外，沙發五張，餐桌一張，書桌兼折翻式梳粧桌一張，床頭櫃一張，小型鋼椅十二張，茶几三張，可謂無所不備矣。

師友

下午途遇同事靳綿曾君亦來南部工作，係調查救濟物資，當赴其所住之五洲旅社閒談，渠晚間來訪，余適未歸，以致不遇。

娛樂

到南都看電影，片為邊城英烈傳（Alamo），由 John Wayne 等主演，場面偉大，主題鮮明，攝影及演技均臻上乘，三小時始畢。

10月26日　星期四　晴

職務

續到空軍供應司令部檢查油料，今日工作有以下各項，（1）該司令部提供一項統計資料，每年度每種類油料一張分十二個月列示每月收發結存，據稱此項資料係由空軍全軍之三軍油料月報表彙列而成，但余發現其中有上月結存加本月新收減本月支出不等於本月結存之事，經詳細查詢始知其中抄錄數目有誤，經改正後始得相符；（2）該司令部之總帳與分戶帳，本應一致，余在前次檢查油料時即發現不能一致之情事，經辦人不能自圓其說，最近葉君對上次之報告作 Follow-up，其報告草案謂已經改善，核對相符，主辦之丁樹柏科長亦力言無誤，余為證明其所談屬實，乃任擇一種 #100 之汽油加以核對，主辦人另有一種草稿為解釋各戶間未達帳而設，其中列一在途項目，謂將候數計入，兩帳即可一致，但算後並不一致，乃交原人再事核對，至晚通電話，丁君又謂該在途數應為二帳之差額，但此數初未見於任何非正式之記錄，自係生吞活剝可知；（3）附屬油料在帳卡內無任何記載，謂已歸第一油料中隊；（4）下午到南郊附屬油料分隊視察，見情形良好，前次所發現之缺點均已改正云。

交際

　　中午，空軍總部王科長祖慶在大華約吃便飯。晚，空軍供應司令部李參謀長約在華洲飯店西餐，在座客人有余與鄭學楨君，國防部傅誠、汪瀚二君，空軍總部主計長、車參謀，及空軍供應司令部萬絞麟主任與丁、李、莫三科長。

10 月 27 日　星期五　晴

旅行

　　晨七時半乘軍用汽車由台南出發赴鳳山黃埔路空軍第一油料中隊工作，下午五時轉往高雄，住體育場外大同之家旅社，設備尚稱便利，無寫字小桌及檯燈，幸所住一間窗外朝陽映來，就茶几尚可寫作耳。

職務

　　全日在鳳山空軍第一油隊工作，獲知各項情況如下：（1）此中隊為空軍補給之總泉源，第二油料中隊之業務僅 JP-4 一種，亦為由此間轉供者；（2）附屬油料本係由台南儲運分隊儲存並登帳，現在亦歸此間登帳，全部附屬油料皆集中一處，將來移至台中大隊部；（3）所查範圍之四個年度的帳卡均由中隊部管制室保管處理，每年度一冊，並分戶帳另一冊，此項分戶帳，按油料收入撥發之對象列戶，然不問為收入單位如進口或中國石油公司以及各用油基地，皆記在收入一欄，實際大誤，已囑其速即將發出數記入撥發欄，且將總帳之相當欄隨時與分戶帳之相當欄互相核對相符；（4）此為主要油料帳之記入，至於副油則另用卡片，不用此項登記簿，無論簿卡均有 location 一欄；（5）空軍供應司令部之統計表所載 Fy60 JP-4 收入數與此地帳簿核對發現甚多出入，有將進口數誤記入國內欄者，又有數筆係其他特種收入由其他基地記帳，中隊不知，以致發生不一致之情形，此項特種收入並非相對基金或美軍援款購買，將來對帳，無論台幣、美金均將不符。

10月28日　星期六　晴

職務

全日在鳳山空軍第一油料中隊檢查油料，今日工作如下：（1）主要油料帳簿經再與空軍供應司令部之統計表相核對另一年度，仍然不能完全相符，其中仍可判斷為統計表之誤，蓋由若干數字分析，分明為進口油料，應填其相當欄者，竟又誤入石油公司欄也，由此項兩年度之分析，知該項統計表之內容非經詳加核對整理恐不能用；（2）附屬油料係用卡片記載，經以前日在台南油儲分隊所抄之抽查數筆收發數與此項卡片核對，大體相符，有因日期參差，而影響不能使同日結存相符者，內容或無錯誤；（3）附屬油料於七月底換用新卡片，一部分在八月份仍然記舊卡片，及發覺後只將結存數移轉，顯然有局部不一致之情事；（4）附屬油料一戶於換用卡片後發覺結存數與十餘個 location 相加不符，乃以生吞活剝之方式將其在損耗欄減除，然各 location 內則無一照減者，此法之結果如不是由於歷來結存有誤，即錯中再錯，經囑不可再如此處理，否則為

製表時間所限，必須改正，亦應於事後追查錯在何處以
明真相，又為避免找錯困難，結存數與 location 數應隨
時核對，俾有錯即現；（5）附屬油料之不適用與超存
數曾經有數次處理，其中一次由顧問團發動者，大體上
已經處理，惟其中移交第二供應處之數如何為最終之處
理，則無進一步之資料可以查考矣；至於另一次由空軍
總部後勤署發動者，則內容甚為複雜，各項處理情形亦
極有差別，惟大體上亦只二項尚未轉出；（6）汽車用
油由鄭君檢查，與供應司令部資料亦難完全相合，而供
應司令部未完之工作至今不能提出，其主管之丁科長乃
回台南將有關帳冊取來，其時已晏，乃攜至屏東，由余
等及國防部空軍總部汪、車二參謀會同在旅社將其中車
油部分抽下，帶台北整理核對。

旅行

晚七時由高雄乘公路車赴屏東，屏東機場李副組長
來告明日乘機事，晚住中央旅社。

娛樂

晚在屏東看電影，日本片「君在何處續編」，故事
甚鬆，但以悵惘之結果留給觀眾之餘味則無窮也。

10 月 29 日　星期日　晴

旅行

上午八時二十分由屏東機場乘空軍飛機 236 號起飛
回台北，於九時四十分到達，途中順適，僅桃園－台北
間氣候欠佳，以致略有顛簸耳。由松山空軍機場電話調
本分署汽車一部回寓，知紹中、紹寧、紹因、紹彭曾於

今晨赴車站迎接，因余曾來信告預定昨夜乘火車北旋，
後因不能買到車票而改變也。

師友

　　偕德芳到雙城街訪李德修原都民夫婦，為其子三周
歲生日送蘋果及化粧盒等。

家事

　　今日為姑母生日，昨日德芳曾往送菸酒等，今晚同
德芳到姑丈家吃酒，八時始散，姑母雖胃病一直未愈，
然健康情形並不如想像中之不濟也。

10月30日　星期一　晴

職務

　　半月之公差完畢後，今日恢復辦公，處理事項如
下：（1）填製旅費報銷傳票，希望能於下次回北時將
上兩週旅費報出領回；（2）因本週發薪日又須出發，
故通知主辦人員仍開支票託黃鼎丞君代向銀行領取交回
余家，並為避免以後每次通知之煩，即改為永領支票，
俟 POL 查帳完畢後再行恢復具領現款；（3）按排星期
三開始之 POL 繼續查帳工作，與國防部汪參謀商定星
期四在屏東車站相晤，同赴機場，余與鄭君則乘火車先
一日赴高雄，余於今日下午將車票購到；（4）日前調
到之空軍供應司令部車用汽油帳，於今日趕與鄭君共同
開始整理，其法為將每戶已記好之每月數，按上下兩個
半年加成整數，記入另一表內，俾便於使用時將每年之
下半年與次年之上半年合計，而成年度數，余今日只用
一部分時間，將本年上半年各單位者合計完成造成一

表，交之鄭君。

師友

　　上午王慕堂兄來訪，託為高鳳英女士謀事，目標為本分署之電話交換員，余告以不必託人關說，因中間人事反使情形複雜也，其法為直接向人事主任來信，請其約見，彼必有復也，王兄當託余為之草擬此信，余於晚間寫好後為之寄去。

體質

　　本分署醫務室派護士至辦公室注射破傷風疫苗，余注射，據云有效時間為四年。

10 月 31 日　星期二　晴陣雨

職務

　　上午，在辦公室會同鄭學楨君核算由台南空軍供應司令部取來其所登記之車用汽油收發存之記錄，余昨日曾將本年一至六月份核算完竣，今日核算 Fy1959 年度者，每年分上下兩個半年，根據其帳列數相加得每半年數而記入一張計算表內，將來可由此計算表而窺見各基地單位使用車用汽油之實際情形，此事看來簡單，而內容特別情形甚多，例如其收入一欄下應分為兩小欄，一曰新收，二曰繳回，普通往往將此等沖帳情形忽視，今日在核算時對於其中若干應互相沖銷之帳項特加注意，如繳回即作為撥發之沖銷帳項而不作為新收之一部分，如此核算，結果與其帳內固有者難免有所出入也，余將 Fy1959 年之八大基地部分核完，計十六筆總數有十一筆其帳上列誤，故此項帳目之價值如何，非大打折扣不可也。

參觀

余下午請假半天，到陽明山簽名為總統七五華誕祝壽，並到山上之實踐圖書館參觀其藏書，又到國民大會聯誼會、國民大會黨部及中央政治學校同學會分別簽名示祝，至於上山交通則由該院與其他方面借用者。

交際

晚，李德修原都民夫婦在寓約宴，計到余與德芳，及中央印製廠與中央信託局等單位其個人之若干友人，計一席。

11 月 1 日　星期三　晴
旅行

　　上午九時由台北火車站出發，乘觀光號火車南下，同行者本分署鄭學楨君，即於車上相晤，此次車乘客不多，故座位甚多，可以自由移動，顛簸亦輕，如此旅行最不疲勞，於下午三時十分到高雄，以 taxi 入城，住高華旅社。

閱讀

　　在火車上讀十月份 *Reader's Digest*，內有一篇談吾人之精力使用問題，謂人人之 energy 均富有極大彈性，其潛力若干，不易測知，然由人人均能勉強而行之一點觀測，知吾人平時恆只用其半，此即曾國藩氏所謂精神愈用則愈出之理也，惟依通常情形觀之，此種潛力之發揮有時亦甚不易，如余連日睡眠不多，今晚無事，正好讀書，然展卷不十分鐘即朦朧思睡，無已，只好就寢，時為九時餘也，此例或擬於不倫，但精力之蓄積實甚重要，偶然動用積存，似不可不立於補充，繼予蓄積也。

11 月 2 日　星期四　晴
職務

　　上午八時由高雄公路局總站出發赴屏東，同行者鄭學楨君，因係直達車，於四十五分到達屏東車站，事先約定之空軍總部王祖慶科長已在站等候，遂乘屏東機場之吉普車到空軍基地，開始油料查帳工作，中午即在其聯隊部用餐，下午繼續工作，於薄暮返抵高雄。今日工作情形如下：（1）車用汽油由鄭君檢查，發覺非受

援單位如子弟學校等用油相當之多，惟中午不開員工交
通車，一律用腳踏車上下班，構成中午十二時萬餘人之
行列，亦係事實，但子弟學校應由價購自備油支應較
妥；（2）汽油由余檢查，先看其存量登記簿，見記載
尚稱完備，帳上之安全存量、作業存量等均隨時記入；
（3）加油至油車時，油車之存量為存量 location 之一，
故不計收發數，只在 location 數欄內由存儲分隊與輸送
分隊兩欄內作相當之增減，但有憑單，亦即領撥單，洎
油車每日在其加油記錄單上結出加油總數，各車綜計填
入一張日報表時，即以此日報表為憑單，在帳上列入對
內撥發亦即消耗欄，如果油車收回時即由輸送分隊暫先
用便簿記載，候下次飛機加油時一併為其補入，故管制
分隊不作記帳，此點似在帳上難窺全面之收付，然節省
若干之記帳手續，實為利弊參半；（4）經抽查上項日
報表與加油記錄單之總散各數，尚屬相符，繳回時之記
載根據，亦尚充分，又抽查數張憑單與帳列數字亦屬相
符；（5）全部帳冊似只由一士官長處理，在比重上固
有甚卓越之個人表現，然勞逸不均，亦屬顯然；（6）
察看油池及油庫時，見油池保養情形甚屬良好，油庫則
只見其室內部分，堆存情形甚為合理，下面用飛機廢材
之鋼架托起，隔離水泥地之潮氣甚為有效，而抽查一項
位置卡所載數量與實際亦屬相符，惟有一項附屬油料係
1954 年出品，堆存甚久，其上面則覆以 1960 年出品，
最易因在下者不易翻動而不予先發，已面囑改正。

11 月 3 日　星期五　晴

職務

上午八時，空軍總部王祖慶科長及空軍供應司令部丁樹柏科長來約一同出發岡山空軍基地查核油料，於八時半到達，因該主管之補給中隊似乎先未有準備，致延候頗久始行開始，今日全日在該空軍官校工作，查帳情形如下：（1）帳卡記載方法與屏東基地又有不同，其特點為在將油加入飛機之後，每日各油車之綜合發出量日報表送至財產會計分隊（原名管制分隊）時，雖據以登帳列支，而不作憑單，該日報亦不長久保存，故欲知某日耗油之原始憑證，須調取輸送分隊之原始加油憑證，至於原加油車之數，則填正式領撥單，惟帳上亦不記收付，只在位置上加以調整，與屏東相同；（2）經調閱上項加油原始憑證，見記載並不整齊畫一，有加油而記入收油欄者，又日期錯亂，顯然非每日截然劃分清楚者，則每日實存與帳存必然無法無條件的核符；（3）帳內 location 欄除油池、油車外，尚有第一供應處與機校兩處，此兩處雖隨時用油，然每月只記帳一次，前者據其加油記錄單彙計，後者據其消耗月報表，此項處理亦為庫存與帳存不能相符之原因；（4）鄭君查汽車用油，情況正常，僅有110表不隨時送來者。又子弟學校係用自購油；（5）油池保養良好。五時完畢。

旅行

下午六時由岡山到台南，住成功路東都旅社。

體質

晨三時腹瀉，及天亮共三次，當服 Sulfasuxitive 全日共五次十二片，且極力節制飲食，及晚即愈。

11月4日　星期六　晴
職務

上午八時由台南市赴台南機場，乘台南基地開來車輛，後勤組長來接者，到時由姚參謀長接待款茶後即赴補給中隊開始工作，惟上午只有一小時，下午續工作至五時完竣，所得結果如下：（1）鄭君所查之 110 表不盡完全，顯示車用汽油未實際全部納入集入場之控制；（2）空用汽油自然無重大之不規則情形，惟在記錄上不能完全脗合，蓋消耗量係依據每日輸送分隊所送之日報表登帳，該項日報表列數經抽查與當日之飛機加油記錄單未能完全符合，經詳細審核，經手人解釋其原因為每日加油須分成本基地飛機、他基地飛機及美軍飛機三項，此三項均散佈在每一油車之記錄單上，在分別相加時即易生錯誤，其後有月底改正者、月初改正者，所以不能當時發現，即因帳存與實存不相核對之故，今日所抽查者雖經主辦人員回至其辦公室抽到兩項補送來之憑證，使所差之數得以解釋，然如此迂迴且無自動勾稽之方式，足見控制之力甚弱，況縱然事後經加減調整後以求在理論上相符，其庫存實數與帳數之不能隨時核對，仍屬不攻之事實；（3）存量管制之名詞雖為主辦人員所習知，且帳上相當欄內亦照填入，然定義大有出入，如安全存量解釋為三天之實需量，此觀念由三天桶裝油遞嬗而來，顯有誤解；（4）損耗起出標準，在 #115 號汽油為一極難了解之問題，該基地不應不知，詢之初

謂不超出標準，及比較後事實反是，則又謂按月報供應
部未遭駁回，更以若干文不對題之說明以掩飾問題之存
在，徒然暴露其弱點，如非平時不加注意，即為故意無
視事實；（5）視察油池區，抽點若干產品之實存量與
位置卡及管制卡，均相符合，油池保養尚好，有新油池
42 萬加侖者一座，謂係金門砲戰時由空軍自建，旬日
完成，當時美軍歎為奇蹟云。

參觀

上午十時到岡山空軍官校參觀各基地聯合演習，歷
時五十五分，有轟炸實彈、空投、響尾蛇攻擊、高砲攻
靶機、直昇機各項操作以及雷虎小組四架各項表演，
此項表演雖前亦看過，然非在場地中央，今則得窺全
豹也。

娛樂

昨、今看電影二場，一為 Return to Peyton Place，
二為 Two Lovers，前者為名著改編，頗有餘味，後者
平平。

11 月 5 日　星期日　晴

旅行

下午七時十一分由台南乘火車北行，八時五分到達
嘉義，同行者本分署鄭學楨君、空軍總部王科長、車參
謀、空軍供應司令部丁科長，在嘉義站迎接者為嘉義基
地修補大隊李副大隊長，當住車站附近之世界旅社。

職務

上午在旅社整理資料，空軍總部車世熙參謀來訪，

表示其對於空軍內油料管理不合理想之觀感，認為汽油用油在極不足夠之狀態下，一般主官仍剝削公務一般用油，以遂其自己浪費之私，乃一極堪痛恨之現象，至於管制機構一般之不合理想，如空軍供應司令部之丁科長等，只求塞責，不謀改進，希望余等以客觀立場建議空總速在油料大隊成立時重建新制，車君頭腦細密，頗有見地。

11月6日　星期一　晴

職務

　　上午，到空軍嘉義基地查帳，下午四時終了，所得結果如下：（1）汽車用油由鄭君擔任檢查，據稱主官用油有逾量過甚及記錄不全之弊；（2）空用汽油記帳方式較屏東、岡山、台南三基地為佳，彼以正式消耗記帳時之數量為填撥發單之依據，且飛機加油記錄單亦永久保存待查；（3）各項存量基準之計算填列方式又不一致，且表現無何重大意義；（4）損耗數不照實際情形列帳，每月係照油料手冊所定百分比填入日報表，以供應司令部不加查詢為目的，顯然與填表目的不相符合；（5）附屬油料用普通之綠色卡片，外加小的管制卡，並非油料所應用者。

游覽

　　下午由嘉義基地徐副聯隊長開車陪同至北港游覽，行十五公里至新港，此地為嘉義所屬，乃新港飴之產地，經在最老一家字號買糖三種，再五公里至北港，此地以媽祖廟名，全台香火最盛之地，建築雖不十分宏

大，然雕刻工細，且入內曲折甚多，地在通衢，道路甚
狹，聞香客眾多時輒無周旋餘地，市廛因此項朝天宮而
發達，為雲林鎮，在宮前攝影三張而返嘉義，徐氏送至
火車站而別。

旅行

　　下午五點四十八分由嘉義搭柴油火車北行，同行者
鄭學楨君及空軍王、車、丁三君，七時十五分到台中，
公館基地代表來接，當住成功路事先來函定住之意文
飯店房間，因單床無空，改為雙床者，經交涉亦照單
床價。

11 月 7 日　星期二　晴

職務

　　上午八時，公館機場後勤組人員來迎，即同赴台中
郊外十八公里之公館基地，先與聯隊長時光琳相晤，然
後視察油料設施，所看者為地下大油池五座，均只見其
地面抽油口，此地孤懸於場外高地，然後折返機場視察
第六泵浦房，為由油罐火車洩油操作之處，再至第四泵
浦房，有地下 25,000 噸介侖小油池貯 JP-4 與 #115 汽
油各一所，通至加油台，為油車加油之用，再至第七泵
浦房，下有柴油小池二座、車油小池六座，前者有加油
台，為罐桶之用，後者則通至兩所加油站以加車油，再
至露儲油場，此地亦在鐵道邊，可卸油罐車所裝車油與
柴油或桶裝油，最後至庫房，其下墊用通風木板，極合
理想，該處有大小倉庫各一，皆可利用鐵道裝卸，綜觀
其一切設施，皆按需要為之，而場地疏散是其特色。下

午檢查帳卡，鄭君則檢查車用汽油，帳卡方面情形如
下：（1）設帳按年度別，不似其他單位之多按曆年；
（2）存量管制記載並不劃一，且副油用低價卡片，與
油料手冊格格不入；（3）該聯隊之盤存清點記錄皆無
虧損盈餘，兩次皆然，且有一次抽查某一油料並無清
點單，顯然帳上只隨意加寫 INV. 字樣，並無嚴格之
程序；（4）輸送分隊向存儲分隊領油時完全無正式手
續，並未固定採用任何憑單，帳上之 location 一欄亦無
輸送分隊之數量，易滋錯誤，經囑即行改進；（5）抽
驗一項量油記錄與帳列結存相核對，尚能大致符合。

11月8日　星期三　晴

職務

上午，陸軍后里油料中隊長廉潔及國防部傅誠科長
與戴聲強組長來約，同赴后里檢查油料，該地距台中
二十三公里，於九時到達，先舉行簡報，繼即與鄭君
分任 Fy1961 及 Fy1959 二年之帳表檢查，所獲結果如
下：（1）油池只有庫存位置卡，其正式帳冊則在第一
儲備庫，但一儲庫所屬之八堵、楊梅二油池因在北部，
距庫甚近，二者皆不接受申請，此處則一部分根據一儲
庫之領撥單撥發，一部分逕根據經理署之油撥通知單發
出，故憑單號數有二個系列；（2）每十天將收發量以
旬報表逐筆填送一儲庫，經將旬報表所填與卡片所填者
抽查，互相符合；（3）審查旬報表所發六月份之汽車
用油，發現有若干非美援單位亦發給美援汽油者，因資
料不全，不能遽作全盤之分析，只據數月來軍方人員之

口頭流露，有若干非美援單位似不應由援油內發給；
（4）油池存油在汽油分為美援、價購與控屯（即非美
援，由國家經費支應者）三種，然附屬油料則只美援一
種，當詢傅、戴二君，據云國防部亦買少量附油，惟不
能十分嚴格分清耳，顯為搪塞之詞；（5）視察油池及
倉庫情形良好。下午，到台中戰車基地勤務廠檢查油
料，此單位以修戰車為主，但亦修一部分之輪形車，每
月用油五千餘加侖，並不為多，但情形甚為複雜，因經
常油外尚有專案油，其中有先領油後施工者，有先施工
後領油者，後者即須先行墊油，由於此種東扯西拉，乃
有明存暗欠等畸形現象。

11 月 9 日　星期四　晴

瑣記

數日來所住之台中意文飯店，為一新建之觀光旅
社，生意鼎盛，空氣調節全賴人工，設備新穎，尤其浴
間全部為英製衛生設備，在台首屈一指，又有擴音收聽
器，謂由其經理住室放送，音樂京戲，無一不備，亦為
特色，惟缺點為全無空地，窗外黝黑，日間用燈，而柏
上高懸一燈四尺餘，寫字做事皆無濟於事，客廳雖大，
而報紙全為逾期的，可見全無管理，故綜合言之，實不
若台南東都旅社之四樓為佳也。

職務

上午，到陸軍台中公務汽車集用場查核油料，該場
成立不足兩年，集用汽車不過百輛，規模不若想像之
大，故與鄭君共同查核之後，半日間即大體明瞭，抽查

帳卡為數相符，程序缺點則告以如何改進，於是任務完
成。原定本日全日為此一集用場之查帳時間，故前日先
行預購今日下午七時十五分之柴油快車回北，今決定下
午無工作必要，該集用場謂可以向火車站代為更換下午
四時之觀光號車票，乃託代辦，移時即行送來。

交際

　　中午，台中集用場梁主任桴在厚德福約請便餐，在
座尚有國防部傅誠、陸軍總部戴聲強等。

旅行

　　下午四時由台中乘觀光號火車北返，同行者鄭學楨
君，於晚間六時五十五分按預定時間到達。此次旅行共
九天，因購物較多及住觀光旅社日數較多之故，用費略
多，中間因未料意文旅社加收一成茶水費，致兩人因數
十元之差而不敷支應，賴鄭君向台灣銀行臨時兌換美鈔
五元始渡難關。

11 月 10 日　星期五　晴

師友

　　晚，王慕堂兄來訪，亟言其服務之交通銀行人才不
足，人心不齊，且上層之籠罩力量不夠，並言該行設計
委員會尚有委員空缺，且非專任職務，希望余能計劃參
加，以增正直不阿之力量，余對王兄之盛意當表示感
謝，惟如何進行則未言及，余自忖王兄自非無見，然公
營事業之風氣乃全般政風之反映，欲在舉世濁濁中而有
獨清之局，談何容易，余年來意興蕭索，聞王兄之言，
徒感惘然而已。上午，以電話詢新店崔唯吾先生，由崔

師母接話，據云前數日崔氏來約余於星期日赴新竹，現因本星期日中央全體會議舉行須往列席，故須另定日期，經約定於下星期內再通電話商酌云。

11 月 11 日　星期六　晴
家事

　　省立第一女子中學今日舉行運動會，紹寧在新店分部肄業，亦為該校構成之一部分，學校此等會集皆招待家長，余乃於今日上午八時到校參觀，開始照例為學生入場式，在學生軍樂悠揚聲中，各班學生由大門外陸續入場，由高三而達初一，每年級皆有忠孝仁愛信義和平公誠勤毅真善美博學審問慎思明辨等班次，多寡不一，歷時二十分始全部集合完畢，每班有旗，一時運動場上旌旗飄揚，極為美觀，大會開始由江學珠校長致詞，由於擴大器不良，極不清楚，繼由學生家長代表致詞，強調學生在一女中就讀之優長，儀式完畢後即為團體操，凡兩節，學生皆達數百人，陣容甚美，來賓多於此時退席，余亦告辭焉。

11 月 12 日　星期日　晴
師友

　　上午，因前曾為林務局懸案事函于仲崑兄轉洽該局職工福利委員會羅健總幹事，接于兄回信謂其成見甚深，最好將詳情說明，乃到光復路訪于兄面談，據于兄云，彼認為余不能為其處理，故不能不委託他人辦理，至於所欠公費一節，該局不向余索回即已客氣，焉有再付之理，云云，此人毫不講理，不謂其如此之甚，余擬將案情向于兄說明，彼似不耐，余亦顧慮太過曲折，故不詳談，只問羅君之態度是否全不友善，如然，即不必再與商談，于兄謂然，又詢其與羅君是否有深交，于兄云只為同學，並無深交，且謂其做事任性，正事往往不辦，余意將直接與該局陶玉田局長接洽，于兄云然，且謂設合約上果根據堅強，何妨即以未收到之款延律師備函追討云。回思林務局清理林業員工互助協會財產一案原訂三個月完成，迄今六、七年完全由於外在之原因而停頓至今，夜長夢多，原負責人已風流雲散，新接辦者既無私人利益引起其興趣，亦無細心對於現存之合約詳細推敲，而當時既未能將公費一次收足，今日形成懸案，乃自然之事，故余今晨對此事深為不懌，及後細思，亦即於悵惘中置之度外矣。

慶弔

上午，到極樂殯儀館弔董成器兄之岳母喪，並送賻金。晚，與德芳到三軍俱樂部參加徐軼千、丁德先二家子女之結婚宴會，並送喜儀。

11月13日　星期一　晴陣雨

職務

上午，與鄭學楨君依據國防部所送陸軍油料檢查單位表加以斟酌排列，預計須至十二月十九日始可完竣，並與劉允中主任商洽原則，決定後於下午交國防部汪瀚參謀，請其於回至辦公室再與陸軍方面作進一步之商討；又汪瀚君提及其油料科長傅誠君意見，亟希望余等將已經查過之海空軍內需要改進之事項先通知國防部，俾在全部工作完畢以前可以執行至相當程度，余告汪君謂純技術性事項可以如此辦理，有關政策上事項則須待本分署內部先行交換意見，再行通知云。下午同鄭君到海軍總部集用場檢查油料，余審核其所行之制度，鄭君則抄錄其各種車輛用油之數量，因為時不足，不能深刻及廣泛的加以分析。

11 月 14 日　星期二　晴

職務

基隆海軍第三軍區汽車集用場原訂本日下午檢查油料，後因下午他事改為上午，該集用場經用汽油不多，而帳籍甚亂，余發現去年十二月及今年五月之存量卡片細數相加不等於總數，且月報表所填多於卡片上所記之支用數，原記帳人已他調，現在主辦人則一概不知，十二月凡多報汽油 115 加侖，五月份則兩相不符，有何差額則不及細核，判斷其問題帳項絕不僅此，特未能在短時間內一一詳核耳。

測驗

下午到本分署 English Center 參加補辦之測驗，分二部分，一為 Aural test，看圖擇一或看句擇一，均以口讀者為啟示，二為 Word usage，三子句擇一，凡百題，定時一小時，半時而繳卷。

11月15日　星期三　晴

職務

上午，同鄭學楨君到空軍總司令部汽車集用場查核油料，發覺問題甚多，（1）原始憑證及汽車用油分戶卡片均保存不超過三個月，用油總收支卡片則根本未設置，只有管加油站人員有一收支流水帳，然其發出數係油票兌現數，而欲知油票發出若干，只有核對油票存根之一法，此非可以作為記錄看待者也；（2）油料消耗月報表初謂只有今年一月以後者，以前已經銷毀，但再詳加查詢，又查出兩個年分者，可見其文卷如何保存，幾乎無人加以控制指示；（3）每車每月立一發油與報耗之分戶卡片，計一百三十餘戶，然核閱結果，竟有四十餘車係每月將油票於月初全部發去，待月底始將全月之110表一次報銷，為數與領到者相同，此種情形與無集用場者毫無區別；（4）今日所查為最近三個月份中之一部分，本分署查核對象之過去四年度，則全無可考矣。中午應空軍總部總務處于處長之邀，在新生社便飯。華盛頓 ICA 曾有規定，對於海外人員包括所在國之當地人員可以申請函授科目，此次接受申請之科目凡五，余填報申請其一，即 "Report Writing"，申請表所填項目繁多，包括姓名、生日、到職日期、職務、學歷、英文程度，現在工作白描，學此課程與現任職務之關係等，余對於此最後一項填云："Improvement of writing skill in preparing my audit reports is expected to be made through study of this course." 下午整理多日來所得之空軍油料資料。

11 月 16 日　星期四　晴

職務

上午，同鄭學楨君到三重埔空軍高射砲兵司令部查核油料，該司令部之汽車集用場用油情形由鄭君擔任檢查，余則查核高砲部隊全般用油之概括狀況，所得資料如下：（1）該高砲部隊共有二十個營，各有集用場，油料補給則分別由各空軍基地就近補給，司令部只為承轉公文，考核用途，核定配油月量，並非會計單位；（2）全部統計資料由司令部據以製成全部隊的，但收入數未加統計，辦事人員為求近功，乃以每月全部隊奉配總額代之，及余詢其每年均有鉅額結餘之理由，始謂實領數未必有額配數之多，縱有如許之多，亦不免有繳回情事，始知其收入數並不確實，乃囑改正填送。中午在高砲司令部午餐，由傅瑞瑗兄招待，傅兄任此職余今日始知之。下午到憲兵司令部檢查油料，由鄭君查核其司令部集用場情形，由余查核其全憲兵油料之一般概況，所得資料如下：（1）該部建立卡片只為司令部經領之油料，當即轉發至各單位者，每月份均滿收滿付，全無餘存，收發全有 417 表存根可以複按；（2）轉發各單位後即為了事，並無消耗表送來報銷，據云此係國防部直屬單位之特別情形。晚飯由憲兵司令部在可園招待。

師友

李耀西兄前託余為某工廠物色會計人員，余為孫伯棠氏子瑞華介紹，今日孫君來訪，余備一卡片交其帶往與李兄面洽。

11月17日　星期五　晴

職務

　　上午，續到陸軍供應司令部經理署油料組查核油料，由於該組主管陸用油料，而陸用油料內之車用汽油又為油料內最為複雜之一種，由分配而至使用，曲折萬端，握其樞者則經理署，故支配較長之時間於該署，今日先由表報製法以了解其會計制度，已有初步了解，所得資料內容如下：（1）其科目內有所謂國防部用油、聯勤用油、陸軍用油，又有按使用性質區別之訓練用油、工程用油等六大類，余初不知其何以不按同一標準釐定科目，詳詢後始知不分六大類者即完全為行政用油，其消耗記錄自行保管，不送審核，至於分為六大類者則為各下級陸軍單位，須每月填送汽油證明單者；（2）余為明瞭分為六大類之部分是否亦即以擬發量代消耗量記入三軍油料月報表，經檢視其各單位所送消耗明細表，見其計算方式為按六大類細數，但該項製表單位之軍團部須逐層由團而師迭送其消耗資料，此在軍團每月須於八日內送出月報表之限期內，實不可能，故余深疑其仍為杜撰填入者，該署人員亦不深知，謂非至軍團以及師、團，不能明其底蘊云。

進修

　　本分署 English Center 已通知下星期一起開始八至九時上課（聞此為高級班，9-10 為中級，10-11 為初級），副會計長 Tunnell 意所申請之華盛頓函授 Report Writing 須不兼顧，今日由 Martin 退回所填之表，本欲捨前者而取後者，Martin 商諸 Tunnell，復謂仍宜先修完 Center 課程，再申請後者云。

11 月 18 日　星期六　晴
師友
　　上午，李耀西兄來訪，謂余所介紹之孫瑞華君往任一家工廠會計工作事已囑其前往接洽，余謂操守方面可以無虞，能力方面則請前途自行考核云。下午劉允中主任夫婦來訪，並贈手製水果蛋糕。
瑣記
　　偶在衣袋內發現所記在于右任書法展覽會所見佳聯，再錄如次：心地無風濤隨處皆青山綠樹，性天有化育觸處都魚躍鳶飛」，「耐久相期盟白水，秋深不醉負黃花」。又錄有輓楊綿仲氏聯，亦再抄如次：彭國棟「卅年前載筆從公幕府多英豪猶想見學士詞宗將軍武庫」，「四省內理財著績蕭齋甘淡泊空膽得山間明月江上清風」。丁治磐輓：「益寡裒多，肥國阜民身段奮，綴文使酒，安貧遂志道終孤」。楊續蓀輓：「直道而行可師可法，點塵不染有守有為」。

11 月 19 日　星期日　晴
師友
　　依前日與崔唯吾先生約定，於今晨到火車站與崔氏及師母赴新竹，德芳偕行，於十時一刻到達，中德醫院張院長夫婦在月台相迎，途中崔氏告余，因該醫院遭受訟累，改組為財團法人，崔氏為董事長，但其財務與會計全未就緒，故希望余為其設計一可行之制度，到後即

與其辦理總務之李君洽談目前之財務與會計現狀，知會
計資料不全，會計記錄全無，只有片段的憑證單據，然
又全無順序，決定為其設計一項簡單之會計制度云。

游覽

　　張院長招待遊青草湖，此為余第二次往游，並由佘
推事為拍照多幅，下午五時半乘觀光號火車回台北。

11月20日　星期一　晴

職務

　　下午，續到陸軍總部經理署查核油料，所採方式為
由其表報內容之分析以發覺其帳內之重點與疑點，所
得結果如下：（1）該署對內表報最重要者為借貸平衡
表，此項平衡表於每月編製以表示資產負債以及收支情
形，其所表示者為每年度之累計數，故在每年度之最後
月份不但可以表示當時之存欠情形，且可以知年內收支
油料之實際數目；（2）由本年六月底之平衡表的內容
分析，發覺帳內暫收油料科目本為記載尚未到達之月份
的油料之實際收入，但因為數太大，始發覺大部分為向
基隆石油公司借油須由南部運還者，因而隱藏一部分之
負債在內，此數須由資產科目減除，始為該署之真實所
有存量，因石油公司墊借數未在帳內立戶，以致暫收為
國防部抑為石油公司，竟無人可以斷定，經詳細審閱後
知實為經理署所欠而非國防部所欠，故決定其應將對外
負債另行填列立戶，以免混淆；（3）由各會計責任單
位所送之報表證明，其後所附之支出明細表內所列有若
干非受援單位支用美援汽油，該署出示國防部公文，有

意將憲兵所繳贓油與盤盈油歸之於美援油內，且註明不必協調美軍顧問，可見羅掘俱窮之窘境。中午將查帳所得空軍與海軍資料應國防部傅誠科長之請，予以口頭轉述，作為其自己發現，據以立即糾正云。

進修

今日開始在 English Center 上課，讀課本 *American English Readings*，由 Meader 介紹 Mrs. Hart 出面教授。

11 月 21 日　星期二　晴有陣雨

職務

全日在陸軍供應司令部經理署查核油料，所了解之事項如下：（1）昨記借貸對照表上之國防部科目等於資本科目，其暫收科目等於負債科目，故二者相加即為各單位實存油料數，其六月底數余初以為含有七月份預領數，則其存量實不足二個月之安全存量，今日再加推敲並核對卡片，始知未有七月份預收數在內，則安全存量 460 萬外尚多 100 萬，共有存量 560 萬介侖；（2）該署有預扣損耗制度，其法為將所發之油預扣損耗百分之一，各單位俟實際發生損耗時即按此項百分一之限度多退少補，故此種扣繳損耗數無異於一種保險方法，各單位只須提供百分之一之保險費，然後如損耗有多少時再加調整多退少補，此法未必不能言之成理，然在帳卡上記載則欠明確，余詢其記帳方法，各儲備庫係按扣繳損耗百分之一後之淨額支出，扣下之數仍然在各單位存油帳內，而帳上未表示為一負債，顯然混在「國防部」一科目內，此法將國防部存油數加大，而將備用於損耗之預扣油不作負債仍然留置於「國防部」一科目內，難免引起一項錯覺，即國防部可以控制之油超出安全存量遠甚，其後即囑會計人登記時注意，將帳卡內容加以調整云。

進修

今日為 English Training Center 上課之第二天，余因雨略遲，今日 Mrs. Hart 之旨趣在聆聽各學生之口語程度，並為每日聽講者取一英文名字，余告以可取名曰 Franklin，經渠改為 Frank。

11月22日　星期三　晴有陣雨

職務

全日在陸軍經理署繼續查核油料，所得資料如下：（1）以本年六月底之資產負債表為分析之對象，發現各科目有特別之屬性，亦有特殊之帳項，其中之一例為昨日分析其全軍存量與表上數字之關係，本以為存量為全軍的，今日又知去年十二月底海空軍之車用汽油不復向陸軍填報，其情形改補給為轉發，從而將兩方面之結存約九十萬加侖由存量除外，故在今年一月份起計算存量時須另加空軍海軍數，而此二個數字又在經理署無從查考，故今後只有國防部可以計算全軍安全存量與實際存量矣，此點詢之戴聲強組長，竟茫然不知；（2）上年度卡片內記載之轉撥油料帳內夾雜有不合理之損耗數，有隱藏損耗量之嫌，此項處理極不合理；（3）日前鄭君曾向該署調到美援單位與非美援單位之清單，其所開者為國防部所令發，內有「美援」、「軍協」、

「軍經援」、「有限度軍經援」等之區分，此一表格對
於發油是否依此標準，可供參證，今日該署將表抄就交
來審閱，但聲明須送呈國防部轉余等，余等即告以請送
國防部並告以此意，余等亦不再索，如該部不轉，余等
亦自有處理之法，毫無關係，蓋事先鄭君已將此案商之
於余，余認為此一情形在四年內變遷頻仍，欲依其所有
之資料作成非受援單位用油數量表，實極費時，且不能
擔保資料完備無誤，反不若即就抽查結果寫入報告，清
理之具體工作推之國防部與美軍顧問團直接處理，反不
致進退失據，費力不討好也。

11 月 23 日　星期四　陰
寫作
上星期日受崔唯吾先生之託為新竹中德醫院草擬會
計制度，已於今日完成，計分會計報告、會計科目、會
計簿籍、會計程序及附則等五章，每章有十條左右，但
未附有格式，則時間所限，只好待該院實行時再臨時設
計耳。
師友
下午，到交通銀行訪侯銘恩兄，交應募賈宗復兄遺
孤教育基金，侯兄不在，改訪王慕堂兄，託其代轉，並
與閒談，王兄前曾談即該行設計委員尚有一缺，亟望余
能參加，方式一節今日又行提及，王兄認為不妨開門見
山，余意亦云然，謂將直接備函趙葆全總經理提出云。
參觀
下午到歷史博物館參觀第三屆十人書展，出品凡

六十餘件，其過去二屆余均曾參觀，現在所見初無特出
之處，但引人注意之件亦不少，舉其大者為：（1）曾
紹杰作品凡小篆、隸書與楷書三種，最精者似為小篆，
有鐵畫銀鉤之妙，楷書為新作，乃臨黃山谷伯夷叔齊
碑，柔媚有餘，遒勁不足；（2）丁念先作漢隸，雖云
臨何碑何碑，但總是其自己之作風，字雖好，而無新
意；（3）張隆延於臨黃山谷外有所作隸書，別具一格，
出於漢碑而自成其格調，與丁念先不同，臨黃山谷則
筆力極到，就此點而言實高出丁、曾二人，惟張君好
標榜，且名號極多，印曰「法學博士」，則惡趣也；
（4）傅狷夫擘窠臨陳鴻壽八分，極精神，戲作董書
亦佳；（5）丁翼小篆纖巧，而溥儒品題謂碑版漫漶，
臨者曲為古拙，以此贊丁，亦自道也；（6）陳子和李
超哉、朱雲、王壯為無新意；（7）陳定山風月氣重，
無所取也。

11月24日　星期五　晴
職務

原定昨、今兩日為查核陸軍經理署第一經理品儲備
庫油料帳卡之日，因昨日為 Thanksgiving Day，本署休
假，乃改為今日一天完成，好在只是抽查性質，兩天能
為之者，十天亦可為之，一天亦可為之。今日所得之資
料如下：（1）儲備庫為接受申請補給油料之單位，但
發給何單位，應以經理署之通知單為根據，故該庫之權
責只為執行；（2）該庫設軍品存量卡，記載收付之實
現數與待收待發亦即未達帳數，此項卡片係根據各油池

及分庫所送旬報表之記載;(3)旬報表內逐筆將收入
發出數記入,其中汽油分美援油、非援油及價購油等三
類,後二者為政府撥款自買之油,但有時結存為赤字,
各油池之實際存量係合三者為一,故遇此二者為赤字
時,即須由美援內減除此數始為實際庫存,然此與三軍
油料月報表之只能表示美援數字者大異其趣,此即為對
於美援油之挪用,非從此項旬報表內加以觀察,無法知
其有此事實也;(4)該庫及所屬油池均不知安全存量
為何物,此與油料手冊之所定大有距離;(5)領油各
單位頗多為所謂非美援單位,二者界線不清。

記異

POL Project 之查帳工作已進行兩月,其中並附帶
為 1957 年度 POL 查帳報告之 Follow-up,原為葉君所
作,已近完成,余在皮包內本帶有葉君之初稿,以備參
考,數日來因未能用之,初不在意此初稿文卷放置何
處,今日檢視,忽不知何在,辦公室及寓所遍尋均無蹤
影,是亦異矣。

11 月 25 日　星期六　陰
閱讀

讀十一月份 *Reader's Digest*,有文曰:"You are Tougher
Than You Think",作者 Norman Vincent Peale,子題曰
"Life makes stern demands, but all human beings are equipped
with ways and means to answer them",文內所引名句頗多,
俱足發人深省,如釋迦牟尼佛云:"The mind is everything;
what you think, you come." George Reeves 云:"You can if

you think you can." Holyoke College 之標語云："To larger vision the end of shadow is the line of light." E. W. Wilcox 云："Man is what he thinks. Not what he says, reads or hears. By persistent thinking you can undo any condition which exists. You can free yourself from any chains, whether of poverty, sin, ill health unhappiness or fear."

11 月 26 日　星期日　晴

參觀

　　下午，同德芳到省立工專參觀該校校慶工業展覽會，此會已開始多日，但因並未宣傳，故多不之知，其範圍與最近在中山北路舉行之流動商展相比，自然較大，然較之數年前在新公園舉行之第一屆商展，則相去仍遠，今日工展全區內可以稱為展覽者只有數家工廠之出品如合板、磁磚、醬油、電扇、織布等項，其餘則為衣著、皮鞋、化粧品、食品乃至娛樂之營業場所，與真正之工業固相去甚遠也。

師友

　　為新竹中德醫院所草擬之會計制度於今日郵寄崔唯吾先生，請轉達該院先行準備盤點財產，以便起帳。

11 月 27 日　星期一　晴

旅行

　　昨晚十時半乘夜臥車南下，於今晨七時抵高雄，同行者鄭學楨君，到高時陸軍經理署管制科李科長事先來高並到站相接，陸軍第二經理品儲備庫陳副庫長

亦來接，早點後赴新興街高華旅社居住，下榻四樓四〇
八號。

職務

　　全日在五福三路陸軍第二儲備庫檢查油料，所得資
料如下：（1）此庫所轄油池有二，一為楠梓，二為南
靖，但在計算存量時尚須加入煉油廠寄存未提數、花蓮
八分庫數，及奉令由楠梓油池另行列存之兩項專案油料
（此二案尚含附屬油料五種）；（2）鄭君發現其清點
盤存案內只有二油池列有清點用資料，其餘則只認為想
當然爾之事，全無資料而能獲致總數，可見為虛應故
事；（3）余進一步更由其每月份呈報盈損卷內之數與
上項盤損數相較，發現相符與不相符者各半，其不相符
者則又有原因不明者，有原來相符而經過核對轉而不相
符者，則盤點之數豈不自認為不確乎？（4）楠梓、南
靖兩油池皆用其油料中隊番號造表，且時有調防，本次
所查四年度帳，時過境遷，所用印信模糊難辨，故囑其
必須將駐地寫明；（5）供應司令部經理署所印發盈損
表格式有重大錯誤；（6）盤盈完全收入非美援用油帳
內，故美援油帳內只有盤損，此為今年起由國防部規定
所使然。

11 月 28 日　星期二　晴

職務

　　與鄭君續到陸軍第二儲備庫查核油料，此為第二
天，已經結束，今日所獲資料如下：（1）該庫所設帳
卡因美軍顧問團不斷干涉，換人時又各以意為之，致前

後多所不同，最初為總帳卡、分戶卡並設，又各有事前
卡與事後卡，其後總卡廢止，分戶卡則事後部分亦互興
互廢，現在則只有分戶卡事先、事後兩種，但據此項分
戶卡不能製出三軍油料月報表，實係一種半身不遂之狀
態，余意事先卡乃記載 Obligation 者，須逐筆且分戶記
載，在每次 Obligation 實現時即加一種記號，如全部實
現時，即與事後卡無異，故二者在原則上乃一種重複之
記錄，不若將事後卡改為總帳卡，設 location 分欄（實
際上現用之格式即有四個 Location，如不足用，可以加
印擴充，未可削足適履），每旬據各單位之旬報表加以
記載，月結總數據以製三軍油料月報表，則工作簡單而
不重複，且可有作用，所不能不考慮者，即總卡對分戶
卡無統馭作用耳；（2）自本年一月份起，凡油池盤存
盈餘歸入非美援用油，故三軍油料月報表上每月只有盤
損而無盤盈，此一作法係根據國防部令辦理，經將非美
援用油之卡加以分析，今年一至六月份不過數萬加侖，
而國防部須向石油公司購進者則數倍於此，在價值上冒
此不諱實太不值得也；（3）該庫各油池所用之旬報表
格式與第一儲備庫者不同，第一庫用多欄式，所占篇幅
甚少，且右列油類，左列逐筆發出量，末端相加，一目
了然，實較此為優也。

11月29日　星期三　晴
職務
　　全日同鄭君在陸軍第二儲備庫所屬楠梓油池查核油
料，情況如下：（1）該油池卡片登載甚清楚，但因人

事異動等原因，前後記載或不分年度，或以交接日期更換卡片，且因油類不同，顯示凌亂現象，且年度已過之卡片不能裝訂，翻檢最為不易；（2）卡片上之存量與實際之油池存量，成為截然二事，余取本年六月末日之量油記錄表與清點盤存表及會計卡片相較，各不相同，解釋者謂此項量油記錄表只有六座油池數，至於桶裝油量則不計入，詢以如何可知，謂清點乃儲庫派員來辦，其桶裝數已攜回，而清點單則只列全部之油數，余謂本身應有之紀錄何得謂必須假手於人，又答云本油池亦有資料，但不正式亦不完全，索閱亦久不取來，乃囑其明日向儲庫調閱，由此點證明該油池之記錄向不被重視，而油池裝桶，復將桶運走，領油者既不能在帳上一見而知為桶裝，則每日結存全成為虛擬之數，一種混亂現象，完全 out of control；（3）會計觀念模糊，某也稱月份，某也稱月日，在報表上均隨意填寫，如盤存與報盈損二案互不相同，即諉為月份同而日期時有不同，詢以究為某月某日，則又不能確指，是真匪夷所指矣；（4）此油池本年盤盈最多，過去一兩年來亦無損耗，但再向前回溯，則未有盈餘，據稱近年盤盈之最大原因為灌桶時在日間度數較高，則數年前亦同，其盈餘又何往乎？

11 月 30 日　星期四　晴

職務

全日在鳳山第二軍團司令部檢查油料，首先舉行簡報，由經理組章科長報告，余對其所提資料提出兩點疑

問，一為主油由第二儲備庫送補，副油則須向庫提領，
何不一併均行送補，類海軍、空軍之所為，二為所根據
前次本分署查帳報告內之嘉義點借油問題，竟謂係八七
水災時所借，而八七水災乃前次查帳以後之事，實係答
非所問，簡報畢即到經理組檢查帳表，並於下午與鄭君
分工，一查集用場，一查通信兵群，所得資料如下：
（1）卡片分總帳卡、分類卡及分戶卡三種，實際只有
總帳卡為全部的，其右方分為四個 location，即南市、
嘉義、后里三個補給點及司令部之加油站，分類卡則為
對領油各單位之十二個月的分析數字，雖其總數應等於
總卡發出欄者，但並無核計，自無對照作用；（2）總
帳抽查某月份結存數與月報表不同，而不能解釋其原
因，可見製表與卡片記載互不相謀，經囑以後每月卡片
應將其收發加成總數，以與結存相核對，更與三軍月報
及其明細表相核對；（3）通信兵群之 110 表未按六大
類分存，而能製表，乃採一種一面分戶一面彙計之方
式，繁重之至，經囑先行分類並各類彙在一起，然後
製表。

交際

　　昨日晚餐由陸軍第二經理品儲備庫庫長何畏三約宴
於厚德福。今日由二軍團謝副參謀長中午在厚德福招
待，副司令晚餐在華園招待，華心權副司令為陽明山
同學。

12月1日　星期五　晴

職務

　　偕鄭學楨君及陸軍經理署戴組長、李科長同到鳳山步兵學校查核油料，半日而竟，所得資料如次：（1）該校全部車輛皆歸集用場控制，即校長車亦不例外，此為一般機關所難能；（2）油料收發卡片係按六大類分欄，每日支出數據當日之 110 表彙計而成，集用場與經理科皆有同樣記載，但有極少數之附屬單位須發現品，因而集用場卡片上不能包括，但其配量一欄仍寫全校六大類分配數，已囑改照集用場之控制配量記入，庶免不正確之印象；（3）110 表在發出時往往先行借油（車內底油謂有時不夠）其數量即寫在表上之油欄，歸時如有不夠，即須再補，有餘繳還，故發油人（實為油票）另有一項非正式之收發調整紀錄，並未分戶，雖屬存真，然終不夠明白，已囑分戶建立往來，庶可一目了然；（4）每月配量 8,000 加侖，每次分配命令陸軍總部均指定訓練用油若干，但除極少數例外，該校之訓練用油多有挪用於行政用油之習慣，而每日報銷送之總部，亦只存查了事，故此等規定已成虛應故事矣。

娛樂

　　下午看電影 Solomon and Sheba，即所羅門王，由 Gina Lollobrigida 及 Yul Brynner 主演，場面偉大，故事緊張動人，所羅門王之影片似不只此一部而此部則較佳也。又看「卿莫忘我」，又名毋忘草，為片中主題曲，全片由一歌王主演，以女主角與童星為陪，音樂、畫面，無一不美，故事則為移就音樂而來，雖略有牽強而無傷也。

12月2日　星期六　晴

職務

　　上午，同鄭學楨君及經理署李科長、二軍團張科長
到楠梓附近大社鄉中里之仁武營房，查核現駐之陸軍第
84師油料業務，主管部分為經理組，設置帳卡，現品
所在則為分配點，所獲悉狀況如下：（1）該師依規定
每月造送之月報表有三軍油料月報表及消耗統計表，前
者報告收發數，而結存數則概不加入軍團之存量內，此
項月報之作用全無，實可省略，後者格式分領入分配消
耗三欄，各分六大類，然三欄各類逐月之數無一不同，
自稱完全為造報銷而如此，至於各單位實際使用情形自
然不能如此簡單，故此表亦完全等於虛設，而軍團每月
將各單位所報者彙總印一批復表，表面似甚認真，然只
改正其細小之處，於此等虛應故事之作風則已視為當然
矣；（2）所設卡片亦與表列者如一個模型嵌就，徒然
浪費人力；（3）意者以為清點盤存或能發生一種檢討
作用，經抽查一次清點單，先與卡片結存核對，不能相
符，亦不能解釋，只謂分配點當時有未發數，經將分配
點位置卡調來，不料所示者又為一第三數字，辦事人欲
指出分配點與帳面之同為某筆帳係當時待發，但余指出
日期，又屬非是，於是詞窮；（4）軍團之全部安全存
量分存於此師者為五千加侖，分置於二十許之地點，均
在另一卡片登記，是否有動用情事，確屬難於控制；
（5）集用場之110表經調來由鄭君核對，不過為證明

其與實際消耗究有多大距離，其不與消耗表相一致，因
已自承也。

12 月 3 日　星期日　晴
旅行

　　一週間高雄區域之工作已告完畢，今晨八時半同鄭
學楨君由高雄公路局總站乘直達車赴台南，九時三刻到
達，由西門路成功路口下車，步行至東都旅社居住。回
溯此一週中，雖工作忙迫，尤其第二儲備庫、楠梓油
池，以及第二軍團司令部等單位，皆情況不甚良好，
檢查時極費精神，然因始終居住一處，且應酬亦不甚
多，故生活能保持平靜，至於所住之高華旅社，代價不
高，而種種設備之便利，可謂應有盡有，舉其大者言
之，鋼床彈性甚適，每晨余尚能就其床上窗下為靜坐法
之運動，一週未輟，而書桌檯燈，可供自修，依上週
English Training Center 用書之進度，余已將尚餘半課之
The First Thanksgiving，第三課 The Legend of Sleeping
Hollow 及第四課 The Louisiana Purchase 等課讀完，並
對其書之 Preface 亦加閱讀，對此書所用之方法益增了
解，如非旅社設備能適合旅客需要，何克臻此？台南之
東都旅社亦均具備此等條件，惟今日住入時，房間未
整，拖鞋散亂，桌面塵土不除，可見此旅社之管理有退
步之處，所住四樓觀光部分，百葉窗繩斷不能拉起，亦
遲不修理，面盆下水管滲漏，前度即已發現，迄今依
然，如此維護作風，恐不可以久也。

娛樂

　　連日看電影如下：（1）菩提樹續集，德國片，原名似為 The Trapp Family in America，極佳之兒童音樂片，聲光俱佳，於美國文化之小小針砭處，新穎可喜；（2）魔宮妖后，戰爭神怪片，以場面偉大自炫，意義則平平。

12月4日　星期一　晴

職務

　　上午，同鄭學楨君到台南後甲，查核陸軍第二軍團台南補給點之油料帳目，該點之所在兩面均為馬路，而一面較空曠者則並無圍牆，該點初將查帳桌椅置於此處，有如路祭，大風或汽車過處，塵土飛揚，實非所宜，乃臨時移入辦公室，今日工作成果如下：（1）該點每月經發汽油不過五萬加侖左右，範圍甚小，但有時情況變遷，例如某軍師所需某月份訓練用油本已運至該點，其後又須另運至演習地點，如此即增加作業之繁，且有時須與其他補給點間互相調撥，如存量不足時，即須動用安全存量；（2）補給點之安全存量按其所謂三日量，本應即為三天平均補量，如為此數則每月不過四、五千加侖，但事實上軍團規定之三日量乃軍師三日間實地演習操作之需用量，以一部分存軍師，不增加其重累為限，另一部分即存於補給點，前者約合二日量，後者約合三日量，二數相加，即為半月之實際配量，換言之亦即一天等於三天，故亦可謂為半個月之配量，職此之故；（3）陪同查帳之軍團部章科長云，軍團內無

非受援單位，但過去曾有顧問團不允援助之預備師（預
一師以外者），其本身編制不大，只有師部官兵，曾透
過其他正規師予以勻支，在軍團部帳上未能表示，今年
起聞一律受援矣；（4）在一個月份之明細表內發現有
師管區用油，此為非受援單位，章科長亦云不合，但係
軍團部通知所發，理由已不能記憶云。

12月5日　星期二　晴

職務

　　全日在南市東郊查核砲兵學校油料，該校校長在陽
明山受訓，由副校長代理，昨晚其教育長及第四處長曾
來訪，但未遇，今日係由四處經理科長來接，到校時即
舉行簡報，隨即開始檢查工作，所得資料如下：（1）
卡片按月份結轉，月報表逐年度分存，前者似多費手
續，至於卡片與表報每月結數經核對之 61 年度均屬相
符；（2）其月報表所列之行政用油與分配欄與實耗欄
總數均屬相等，然其中所含之補給、養護、行政等訓練
外，各項目所謂廣義的行政者，則又各各不同，且實耗
數之尾數均有畸零，是乃表示按月收支適合，無涓滴之
出入，乃事實所不可能，乃再三探詢核對，始知實耗欄
之填列完全人為，至於集用數則另有所謂公布表加以記
載，此表只在校內發佈，並不呈報，按月記載集用場之
收發存數，故在核對總卡片存量與實存時須加入此項公
布表之結存方可，又此項公布表在去年均有結存，今年
則按月收支無餘，與月報表相同，詢悉係行政用油不
夠，所超支者即由教育用油內另行籌補，因混同記載，

無由進一步知其究竟超支若干；（3）總卡片內所記教
育用油均為每日登記，獨廣義的行政用油每月只記一
筆，或早或晚，然油則統一保管，故實際存量不等於卡
片之帳面存量，只有月底帳登齊時始為例外，此項處理
方式，極不妥當，經囑按日登記，不分教育、訓練、行
政，皆用同一方式，庶可料帳相符，尤其帳目應以存真
為主，如文飾省略只供應付檢查，則失設帳之意義云。

12月6日　星期三　晴

職務

上午，在新營陸軍第四十六師檢查油料，首由經理
組王宗岱組長作簡報，然後開始查核，所得資料如下：
（1）該師以前資料無存，只有去年至今年在澎湖與新
營之二個階段，故所存不多；（2）領油之後即轉發各
單位，但並非一次發清，其中因空桶不敷應用，係分次
向補給點具領；（3）各單位月底呈送領耗月報表，此
表之式樣近似集用場之詳細表，較之制式表報之可以任
意填用數字者較有不同，據一再聲稱，月底餘油須行繳
還，故月底消耗數有時與分配數相同，有時則並不相
同，大體上係月底由下而上彙製而成，較之84師之幾
乎可以月初預知月終報表數者大不相同；（4）集用場
之表報亦詳盡足以表示明細之資料；（5）因大體甚上
軌道，故該師預定之另行視察團部與分配點（在朴子與
隆田），即囑取消云。

游覽

由46師王宗岱組長陪同到新營東十八公里之烏山

頭嘉南大圳水庫游覽,同往者有同事鄭學禛君、陸軍經
理署李科長、二軍團車科長、吳參謀等,此水庫之大在
大貝湖、日月潭之上,而湖內小島林立,曲折出深更非
日月潭所及,如能加以整修開拓,實為台灣第一山水,
大壩為拱形,但不垂直,有空瀆拾餘,極壯觀,折下至
出水口,凡四孔,如萬馬奔騰,水花飛濺數十丈,觀者
皆為贊嘆不已焉。

旅行

下午北行抵嘉義,住世界旅社。

娛樂

看電影大神秘,場面極大,三小時始畢。

12 月 7 日　星期四　晴

職務

全日在南靖油池檢查油料,此為陸軍第二儲備庫所
屬兩個油池之一,作業範圍不若楠梓之大,且以百分之
四十之能量應付空軍月提十萬加侖之桶裝汽油,今日檢
查結果如下:(1)現在作業之中隊接替不久,余與鄭
君分查其 Fy1960 及 Fy1961 之帳卡表報,大部分為過去
之中隊所作,據云此一經理大隊有二個油料中隊,交替
在此一油池作業或訓練;(2)過去 Fy1960 年度之帳卡
收入數係每月底登記一筆,而事實上則在月內不斷的有
油罐火車運來,隨時打入油池,發出時則如空軍每月之
十萬加侖,往往遲延至七、八天始行提清,其中且有時
間斷數日始再來領,如此非至提清不予記帳,基此二項
因素,其平時卡片之記數完全虛設,而油池之量油記錄

則又各行其是，不加聯繫，管理至鬆，可以想見，據稱
近三數月來始加改善，火車入油隨到隨登，發油亦按日
記帳，不受領撥單不分割之限制，惟仍有在旬內不提清
時一併歸下旬記帳之事，是仍待加以改善，經囑即行辦
理；（3）清點盤存報告表本身之日期不明，眉端只有
填報日期，且有時不填，只以公文月份為憑，另有每月
盈耗報告表，此二者雖非一事，然應有所關連，即盈耗
表之未核銷數照規定抵庫者在盤存時必為現品短少，此
二者在二種表上除一個月份略有相符跡象外，其餘完全
脫節，且不能說明。

旅行

今日在南靖工作完畢，下午乘軍車赴嘉義，於 5
時 48 分乘車北上，晚八時五十分到新竹，住新竹大
旅社。

12月8日　星期五　晴

職務

全日在飛彈第一營檢查油料，上午在營部由副營長
何佛如主持簡報，由主辦軍官金上尉報告作業情況，即
開始檢查表報帳卡，下午到第一連連部檢查其帳卡及原
始資料，結果如下：（1）營部採用 425 表式之卡片，
但分發各單位之數量未按每天實際領去數加以記載，只
每單位記每月一筆之總數，收入時係由楊梅、七堵兩油
池運補，但亦未細數隨時記帳，此等辦法使平時存量無
法見於帳上；（2）第一連連部之帳卡則亦同樣情形，
每月收支各記一筆，且於用紅鉛筆畫紅線示結時，寫

一 INV 字樣,千篇一律,事實上是否真正盤存,亦難於明白,縱使真正盤存,亦每月只於此一日可能,太不合理;(3)該營按月消耗量一萬一千加侖規定其安全存量,但現在每月消耗量為二萬加侖左右,而未呈請增加安全存量,又該營需要柴油用於發電機者極多,但未建立安全存量,應加檢討;(4)該營為一新事業,故汽油配量大致均能應付其實際需要,減折之情形甚少,此為陸軍部隊之唯一無二者;(5)在第一連時曾參觀其飛彈由平放於發射架及直立時之姿態,與上次所看之 F-104 噴射機同為此次之見聞上的新收穫。

旅行

晨七時十分由新竹乘公路局直達車出發北行,於八時一刻到桃園,陸軍經理署及飛彈營官員來接,即同赴飛彈營(新莊)工作,午後一刻赴淡水第一連檢查,四時半完畢,即回台北,回寓時已五時一刻。

12 月 9 日　星期六　晴

師友

下午,訪王慕堂兄不遇,留字告以出差北返後曾接趙葆全兄回信云,交通銀行設計委員懸缺已聘趙觀白君接任,因此事係王兄發動,故相告也,在所留之字上則極為簡略,以防為他人所見,又余對此事本無一定志趣,故無失望之感。

集會

下午,到中山堂開陽明山小組會,改選傅曉峰連任召集人,此為余參加此一小組後第一次出席,年來皆時間不適缺席。

家事

　　里長發動修所住羅斯福路二段八巷之路面，但其預算經費，市府如何補助，出錢範圍俱尚模糊，晚與比鄰之林君到一號楊夢周君家討論，決定請里長按規定糾集出資人向市府申請，至水溝加蓋則可以請區公所補助，凡奔走及辦理文書等必要時皆可由同人為之協助也。

12 月 10 日　星期日　晴

瑣記

　　兩日來利用假期處理半月來未辦之零星事務如下：（1）定印賀年片，因余之姓名之第二字有無不定，此一名曰建新之印刷店將二號字取出證明在架上，並云鑄字廠必可有一號字，因定印二百張，其中一百張係與德芳合用者；（2）劉振東先生送來所編孔庸之講演集及民主憲政一期，備函致謝；（3）海外友人之賀年片較遠者前已發出，今日將較近之香港關文晉氏處者亦發出。

娛樂

　　下午，率紹中、紹寧到國都看電影，國產片「無語問蒼天」，由尤敏飾啞女，全片無隻字片言，全憑表情表達，演技純熟，為國片所罕見。

12 月 11 日　星期一　晴

旅行

　　上午九時由台北出發，乘觀光號火車，同行者本分署鄭學楨君、陸軍經理署李中校,於十二時五分到台中,陸軍預備部隊訓練司令部代表來接,午飯後住成功路富山旅社。

職務

　　下午,到陸軍預訓部檢查油料,此單位前次並未查過,故對於其一切情況完全茫然,綜合今日所得資料如下:(1)該部之油料只為其司令部本身者,每月約五、六千加侖,所屬九個新兵訓練中心皆係由經理署直接指撥;(2)該司令部之任務為每月辦理申請,其法為綜合各單位之汽油證明單作一綜合證明單,其中數字不必與其另外送經理署之消耗表相同,原因為司令部本身之申請數須包括若干不另行辦理申請之附屬單位在內,例如無裝備之二至九師是;(3)每月撥發油料案內須由經理署指定訓練用油若干,於是參三科即根據此項綜數分配於各單位,分配時填寫分配表,月底另填消耗表,各分單位與總數皆兩表相同,其理由為配量不夠,故只能量米下鍋,與昔年之造報銷者無異;(4)該司令部之油料收發並無正式帳簿,只憑憑單與小條,已囑改正;(5)設有卡片一種,實際為登記每月各單位之配量,其本身並不統領轉發,而每筆一結,形成斜坡式之記帳,宛若實有收發者,完全浪費時間,其實每月有一分配案下附各單位以後實領之 417 表副本即已足用,此卡片無何作用可言也。

12月12日　星期二　晴

職務

　　午前，到台中南郊預訓司令部第五訓練中心查核油料，此一單位之車輛甚少，用油每月一千餘加侖，實其極為簡單矣，然事有不然者，即該中心每月皆收支兩抵，數年來則每月均為結存三加侖，然有一與各司機之來往分戶帳則月底須結清存欠，綜合各單位月底未報銷之油而得每戶之過夜結算數，理應與其總卡結存數相符，而其實不然，則因每月卡片皆人為的收支兩抵，司機分戶帳則為完全事實，此二者遂相脫節矣，此為帳卡之大弊，已囑改善並每日應表示現品結存云。

參觀

　　下午同鄭學楨兄到北溝故宮博物院參觀文物展覽，今日所見精品有元顧安之平安磐石、宋夏珪長江萬里圖、元張雨行書詩軸、清何焯食蟹詩軸、宋王之聖書札、宋蔣璨書詩帖、明陳淳花卉卷、清汪承霈花卉卷、祝允明臨黃庭經、明夏昶竹林大士、明呂紀草花竹禽、明唐寅採蓮圖，尚有九層象牙球、青玉花瓶，均不可多得，其中有小部分與前在台北舉辦之雙十節展覽者相同云。

旅行

　　下午五時半由台中乘公路局車出發赴豐原，六時到達，住萬國旅社，摒擋後即赴火車站買後日票。萬國旅社近一、二年來未來居住，見其保養情形甚不佳，室內門窗均有脫漆，淋浴蓮頭已經損毀而不加修理，此旅館之前途固甚可慮也。

12 月 13 日　星期三　晴

職務

　　全日在清泉崗裝甲兵第二師查核油料，首先由秦祖熙師長會同舉行簡報，然後開始查核帳卡表報，所得資料如下：（1）該師對同在師部基地之四個營六個連之油料由加油站統發，但計算用油之 110 表則統由各單位自行處理並保存，其他各營則將油轉發，但進入湖口基地訓練者則由楊梅油池逕行補給，故師部集用場之油料管制只以師部本身為限；（2）師部設數套卡片，一曰現品卡，凡由經理署領到油料與發給各單位油料皆登記之，其結存為每日所存經常油，但須加減暫收暫發各數，二曰各營連存量卡，記載在各油戰車油箱內之安全存量（全師安全存量五萬加侖尚不足以充滿全部之車輛），遇有部隊調動或使用未歸還時即記入，此數盤旋於五萬加侖上下，此數與第一種卡片相加始為三軍油料月報表上之結存量，而三軍油料月報表上之安全存量一欄即記上項第二套卡片數，第三曰分戶卡，乃對於各單位在一年度內逐月領油之累計記錄，為統計性質，四為分類卡，乃依據發油之 417 表分別登入六大類卡片，以便產生附於三軍月報之明細表者，五曰存量分戶卡片，為上述第二套卡片之分戶卡，記各單位存量之分別數，此五種卡片多有重複，尤其存量總分二套卡片，均可併入所謂現品卡也；（3）一般作業甚認真，惟有應糾正者即盤盈不入帳及暫付懸欠有甚久者，當加以指出。

12月14日　星期四　晴

職務

　　全日在新竹郊外八公里關東橋方面之陸軍第二軍軍部檢查油料，所得資料如下：（1）該軍之報表與原始憑證大部分據云為去年波密拉颱風吹走，故殘缺不全，雖云呈報軍團部，然尚未奉指復；（2）該軍所屬各單位之油料皆於月初製成分配案如數發出，只有軍部連一部分歸軍部集用場控制，各單位月底報送之消耗表皆與分配數相同，不多亦不少，是否與實情相符以及有無六大類間之流用，則一概不知，換言之平時對於各單位油料使用之具體考核完全缺如；（3）在此情形之下只有賴清點以濟其窮，而清點文卷則只有各單位不同日之數字，軍部卡片無該項總數可供核對，縱使其為一天之數量，而軍部卡片之帳項常有只寫每月一日之日期，以下全月皆付缺如者，亦無法將二項資料加以核對；（4）該軍之安全存量初為一萬五千餘，後減為五千，又改為三千五百介侖，分存於各單位，故各月份之三軍油料月報表結存數必須高於此數始為未動用安全存量，其中余發現在1961年度內有數個月之安全存量在一萬五千以下，辦事人初云因改定存量分批繳回之故，但經詳查繳回日期，又知分批繳回之時間實為以後之事，辦事人始將此理由收回，然仍堅謂未動用安全存量，理由則又不能舉出，只好置不復論矣；（5）鄭君查其軍部集用場資料，據云用油記錄亦屬殘缺不全，即最近三個月份亦然，可見該軍部之油料作業完全雜亂無章云。

12 月 15 日　星期五　晴

旅行

　　上午七時二十五分由新竹乘公路局直達班車北上，於八時十五分到中壢，第一軍團司令部經理組長張君及主辦油料之佘科長來接，即赴四公里外之龍岡該軍團部工作，至下午五時完畢，回至中壢晚飯後，搭六時十二分之觀光號火車北返，於六時五十五分到台北。

職務

　　全日在陸軍第一軍團部查核油料，與鄭君分任兩個年度，其他兩年度即不及審核，余所核者為1960年度，所得資料如下：（1）該部之帳卡共有二套，一套記載各補給點現品收入及現品發出，此套油料包括美援、非美援在內，均據各補給點之旬報表記載，日期觀念模糊，故以十月二日之清點報告表所列數字不能與帳列相符，據稱只能三旬末日相符，平時清點只能以各補給點卡片為準，不知補給點為位置卡，非若軍團之為會計責任單位也，另一套記載各月份奉撥發之配量及各單位表報之消耗數，此消耗數往往即為領撥數，但亦有少數單位不同者，此表上之數即為三軍油料月報表上之新收消耗結存三欄數字，故與結存之現品數常有甚大之距離，於是三軍月報表上之結存乃與現實脫節矣；（2）各單位送軍團部之月報表結存數含全軍團分配存於各該單位之安全存量在內，而軍團部之報表則將安全存量除開，但在表右之相當欄註明安全存量數，一表二基礎，易滋誤會，尤其軍團表上結存不含安全存量，必導致經理署之誤將結存低列，而各單位動輒使用安全存量，亦非良好現象也。

12月16日　星期六　晴
師友

晚，王慕堂兄來訪，緣余上星期六曾往訪不遇，曾留字告以余向該交通銀行之趙葆全兄提出自薦為設計委員事已接復信婉謝，今日王兄來此，余將原信面交一閱，據云此事與信內所述不盡一致，蓋信內所提為故汪茂慶兄之設計委員遺缺由一趙觀白君接替，而王兄則謂趙所補者為另一設計委員之缺，並非汪茂慶，究竟如何，非所知也，王兄又談其所體驗之交行現狀，認為一般社會之惡劣作風充分反映其行內人事，種種敷衍推諉，假公濟私，乃至盜用行款，自行殖利，無不司空見慣，其行內有意調王兄在市區成立分行，彼堅執不肯云。

12月17日　星期日　晴
娛樂

上午，率紹彭到空軍新生社看小大鵬星期早會表演，共有戲三齣，因到時較遲，第一齣浣紗記已近尾聲，伍員與浣紗女兩角色均尚稱職，第二齣為小放牛，唱工已甚佳，做工台步更佳，演出甚成功，大軸為樊江關，由王鳳娟飾樊梨花，鈕方雨飾薛金蓮，此劇兩旦角唱白做打四者並重，殊不易易，而兩人演來絲絲入扣，極盡精彩，即中軍之插科打諢，亦能令人解頤，全劇之配搭的合宜，在近來小大鵬之演出中殊不多見也。

體質

　　近來所食水果甚多，如桔子、木瓜、西瓜皆是，然口內鵝口瘡久久不愈，為不甚可解之事。

12 月 18 日　星期一　晴

職務

　　上午，同鄭君到陸軍總司令部查核油料，先舉行簡報，然後開始查核帳卡，所得資料如下：（1）油料經國防部每月核定總數，即由總部自行分配，有極詳細之分配表，其中主管人員每車若干均有細數，然後每月底又有消耗明細表，仍然為分配時之同樣單位，雖未在一張表內顯示，然已大可比較，據稱其每車細耗數乃根據 110 表之綜合每月數而成者，余見其每車之數幾乎皆與配量相同，認為十分合理，但不知此數之真實性如何，乃擇一個月份之 110 表逐日相加，以與表內實耗數相較，乃**發覺一極大問題**，即表列消耗數為 175 加侖而 110 表相加則 388 加侖，超出一倍以上，在相加以前經手人不肯明言如此，加後發現不符，始支吾其詞，謂在另一項目內含有其中一部分，而其數亦不相符，最後無言，此蓋以其他支用之配額掩藏主管所用之超額也；（2）公務車每數日報110 表並加油，主官車則不送集用場，逕由總務處核油，如此則集用場非至月底不知油之收發存數，殊為大弊。下午在聯勤總部查核油料，其不知每日由帳上獲知結存，正與陸軍總部相同，但其主官超支之方式係另有一種方式表示，此即每月之消耗實數明白指出超支若干，而又每月幾乎相同，此即按總數開出 110 表，完全事後製造，並非真帳無疑也。

交際

　　午由陸軍總部在陸軍聯誼社約宴；晚由聯勤總部在天長樓約宴，均甚豐盛。

12月19日　星期二　晴陣雨

職務

　　上午，到國防部汽車集用場檢查油料，今日因鄭學楨君開始擔任辦公室內部工作，故油料檢查由余一人擔任，所得情況如下：（1）該集用場之油料收發結存亦如若干單位之通病，不能每日表示，只能在月底結算，此點已囑其改善；（2）高級長官用車種類甚多，據稱不超過每月配額，但其實耗數字並未分車統計，故不能表示；（3）各車原則上為每日或二、三日回到集用場，送繳 110 表或請加油，但主官用車則每旬一次，亦有月底始來總算者；（4）因 110 表未按車分存，係每日將各車放置一起，故欲加算其實耗數字，短時間實不可能；（5）該部隨簡報交余之統計資料，係包括價購汽油在內，而記載每月收油之訂本帳簿則又將此數除外，另將不歸集用場控制之專案油亦列於其內。下午到中國石油公司營業處核對此次所查四年度油料該公司發油與收款之數，以明其發出之數即為經理署買進之數，但向其查詢政府價購油數，因該公司對經理署只開一戶，包括各種價購油類，故須整理後始可抄送云。

交際

　　中午，國防部汽車集用場在山西餐廳請客，晚石油公司營業處在馬來餐廳請客，菜餚均佳。

師友

　　崔唯吾先生曾數次來電話，下午以電話向新店探詢，崔氏託余為中德醫院物色會計人員，並望余能在年底以前能直接對該院有所指導，余允於明日晤崔氏面談一切。

12 月 20 日　星期三　晴

集會

　　上午，到中山堂辦理有關國大代表集會之幾個會議的報到手續，其一為國民大會代表年會，其二為憲政研討委員會全體會議，其三為光復大陸設計研究委員會全體會議，其四為國民大會代表黨部黨員大會，包括填單、領款、抽戲票等，約一小時辦竣。下午舉行國大代表黨部黨員大會，首先以幾乎二小時之時間為冗長之報告占去，及開始討論，余即離去。今日最重要之議案即為如何貫澈中央之決策對於創制、複決兩權行使辦法等案，採以創制原則、複決原則為限，而行使之方式則不規定任何定期之會議，只在必要時舉行臨時大會，此項原則乃在此項兩權行使辦法在開始即預定其名存實亡之命運，故若干人士認為此項辦法乃在將去年將設計二權行使辦法交付討論年餘之成果一筆勾消，確為一針見血之言也。

師友

　　上午到立法院與崔唯吾先生晤面，崔氏因昨日在電話聞余介紹孫瑞華君任新竹中德醫院會計主任認為最稱

適選，故決定對於日昨以張慕漁君所擬介紹之人選予以
打消，且認為縱孫君不能擔任，亦囑余介紹他人，將
來聘余為會計顧問，即實地指導其工作，於是決定余立
即再函孫君詢問其是否已有其他工作，午間回寓即行發
信，但下午在中山堂遇孫君之父伯棠，知尚無工作，以
前李耀西兄所介紹之處所並未成功，當囑其轉達明日來
余寓面談云。

12月21日　星期四　晴
集會
今日為國大代表全國聯誼會五十年度會之期，上午
舉行儀式及預備會，下午舉行正式會，討論若干無拘束
性之議案，照例通過，送政府採擇或參考。
師友
晚，在宴會上遇張志安師母，詢中德醫院會計人選
事，余告以孫瑞華君今晨已晤面，允即往新竹任職，經
函報崔唯吾先生，隨即決定余再通知孫君於後日晨赴新
店，持崔氏函到新竹工作，余隨即於晚間函孫君如期前
往云。
交際
晚，全體山東國大代表在會賓樓聚餐，歡迎魯籍之
新任陸軍總司令劉安祺、總政治部主任高魁元，慶祝秦
德純主席六十九大慶，又歡迎二反共義士，但二人均因
受特別訓練而不果來，席間劉、秦二氏各有極短之致
詞，均風趣得體。

12 月 22 日　星期五　晴

集會

今日為光復大陸設計研究委員會第八次大會之第一天，上午舉行開幕式，因主委陳誠氏病假，只有唯一之副主委曾寶蓀擔任主席，總統亦未參加，故儀式甚簡，上午繼開大會，由各主管報告工作，下午則由陳建中報告匪情並討論當前經濟政策問題，余均未出席。

進修

English Center 之英文課程因教師 Mrs. Hart 未到，改放電影 30 分鐘，片為 Growth of A Language，甚多資料說明英語之演變與蛻化之歷程，極有興趣。

交際

同鄉趙汝漢君嫁女於美國人 Stewart，送花籃，儀式甚簡，特色為樂隊好，酒會自由，時間不長，只稍嫌紊亂耳。

12 月 23 日　星期六　晴

集會

今日為光復大陸設計研究委員會全體會議第二天，上午為外交部長沈昌煥報告，余未前往參加，下午為參謀總長彭孟緝報告，余往出席，但未聞有何新資料提出，一小時詞畢，下接檢討及閉幕儀式。晚飯在公賣局由中央黨部招待，全體政校同學國大代表聚餐，討論如何使總裁之意旨得以貫澈，緣此次會議對於將來行使創制複決權之方式頗多主張，每年或每二年三年舉行會議一次，自行召集，總裁則主張依憲法規定召集臨時會，

頗多代表認為此為中央常會之決策，今日晚間由國大代
表黨部書記長滕傑出席，聲明此為絕對之總裁意旨，希
望全體代表予以支持云，今日致詞者尚有谷正綱、余井
塘二氏及逄化文兄等。

12月24日　星期日　晴
集會
　　上午，到中山堂出席國民大會憲政研討委員會大會
前夕之談話會，由秘書長谷正綱及主席李宗黃報告後，
即開始冗長之委員發言，其時據報告已有四十餘人遞發
言條者，余在聽過一、二人之發言後即先退席，下午亦
未再往。據預料今日發言者雖多火藥氣，但最後仍將照
中央黨部之意旨解決，此即討論之主題創制複決權之行
使以立法原則為限，而為行使此二權亦無特殊之集會，
只依憲法條文之規定召集臨時會而已。
師友
　　晚，李德修原都民夫婦來訪，據云來意係因下期中
信局已結息，代存款之利息當面交來云。

12月25日　星期一　晴
集會
　　上午，出席憲政研討委員會第二次全體會議，首由
蔣總統以兼主任委員身分主持開幕式，並致詞對於行使
創制複決權及修改憲法等問題有政策性之宣示，二十分
鐘詞畢，接開第一次會，由指定委員分別報告年來對於
憲法修改之研討，及起草創制複決權行使辦法草案之經

過，即行休會，預定下午開始討論，余因事未參加，聞
至六時終未散會云。

交際

晚，偕德芳到靜心樂園參加蔡子韶公子結婚典禮，
新娘為本里里長之女公子。

娛樂

晚偕德芳到中山堂觀國大年會晚會平劇，周正榮、
李金棠演定軍山陽平關，極精彩，大軸為金素琴玉堂
春，因上場時間較晚，德芳甚倦，且須照料家事，故
早返。

12 月 26 日　星期二　晴

進修

今日在 English Center 上課時因 Mrs. Hart 請假，
由主持人 Mr. Meader 代課，謂本分署之各單位美籍人
員常謂本署華籍同人之英文水準皆甚滿意，最成問題者
為發音多不準確，故彼甚願在此方面提供輔助之方，於
是先提出兩項值得注意之問題，其一為讀母音之長短，
如 cool 最長，次為 code，而 coat 最短，其原因為尾音
之為聲母或氣母，其二為語尾加 s 時之應讀為 s 或應讀
為 z，則視其前面為聲母或氣母而異，加 ed 時亦然，
惟在 silent 之後用 iz，而在 d、t 之後則如加 ed 時亦須
全用 id，此項 rule 以實例核對，皆不訛也。

12 月 27 日　星期三　晴
體質

　　下午到公共衛生教學示範中心作健康檢查，此項中年以上之成人健康門診為該中心一項特殊業務，到時先訪祁會計主任為介紹曾大夫，掛號概不收費，即行開始檢查，所用門診記錄則先行填就帶往，首先抽血及送小便，須下週始有報告，其餘項目則包括眼、喉、肺、腹、下肢彈力、牙齒、身長體重等項，檢查完畢後謂健康情形良好，血壓則試左右兩臂，左為 140/80，右為 150/90，謂甚正常，但須每月再行檢查一次，余詢以是否需要忌口，云不需要，詢以體重今日量得 73 公斤與身長 170 公分是否太重，謂略重，最好為六十七、八公斤，故食勿過多云，詢以右臂後轉有痛感，有無妨礙，謂此種情形常有發生，無何妨礙云。

12 月 28 日　星期四　陰雨
進修

　　今日英文班仍由 Mrs. Hart 擔任，繼續講授 *American English Readers*，其教法本為先將課文朗讀一次，繼續以較長之時間由學生發問，俟無問題以後，即就課本上所備之問題向學生發問，須作圓滿答復，俟此項問題練習完畢，即再就書上之其他練習循序一一輪流作答，其方式一為填充，就預定之若干單字中擇一填入某句內，二為選擇字式，就固定之空白擇填某一字之動詞、形容詞或名詞，三為前置詞填充，此項最難，因未必先見於課文也，現在進行方式則將向學生發問一項改為指定一

人先讀，繼由另一人複述，前一人較易，後一人則較難
也。

12 月 29 日　星期五　陰
進修

今日為本年英語課程之最後一節，由 Mrs. Hart 擔
任，所用 *American English Readers* 適進行至半冊，今日為
各人輪流擔任朗讀及複述，余第一次複述，雖未如一般
參加人之事先熟讀，然所幸所任之一節較短，臨時苦加
記憶，尚未致敗績，此一方法最為難於應付，尤其中年
以上之人，記憶力減退過甚，多年來未有上課，今日始
痛切感覺年齡之不饒人也。

家事

自昨日起寒流突至，一派冬景，不類熱帶，余之住
宅大部分窗戶仍為紙糊者，天寒時其經一年來破舊處陡
覺通風難耐，乃自昨日開始糊窗，其中有一格子門為四
兒女寢室之門，為貓所破壞，幾乎洞開，而木格殘缺待
修，始能加紙，乃與德芳買來木條以克難方式補好，其
初固無把握，可見事在人為也。

12 月 30 日　星期六　雨
師友

下午，訪隋玠夫兄於合作金庫，承贈該庫新月份牌
一份，余託在該庫存款三千元之利息云改日送來。

瑣記

下午將最近之積壓瑣事加以料理，其一為前數日

接通知國大秘書處代買中本配售衣料已經配到，今日
往領，係第六號品，計 4.2 公尺，每公尺 245 元，其二
為一年以前即曾往接洽之自來水廠收購用戶自有水表
代價，最近始接通知發還，乃於下午往領，計新台幣
三十四元，其三為所用之公共汽車月票年終須換購新
票，乃在國大秘書處填用新申請書至管理處換購。

12 月 31 日　星期日　雨

家事

　　下午，同德芳到臨沂街 60 巷 37 號訪紹彭在女師附
小之級任教師汪聖農氏，汪氏為山東恩縣同鄉，自今秋
紹彭新入五年級起，開始為其級任，平時對學生有恩威
兼施之作風，今日特往道謝其一學期以來關注之忱，並
贈以香菸、水果之屬，汪氏於紹彭之優劣各點均能知其
詳盡，為進一步了解其情況並為因材施教起見，自動願
於寒假中為紹彭補習三個星期，余等亦欣然樂從，且認
為適合我心，歸告紹彭，亦極同意此舉焉，今日汪氏認
為五年級上學期之算術最難，下學期較易，六年級亦上
難下易，但整個的與中年級時為較難，故五上之功課為
一關鍵，萬不能有不能隨班而有誤進度之情形云。

師友

　　下午，周天固夫婦來訪，未遇，承贈其所服務之行
政院新聞局出版之彩色活頁新年周曆一本。下午，趙榮
瑞君來訪，贈德士古月份牌及中國石油公司之記事式折
疊月曆一本。

瑣記

　　今年所收之明年日曆、月曆，除上述之三種而外，尚有：（1）所定新生報贈送溥心畬畫美女月曆，（2）開戶附來之台北區合會儲蓄公司月曆，（3）隋玠夫兄所贈省合作金庫月曆，（4）遠東紡織公司購物所贈之日曆等，其中石油公司之一份有空白打洞用紙，每天一方，紹彭向余索用，余乃給之，但約定須每日寫作日記，即記於該項紙上，每三天交余核閱一次。

附錄

經濟收支表

月日	摘要	收入	支出
1/1	上年結存	85,404.00	
1/1	酒席		670.00
1/1	蛋、蚊香		75.00
1/3	理髮、水果		13.00
1/4	歷年德芳維持家用		33,760.00
1/5	合庫息	105.00	
1/5	糖果、點心		27.00
1/5	光復會車馬費	500.00	
1/6	本月待遇	1,800.00	
1/6	衣料一期		320.00
1/6	本月眷貼	100.00	
1/6	壽險、聯誼費		47.00
1/6	本月出席費	160.00	
1/6	奶粉、書刊		31.00
1/6	古亭 49 年 2 期地價稅		56.00
1/6	水果、託人買藥		616.00
1/9	公請郭福培		80.00
1/9	水果、洗衣、糖果		49.00
1/9	蜂蜜、什用		25.00
1/10	毛巾、魚肝油丸		30.00
1/11	兩週待遇	2,690.00	
1/11	同人捐		20.00
1/11	標會息	110.00	
1/11	水果、郵簡		27.00
1/13	鹹蛋、B1 二瓶		29.00
1/14	酒、糖果		15.00
1/15	桔子、木瓜、蛋、煙、餅乾		80.00
1/15	理髮		5.00
1/16	肥皂、鹽蛋		45.00
1/17	糖果、木炭		20.00
1/18	紹彭車票		24.00
1/18	家用		1,350.00
1/19	酒、麵包、火燒		18.00
1/20	餅乾、水果、書刊		40.00
1/21	收■費、唱片、份金、點心		100.00
1/22	酒、觀戲		26.00

月日	摘要	收入	支出
1/23	酒、蛋、食品、車票		57.00
1/24	椰子、書刊、糖果		32.00
1/25	二週待遇	2,690.00	
1/25	同仁捐		10.00
1/25	書刊、食品、水果、家用		723.00
1/27	郵簡、麥片、牙刷、蛋、麵包		75.00
1/29	買菜、水果、酒		97.00
1/29	旅行及衣料		197.00
1/29	車票、唱片、觀劇		108.00
1/29	牙刷、牙膏、理髮		38.00
1/29	家用		400.00
	共計	93,559.00	39,335.00
	本月結存		54,224.00

月日	摘要	收入	支出
2/1	上月結存	54,224.00	
2/1	公教保險		37.00
2/1	本月待遇	2,,300.00	
2/1	同人捐		16.00
2/1	本月出席費	160.00	
2/1	衣料二期		120.00
2/1	本月眷貼	100.00	
2/1	12 月黨費		10.00
2/1	蜂蜜、食品		43.00
2/2	藥品、書刊、蛋、水果		72.00
2/3	食品、丁德隆子喜儀		67.00
2/5	餅乾、酒、茶、蛋、看書展		58.00
2/7	古展、午飯、郵票、食品		37.00
2/8	兩周待遇	2,690.00	
2/8	同人捐		10.00
2/8	國大借支	1,000.00	
2/8	家用		1,600.00
2/8	標會息	113.00	
2/8	酒、蛋、糖果、水果		70.00
2/9	舊衣、名片		54.00
2/10	唱片六張		105.00
2/10	酒、椰子		133.00
2/11	肉、糊窗紙		17.00
2/12	送汪茂慶兄		200.00
2/12	奶粉五磅、洗衣、理髮		125.00
2/13	一週待遇	1,345.00	

月日	摘要	收入	支出
2/13	藥品		16.00
2/14	壓歲錢		90.00
2/15	車錢		70.00
2/16	車錢		23.00
2/17	紹彭鋼琴學費		240.00
2/17	預定火車票		65.00
2/18	Alseton 60 片		105.00
2/18	車錢、水果、食品、書刊		24.00
2/21	一週待遇	1,345.00	
2/21	食品、郵票		14.00
2/21	同仁捐		10.00
2/22	水果、洗衣		38.00
2/23	電影		15.00
2/24	水果、郵票、郵簡		20.00
2/24	水果		3.00
2/25	水果、電料		13.00
2/26	理髮		6.00
2/27	早點、水果		13.00
2/27	家用		57.00
	共計	63,277.00	9,233.00
	本月結存		54,044.00

月日	摘要	收入	支出
3/1	上月結存	54,044.00	
3/12	會息	103.00	
3/12	車票、椰子、觀劇、木瓜		110.00
3/13	兩周待遇	2,690.00	
3/13	同仁捐七種		100.00
3/13	本月待遇	1,000.00	
3/13	衣料三期		120.00
3/13	本月研究費	800.00	
3/13	壽險		36.00
3/13	本月交通費	500.00	
3/13	蜂蜜、餅乾		37.00
3/13	本月出席費	160.00	
3/13	鹽蛋、脫脂奶		36.00
3/13	本月眷貼	100.00	
3/13	書刊、唱片		59.00
3/14	郵票、糖果		12.00
3/15	食品		6.00
3/16	合庫兩月息	105.00	

月日	摘要	收入	支出
3/16	水果、書刊		26.00
3/16	奶粉二種		180.00
3/18	水果、餅、電影		35.00
3/19	毛筆、椰子、明信片		37.00
3/19	牙膏、頭臘		22.00
3/20	蔡自聲夫人喪儀		15.00
3/21	木瓜		7.00
3/22	兩週待遇	2,690.00	
3/22	同仁捐		10.00
3/22	家用		4,500.00
3/24	旅費節餘	3,550.00	
3/24	水果		12.00
3/25	包裹稅		292.00
3/25	唱片六張		156.00
3/25	肥皂		20.00
3/26	水果、蛋、洗衣		30.00
3/26	贈賈宗復養病		100.00
3/29	鬧鐘		200.00
3/30	肥皂		57.00
3/31	下月待遇	1,000.00	
3/31	壽險		37.00
3/31	下月研究費	800.00	
3/31	同仁捐		40.00
3/31	下月交通費	160.00	
3/31	衣料四期		120.00
3/31	下月出席費	500.00	
3/31	校友會會費		20.00
3/31	下月眷貼	100.00	
3/31	一、二月份黨費		20.00
3/31	子女教育費	270.00	
3/31	唱片		60.00
3/31	水果		12.00
3/31	修鞋		15.00
3/31	書刊		15.00
3/31	景美地價稅、戶稅		96.300
3/31	家用		6,700.00
	共計	68,572.00	13,350.00
	本月結存		55,222.00

月日	摘要	收入	支出
4/1	上月結存	55,222.00	
4/1	七弟婚費		2,000.00
4/2	車費		30.00
4/3	肥皂、現代知識、郵券		98.00
4/3	食品		6.00
4/4	洗衣、食品		16.00
4/5	兩周待遇	2,690.00	
4/5	同仁捐		10.00
4/5	標會息	103.00	
4/5	衣料		460.00
4/5	車票		48.00
4/6	唱片二種原版		66.00
4/6	蛋、蜜、藥、食品		112.00
4/7	李耀西嫁女喜儀		100.00
4/7	雞		52.00
4/8	唱片、DDT、牙簽		55.00
4/9	楊象德喜儀		100.00
4/9	觀劇、理髮、水果		23.00
4/10	水果、黃鼎丞父喪分金		44.00
4/11	水果、食品		23.00
4/12	德芳皮包、蛋		120.00
4/13	鹹蛋		17.00
4/14	食品		36.00
4/15	楊綿仲氏喪儀		200.00
4/15	贈黃珠姬食品		100.00
4/16	水果、什用		20.00
4/19	家用		900.00
4/19	兩週待遇	2,690.00	
4/19	同人捐		10.00
4/20	蛋		40.00
4/22	交通、水果、奶粉、食品、鞋油		95.00
4/22	樓有鍾嫁女喜儀		100.00
4/23	看畫展、洗衣、回數票、理髮		53.00
4/26	公出台中三天		275.00
4/26	蛋		48.00
4/28	車票		48.00
4/28	訂閱今日世界一年		60.00
4/28	唱片		90.00
4/29	蚊香		57.00

月日	摘要	收入	支出
4/29	雞		44.00
4/30	食品、香皂		38.00
4/30	家用		1,500.00
	共計	60,705.00	7,094.00
	本月結存		53,611.00

月日	摘要	收入	支出
5/1	上月結存	53,611.00	
5/1	本月待遇	800.00	
5/1	本月黨費		10.00
5/1	本月交通費	1,000.00	
5/1	同人捐七筆		110.00
5/1	本月出席費	160.00	
5/1	衣料五期		120.00
5/1	本月眷貼	100.00	
5/1	公保		36.00
5/1	本月研究費	500.00	
5/1	郵票		5.00
5/2	修鐘、食品、洗衣		46.00
5/3	本兩周待遇	2,690.00	
5/3	同仁捐		10.00
5/3	標會息	90.00	
5/3	書刊、蛋、蜜		84.00
5/4	書刊、木瓜、花生		17.00
5/5	范任子喜儀、郵票		24.00
5/6	合庫兩月息	105.00	
5/6	咖啡、理髮、皂		38.00
5/8	旅費收入	680.00	
5/8	蛋、水果		68.00
5/10	日記二本、糖果、書刊		40.00
5/10	公請項定榮		70.00
5/11	食品、電料		16.00
5/15	西瓜、旅費同仁捐		36.00
5/16	水果		14.00
5/17	半月待遇	2,690.00	
5/17	同仁捐		10.00
5/17	糖果、皂、味全、DDT、方糖		60.00
5/17	家用		5,100.00
5/18	舊衣、椰子、樟腦		68.00
5/19	蔡自聲喪禮、水果、車票		50.00

月日	摘要	收入	支出
5/21	理髮、蛋		50.00
5/21	乳粉二磅、洗衣、汽車、電影		70.00
5/23	食品、糖果、水果		22.00
5/23	助張彬出國		500.00
5/24	書刊		8.00
5/25	車票、餅乾、蜂蜜、奶粉、蛋二斤		150.00
5/25	咖啡、水果		26.00
5/26	酒、食品		10.00
5/29	食品、香蕉		14.00
5/30	電影		12.00
5/31	星期六加班午餐		25.00
5/31	糖果、咖啡		13.00
5/31	兩周待遇	2,750.00	
5/31	同仁捐		10.00
5/31	標會息	92.00	
5/31	蛋、木瓜		45.00
5/31	家用		1,600.00
	總計	65,268.00	8,587.00
	本月結存		56,681.00

月日	摘要	收入	支出
6/1	上月結存	56,681.00	
6/1	紹中補習教師酬金		2,000.00
6/1	本月公費	1,000.00	
6/1	公保		37.00
6/1	本月研究費	800.00	
6/1	衣料六期		120.00
6/1	本月交通費	500.00	
6/1	黨費、同人捐		30.00
6/1	本月出席費	160.00	
6/1	酒、水果		35.00
6/1	本月眷補費	100.00	
6/1	唱片五張		90.00
6/2	奶粉、飲料、酒、草紙、藥皂、燈泡		120.00
6/3	紹彭車票、蛋		75.00
6/4	唱片二張		58.00
6/4	茶點、理髮		16.00
6/6	唱片、水果、擦鞋		37.00

月日	摘要	收入	支出
6/7	牙刷、糖果		20.00
6/10	水果		11.00
6/13	鹽蛋、糖果、香蕉		28.00
6/14	兩周待遇	2,750.00	
6/14	衣物保險費		160.00
6/14	加班九小時	305.00	
6/14	同仁捐、水果		18.00
6/14	家用		2,100.00
6/15	蛋、奶粉、DDT、肥皂		120.00
6/16	衛生紙、肉鬆、藥皂、汽水、燈泡		77.00
6/18	褲縫工、水果、戲票、理髮		85.00
6/21	小欖二個、蜜餞二斤		75.00
6/22	蜂蜜		22.00
6/24	蛋、房捐		81.00
6/25	四七公祭汪茂慶		20.00
6/25	Vitamin B2、洗衣		23.00
6/25	酒		12.00
6/26	車票		48.00
6/26	水果等		28.00
6/27	藥品六種		137.00
6/27	糖果、食品、水果		16.00
6/27	家用		1,900.00
6/28	二週待遇	2,750.00	
6/28	同仁捐、蛋、酒、蜜、味精		91.00
6/28	標會息	95.00	
6/28	港衫		40.00
6/28	同仁捐		10.00
6/29	肥皂、西瓜		18.00
6/30	旅費節餘	770.00	
6/30	同人捐、榨菜		30.00
6/30	上月宜蘭出差用費		200.00
	合計	65,911.00	7,988.00
	本月結存		57,923.00

月日	摘要	收入	支出
7/1	上月結存	57,923.00	
7/1	表飛鳴、冰淇淋、水果		64.00
7/1	洗衣、水果		42.00
7/3	蛋、唱片、理髮		63.00
7/4	本月待遇－公費	1,000.00	

月日	摘要	收入	支出
7/4	公保		37.00
7/4	本月研究費	800.00	
7/4	衣料一期		265.00
7/4	本月交通通訊費	500.00	
7/4	黨費		10.00
7/4	本月出席費	160.00	
7/4	同仁捐、勞軍		33.00
7/4	本月眷補費	100.00	
7/4	酒		12.00
7/4	火險 12 萬元 C38 扣佣金		401.00
7/4	買針藥		650.00
7/5	糖果、食品		15.00
7/6	食品、耳塞		15.00
7/7	食品、奶粉、皂、果汁、小菜、毛巾		126.00
7/8	咖啡、木瓜、包米粉、奶粉		142.00
7/9	買菜		26.00
7/10	衣服二件		100.00
7/10	修表、食品、木瓜		28.00
7/12	兩周待遇	2,750.00	
7/12	蛋、唱片、丸藥、同人捐		12.00
7/12	家用		1,500.00
7/13	回數車票、洗衣、酒		36.00
7/14	唱片、木瓜		22.00
7/17	唱片、港衫、汗衫、修表、木瓜、理髮		146.00
7/19	奶粉、洗衣、酒、果汁		87.00
7/20	蛋、木瓜		56.00
7/21	合庫息	105.00	
7/21	電池、什用		8.00
7/21	汪茂慶遺族捐款		300.00
7/29	肉鬆、西瓜、食品、回數票		200.00
7/31	半月待遇	2,750.00	
7/31	唱片、木瓜		77.00
7/31	標會息	80.00	
7/31	理髮		7.00
7/31	家用		1000.00
	合計	66,168.00	5,588.00
	本月結存		60,580.00

月日	摘要	收入	支出
8/1	上月結存	60,580.00	
8/1	同仁捐、洗衣		31.00
8/1	本月公費	1,000.00	
8/1	公教保險		37.00
8/1	本月研究費	800.00	
8/1	衣料二期		80.00
8/1	本月交通費	500.00	
8/1	黨費		10.00
8/1	本月會議費	160.00	
8/1	同人捐		50.00
8/1	本月眷補費	100.00	
8/2	蛋、糖果、DDT		82.00
8/3	紀萬德喪儀		100.00
8/3	食品、唱片、曲譜		111.00
8/4	旅費節餘	1,025.00	
8/4	同仁捐、託黃君買瓜		100.00
8/4	紹中補習		1,000.00
8/4	送任先生鋼筆		220.00
8/4	車票		48.00
8/6	紹因口試		16.00
8/11	蛋、蜜、茶葉、觀影		8000
8/12	看病		24.00
8/14	兩週待遇	2,750.00	
8/14	奶粉、理髮		30.00
8/15	糖果、食品、紹彭獎金、木瓜		47.00
8/17	洗衣		70.00
8/17	水果、郵票、鞋油		32.00
8/18	牙膏、牙刷、電池、食品、洗衣、木瓜		63.00
8/19	沈鴻烈八十壽份金		30.00
8/20	食品、木瓜		20.00
8/27	椰子及運費		90.00
8/27	牛肉乾、鹽魚、花生酥、木瓜		120.00
8/27	文石紀念品		70.00
8/27	家用		7,400.00
8/27	兩週待遇	2,750.00	
8/27	同人捐、什用		50.00
8/27	標會息	100.00	
8/27	家用		1,600.00

月日	摘要	收入	支出
8/28	唱片、理髮、食品		50.00
8/29	西瓜、榨菜、糖果		26.00
8/30	西瓜 45 斤		41.00
8/30	午餐在新竹		37.00
8/30	酒、冰淇淋		24.00
8/31	本月旅費同仁捐		50.00
8/31	福隆旅行票四張		80.00
8/31	換鞋跟		12.00
8/31	家用		200.00
	合計	69,765.00	12,131.00
	本月結存		57,634.00

月日	摘要	收入	支出
9/1	上月結存	57,634.00	
9/1	福隆往返		50.00
9/1	本月公費	1,000.00	
9/1	公教保險		37.00
9/1	本月研究費	800.00	
9/1	衣料三期		80.00
9/1	本月交通費	500.00	
9/1	黨費		10.00
9/1	本月會議費	160.00	
9/1	電鍋、肥皂		372.00
9/1	本月眷補費	100.00	
9/1	水果		10.00
9/5	宴客		425.00
9/6	本月待遇	2,750.00	
9/6	同仁捐		10.00
9/6	茶葉、木瓜、明信片		30.00
9/6	糖果等		12.00
9/7	名片、唱片、蚊香、味精		117.00
9/8	點心、水果、蜂蜜、汽水		67.00
9/9	韓介白壽、買菜、食品		75.00
9/11	肥皂、理髮、洗衣、食品		53.00
9/13	水果、食品、糖果		29.00
9/14	杉木板二坪		360.00
9/14	足可淨、修表		86.300
9/15	衛生紙、魚肝油		37.00
9/19	車票		48.00
9/19	食品、糖果、香皂		46.00
9/20	本月待遇	2,750.00	

月日	摘要	收入	支出
9/20	同仁捐		10.00
9/20	標會息	100.00	
9/20	家用及學費等		3,400.00
9/24	洗衣、眼藥、理髮		30.00
9/25	修電鐘、衣物		30.00
9/26	蛋二斤、木瓜、糖果		55.00
9/26	德芳毛衣		220.00
9/26	家用		1,800.00
9/26	旅費節餘	1,617.00	
9/26	什用		25.00
9/26	十月公費	1,000.00	
9/26	公教保險		37.00
9/26	十月研究費	800.00	
9/26	衣料四期		80.00
9/26	十月交通費	500.00	
9/26	十月黨費		10.00
9/26	十月會議費	160.00	
9/26	聯誼會費		10.00
9/26	十月眷貼	100.00	
9/27	奶粉、肥皂、消炎片、唱片		110.00
9/27	同仁捐		72.00
9/29	49 年上期 50 年下期潭墘地稅		120.00
9/29	蛋、木瓜、食品、脫脂奶粉		80.00
9/29	家用		4,900.00
	合計	69,971.00	12,941.00
	本月結存		57,030

月日	摘要	收入	支出
10/1	上月結存	57,030.00	
10/1	水果		16.00
10/3	郵票、書刊		13.00
10/4	二週待遇	2,750.00	
10/4	同人捐		10.00
10/4	蛋、郵柬、郵票、蜂蜜、請客份金、理髮券		146.00
10/5	唱片、水果、診病		84.00
10/6	看病、車錢		17.00
10/8	看病、水果		12.00
10/9	理髮、木瓜、檸檬		23.00
10/11	旅費節餘	410.00	

月日	摘要	收入	支出
10/11	木瓜		7.00
10/12	唱片匣		28.00
10/12	武文捐款		100.00
10/15	水果、參觀古物		27.00
10/15	郵票、書刊		53.00
10/15	家用		700.00
10/15	看病、什用		20.00
10/30	睡衣		100.00
10/31	補記 18 日兩周待遇	2,750.00	
10/31	同仁捐		30.00
10/31	標會息	70.00	
10/31	襯衣		237.00
10/31	糖果、club card、咖啡		33.00
10/31	家用		220.00
	本月合計	63,010.00	1,876.00
	本月結存		61,134.00

月日	摘要	收入	支出
11/1	上月結存	61,134.00	
11/9	衣料		540.00
11/9	補一日收兩週待遇	2,750.00	
11/9	家用		2,750.00
11/10	十一月公費	800.00	
11/10	保險		37.00
11/10	十一月研究費	1,000.00	
11/10	衣料五期		80.00
11/10	十一月交通費	500.00	
11/10	黨費		10.00
11/10	十一月出席費	160.00	
11/10	同仁捐		10.00
11/10	十一月眷補費	100.00	
11/10	唱片		150.00
11/10	十一月子女教育費	320.00	
11/10	車票		48.00
11/10	水果、雞蛋		80.00
11/12	徐軼千嫁女喜儀		100.00
11/12	董成器岳母喪儀		100.00
11/12	家用		543.00
11/13	食品		4.00
11/15	兩周待遇	2,750.00	
11/15	同人捐、糖果		20.00

月日	摘要	收入	支出
11/17	味全、衛生紙、收音機捐		60.00
11/17	賀年片、郵票		35.00
11/20	車票、食品、洗衣、木瓜		47.00
11/20	防癆票		50.00
11/20	糖果、燈泡、修鞋		81.00
11/22	旅費節餘	3,015.00	
11/22	書刊		15.00
11/22	家用、同仁捐（3800+160）		3,960.00
11/22	家用		8,400.00
11/23	捐買宗復子女		200.00
11/23	內衣		55.00
11/23	唱片、郵片、藥皂、手帕		47.00
11/25	賀年卡、木瓜		8.00
11/26	食品		15.00
11/26	家用		500.00
11/30	襪子、手套、香皂、領帶、肉乾、衣料		500.00
11/30	兩周待遇	2,750.00	
11/30	同人捐		10.00
11/30	家用		2740.00
	合計	75,279.00	21,145.00
	本月結存		54,134.00

月日	摘要	收入	支出
12/1	上月結存	54,134.00	
12/9	本月待遇	1,000.00	
12/9	公保		40.00
12/9	本月研究費	800.00	
12/9	衣料六期		80.00
12/9	本月交通費	500.00	
12/9	黨費		30.00
12/9	本月出席費	160.00	
12/9	內衣		170.00
12/9	本月眷貼	100.00	
12/9	同仁捐		30.00
12/10	家用		1,900.00
12/10	唱片、賀年卡		120.00
12/10	張磊婚儀		100.00
12/11	聖誕兒童用品		100.00
12/11	咖啡、粉、手絹、短褲		266.00
12/16	兩周待遇	2,750.00	

月日	摘要	收入	支出
12/16	同人捐		10.00
12/16	標會息	86.00	
12/16	家用		2,226.00
12/16	唱片		40.00
12/16	理髮券		16.00
12/17	看戲、食品、洗衣、酒		55.00
12/17	外褲、郵票		23.00
12/18	旅費節餘	1,560.00	
12/18	賀年片		50.00
12/18	糖果、郵票		30.00
12/20	光復會開會膳費	200.00	
12/20	捐同人遺屬		20.00
12/20	國大年會開會膳費	200.00	
12/20	奶粉、水果		138.00
12/20	國大年會招待費	2,000.00	
12/20	茶、書刊、麥片		56.00
12/21	聚餐、食品		80.00
12/21	領帶、水果		94.00
12/21	趙子良嫁女喜儀		45.00
12/22	汽油、食品		14.00
12/23	肥皂		32.00
12/24	水果		17.00
12/26	水果、蛋、花瓜		91.00
12/27	酒、草紙、糖果		50.00
12/27	兩週待遇	2,750.00	
12/27	內衣、贈煙、食品		263.00
12/29	洗衣、印照片		26.00
12/30	水表代價	34.00	
12/30	車票、郵票		108.00
12/31	家用		6,000.00
	合計	66,274.00	12,320.00
	本月結存		53,954.00

吳墉祥簡要年表

1909 年	出生於山東省棲霞縣吳家村。
1914-1924 年	入私塾、煙台模範高等小學（11 歲別家）、私立先志中學。
1924 年	加入中國國民黨。
1927 年	入南京中央黨務學校。
1929 年	入中央政治學校（國立政治大學前身）財政系。
1933 年	大學畢業，任大學助教講師。
1937 年	任職安徽地方銀行。
1945 年	任山東省銀行總經理。
1947 年	任山東齊魯公司常務董事兼董事會秘書長。
	當選第一屆棲霞國民大會代表。
1949 年 7 月	乘飛機赴台，眷屬則乘秋瑾輪抵台。
1949 年 9 月	與友協力營救煙台聯中校長張敏之。
1956 年	任美國援華機構安全分署高級稽核。
1965 年	任台達化學工業公司財務長。
1976 年	退休。
2000 年	逝世於台北。

民國日記 84

吳墉祥在台日記（1961）

The Diaries of Wu Yung-hsiang at Taiwan, 1961

原　　著	吳墉祥
主　　編	馬國安
總 編 輯	陳新林、呂芳上
執行編輯	林弘毅
封面設計	陳新林
排　　版	溫心忻

出　　版　開源書局出版有限公司

香港金鐘夏慤道 18 號海富中心
1 座 26 樓 06 室
TEL：+852-35860995

民國歷史文化學社 有限公司

10646 台北市大安區羅斯福路三段
37 號 7 樓之 1
TEL：+886-2-2369-6912
FAX：+886-2-2369-6990

http://www.rchcs.com.tw

初版一刷	2021 年 11 月 30 日
定　　價	新台幣 400 元
	港　幣 110 元
	美　元　15 元
I S B N	978-626-7036-40-2
印　　刷	長達印刷有限公司
	台北市西園路二段 50 巷 4 弄 21 號
	TEL：+886-2-2304-0488

國家圖書館出版品預行編目 (CIP) 資料

吳墉祥在台日記 (1961) = The diaries of Wu
Yung-hsiang at Taiwan,1961 / 吳墉祥原著；馬
國安主編 . -- 初版 . -- 臺北市 : 民國歷史文化學社
有限公司 , 2021.11

　　面；　公分 . -- (民國日記 ; 84)

ISBN 978-626-7036-40-2 (平裝)

1. 吳墉祥　2. 臺灣傳記　3. 臺灣史　4. 史料

783.3886　　　　　　　　　　110019238